5G 新技术丛书

U0366121

5G 智慧交通

刘 琪 梁 鹏 宋 蒙 主编

电子工业出版社

Publishing House of Electronics Industry

北京 · BEIJING

内 容 简 介

本书是中国联通积极响应"网络强国"战略，基于长期研究探索形成的 5G 智慧交通系统性研究成果的结晶。本书深入洞察行业发展态势，以交通智能化需求为导向，针对 5G、C-V2X、无人驾驶、车路协同、业务云平台、高精度定位及交通安全等关键技术展开全面细致的研究。本书注重技术理论与产业落地的紧密结合，给出了行业应用典型案例，对通信与交通行业的跨界融合具有重要参考和指导意义。

本书对于智慧交通相关领域从业人员具有较强的借鉴价值，也适合对智慧交通行业感兴趣的大众读者阅读。

图书在版编目（CIP）数据

5G 智慧交通 / 刘琪，梁鹏，宋蒙主编. —北京：电子工业出版社，2023.1
（5G 新技术丛书）
ISBN 978-7-121-44550-7

Ⅰ. ①5… Ⅱ. ①刘… ②梁… ③宋… Ⅲ. ①第五代移动通信系统－应用－公路运输－交通运输管理－研究 Ⅳ. ①U495

中国版本图书馆 CIP 数据核字（2022）第 214452 号

责任编辑：米俊萍
印　　刷：天津千鹤文化传播有限公司
装　　订：天津千鹤文化传播有限公司
出版发行：电子工业出版社
　　　　　北京市海淀区万寿路 173 信箱　邮编：100036
开　　本：787×1 092　1/16　印张：15.75　字数：346 千字　彩插：2
版　　次：2023 年 1 月第 1 版
印　　次：2023 年 1 月第 1 次印刷
定　　价：98.00 元

凡所购买电子工业出版社图书有缺损问题，请向购买书店调换。若书店售缺，请与本社发行部联系，联系及邮购电话：（010）88254888，88258888。

质量投诉请发邮件至 zlts@phei.com.cn，盗版侵权举报请发邮件至 dbqq@phei.com.cn。

本书咨询联系方式：mijp@phei.com.cn。

序　言

交通运输是国民经济的基础性、先导性、战略性产业。在产业数字化、智能化的背景下，智慧交通成为交通运输发展的重要方向，这也体现了人们对未来美好出行生活的向往。随着科技的发展，智慧交通系统从简单的交通信号控制系统发展到融合"采集、处理、决策、发布"于一体的智能化系统，以多样化、智能化的业务场景为人们提供高效便捷的出行体验。

5G 作为新一代通信技术，对智慧交通的发展起到强大的推动作用。5G 网络依托高速率、大连接的特性，连接车、路、人、云等对象，形成一张可随时通信、实时监控、即时决策的智慧交通网络。5G 与 C-V2X 相结合实现了低时延、高可靠的"车—路—云"协同，是智慧交通的核心组成部分；"5G+北斗"实现高精度定位能力，为智能驾驶业务保驾护航。此外，5G 与边缘计算、大数据、人工智能等其他前沿技术相结合，将极大地丰富智慧交通业务场景。以 5G 为核心的新型智慧交通系统将促进交通运输向数字化、网络化、智能化方向发展，是未来智慧交通发展的大势所趋。

从 20 世纪 90 年代开始，我国就开展了有关智慧交通系统的研究工作。近年来，在国内 "新基建""交通强国"等背景下，5G 智慧交通领域涌现了很多新兴技术，在产业应用方面也颇见成效。在技术标准层面，中国通信标准化协会、中国智能交通产业联盟、中国汽车工程学会等多家组织积极开展无人驾驶、智能网联等方面标准的深入研究。2020年 1 月，中国通信标准化协会正式发布我国首批 14 项 5G 标准，涵盖核心网、无线接入网、承载网、天线、终端、安全、电磁兼容等多个领域，标志着 5G 相关产业的加速发展。C-V2X 标准化工作也取得了显著进展，其中，核心技术和设备标准的制定与修订基本完成，行业应用类标准随产业发展在持续完善。在产业推动方面，从 2018 年开始，工业和信息化部 C-V2X 工作组组织了网络层应用层互操作、协议一致性测试。从 LTE-V2X "三跨""四跨"互联互通展示，到新四跨"跨芯片模组、跨终端、跨整车、跨安全平台"的技术应用示范和车辆高精度定位测试验证，推动了车联网产业的发展成熟，加速了其规模化商用步伐。在应用示范方面，智慧高速、智能路口、智慧园区等项目在全国各地百花齐放，车联网先导区、"双智"试点等示范项目推动了交通智慧化向更高质量发展。以北京冬奥会为契机，首钢冬奥园区、延崇高速等智慧交通项目落地应用，有力地推动了国内智慧交通产业发展和商业化落地，支撑国家科技强国战略。

本书的编写及出版恰逢 5G 从探索性研究初期转向交通行业深度运用时期。本书编者在 5G、车联网、高精度定位等领域有多年的研究经验，牵头 3GPP、CCSA 等多项国内外标准工作；承担科技冬奥国家项目，完成智能车联网在北京冬奥会的应用落地。本书系统介绍智慧交通的发展和关键技术，包括 5G、C-V2X、无人驾驶、高精度定位等，帮助读者对智慧交通领域的关键技术形成一个全面的认识；同时兼顾智慧交通产业应用，阐述智慧交通产品体系和示范建设，并给出 5G 智慧交通典型业务应用案例。本书体系完整、内容翔实，对于 5G 智慧交通从业人员和希望了解 5G 智慧交通的读者均有较大的参考价值。

中国工程院院士
北京交通大学移动专用网络国家工程研究中心主任

前　言

随着城镇化进程的加快，人们的生活水平日益提升，出行需求也不断增加，这对传统交通系统提出了更多、更高的要求。在"新一代国家交通控制网""新基建""交通强国""网络强国"等政策的推动下，5G 作为引领数字化转型的通用技术，正与交通这一垂直行业深度融合，且在自动驾驶、车联网（V2X）、车路协同等新兴产业方面发力，努力提升交通系统的运行效率和管理水平。

汽车、行人和交通设施通过通信技术相互连接，使智慧交通系统中不同元素的信息互联互通。其中，V2X 可实现车车、车路及车人的区域性直连通信，而 5G 则可实现对交通的全局控制，为智慧交通提供大带宽、低时延、高可靠及大连接的通信服务。5G 与 V2X 的融合，可以更好地满足车联网全局与局部的不同业务需求。5G 与 C-V2X 在交通运输各领域的融合应用不断加深。智慧交通系统采用分层多级架构，构建"云—管—端"的一体化智慧交通网络，通过"人—车—路—云—网—图"交通参与全要素的连接和交互，在智慧交通安全技术的可靠保障下，结合车辆高精度定位技术，打造智慧园区、智慧高速、智能路口等智慧交通典型场景，实现自动驾驶、车路协同、车辆编队、主动交通管控等智慧交通业务应用。在智慧交通探索实践中，5G 新空口借助边缘计算、网络切片技术，进一步实现高速率、低时延的端到端通信和灵活组网；NR-V2X 将 V2X 服务体系合并到 5G 架构中，以实现更高级别的业务场景。

本书聚焦 5G 智慧交通的发展趋势、标准研究、关键技术、业务应用进行系统介绍。全书共 10 章。第 1 章主要介绍智慧交通的概念、业务需求、愿景及系统架构、标准研究和产业升级。第 2 章、第 3 章分别介绍 5G 网络技术、蜂窝车联网（C-V2X）技术的标准研究进展、网络架构、关键技术、业务场景。第 4 章介绍智能汽车的终极目标——无人驾驶技术。第 5 章详细介绍车路协同技术。第 6 章主要就系统功能、架构及关键技术、基于 MEC 的边缘云平台及应用对智慧交通云平台进行阐述。第 7 章介绍卫星定位、蜂窝网定位等多种车辆高精度定位关键技术，并针对不同业务场景提出融合定位方案。第 8 章分析智慧交通安全需求，并介绍智慧交通安全标准、智慧交通安全系统架构及机制、智慧交通安全的关键技术，以及智慧交通安全技术展望。在上述对智慧交通主要技术详细阐述的基础上，第 9 章、第 10 章对智慧交通产业应用进行介绍，并以"科技冬奥园区智能车联网应用"作为 5G 智慧交通业务的典型应用案例，进行全面剖析。

本书由国家重点研发计划"科技冬奥"国家重点专项"面向冬奥的高效、智能车联网技术研究及示范"（项目编号：2019YFF0303100）、国家科技重大专项"5G 车联网第一阶段技术车载终端芯片研发"（项目编号：2018ZX03001013）以及北京市科协"卓越工程师"成长计划资助。

因编者水平有限，书中难免存在错漏与不足之处，敬请广大读者批评指正。

编　者

2022 年 3 月 15 日于北京

目　录

第 1 章

智慧交通的发展趋势

• • • • • • • •

智慧交通是人民对美好生活的向往之一。智慧交通从安全、效率、节能等方面改善人们的出行体验，而无人驾驶技术的快速发展和广泛应用正在进一步改变人们的生活方式。智慧交通业务丰富，面对不同的应用场景，需要专属的解决方案。智慧交通行业涉及汽车、通信、道路等多个领域，正处于加速发展阶段。

本章将从智慧交通的现状与需求出发，对智慧交通进行概述，并介绍智慧交通的业务需求、愿景和系统架构、标准研究及产业升级。

1.1 智慧交通概述

交通运输是国民经济的基础性、先导性、战略性产业和重要服务性行业。在产业数字化、智能化的背景下，新型智慧交通业务不断涌现，智能驾驶发展日新月异，智慧道路建设也如火如荼。

智慧交通运用物联网、云计算、互联网、人工智能（Artificial Intelligence，AI）、自动控制、移动互联网等技术进一步提升交通系统运行效率和管理水平，为出行者提供安全、便捷、绿色、高效、经济的交通环境。

国外智慧交通发展较早。20 世纪 60—70 年代，美国、日本、欧洲开始了智慧交通的相关研究。20 世纪 90 年代，国际上正式出现智能交通系统（Intelligent Transportation System，ITS）这个概念。智慧交通是在 ITS 的基础上，充分运用物联网、云计算、大数据、移动互联网等高新 IT 技术，通过高新技术汇集交通信息，为交通管理、交通运输、公众出行等提供实时交通数据的交通信息服务。

美国智慧交通的发展特点是由国家统一规划，投入充足，发展迅速。早在 20 世纪

80年代中期，加利福尼亚州交通部门研究的PATHFINDER（路径导航）系统获得成功；1990年，美国运输部成立智能化车辆道路系统组织；1995年3月，美国运输部正式公布了"国家ITS项目规划"，明确规定了ITS的7大领域和29个用户服务功能。近年来，美国以五年规划为蓝图布局智慧交通发展战略，并持续推进自动驾驶技术优先策略，将自动驾驶上升为国家重要战略。2009年12月，美国运输部发布了《智能交通系统（ITS）五年战略规划（2010—2014）》，核心是智能驾驶（Intelligent Drive）在车辆、控制中心与驾驶者三者之间建立无线联系的网络，强调交通的连通性。《智能交通系统（ITS）战略规划2020—2025》则重视车辆的自动化和基础设施的互联互通，强调自动驾驶和智能网联的单点突破，以及新兴科技的全面创新布局。

日本拥有独具特色的道路交通信息通信系统（Vehicle Information and Communication System，VICS），广泛应用了电子收费（Electronic Toll Collection，ETC）技术。2004年，日本提出了智能通路（Smartway）项目，以专用短程通信技术（Dedicated Short Range Communication，DSRC）和车路交互技术为核心，通过路侧热点（ITS-SPOT）实现收费、信息服务和车路交互等服务功能。该项目由日本政府投资，2011年建设完毕，在全日本高速公路上开始投入使用。车载终端部分集成了已有的VICS和ETC功能，具有集车路信息交互和收费功能于一体的特征。2015年，Smartway项目正式更名为ETC2.0项目，并在已出厂的前装车辆上集成部署了车路协同终端设备，并逐步实现了对运行车流及车辆的监管、诱导和控制。

欧盟强调国际（主要是洲际）合作和标准化，强调综合运输系统智能化，重视通信和车载设备等。欧洲提出了"第五代道路"，即打造永远畅通的路（Forever Open Road），其特性包括高度适应性、高度自动化、气候变化韧性等。2015年，欧洲各国进行车载信息服务（Telemetric）研究开发工作，计划在全欧洲范围内建立专门的交通无线数据通信网，旨在开发先进的出行信息服务系统、车辆控制系统、商业车辆运行系统及电子收费系统等。目前，欧洲的智慧交通处于国际领先水平，已有相当一部分的研究成果投入实际应用中。

对中国而言，智慧交通还是一门新兴学科。中国从20世纪90年代开始关注智慧交通。目前，国内智慧交通已从探索阶段进入实际开发和应用阶段，智慧交通各产业链也日趋成熟。

在政策方面，2018年2月，交通运输部办公厅发布了《关于加快推进新一代国家交通控制网和智慧公路试点的通知》，试点主要包括六个方向：基础设施数字化、路运一体化车路协同、北斗高精度定位综合应用、基于大数据的路网综合管理、"互联网+"路网综合服务、新一代国家交通控制网；2019年9月，中共中央、国务院印发《交通强国建设纲要》，以单独章节提出"大力发展智慧交通"，"智能、平安、绿色、共享交通发展水平明显提高"是发展目标之一；2020年8月，交通运输部在《交通运输部关于推动交通运输领域新型基础设施建设的指导意见》的发展目标中提出，泛在感知设施、先进传输网络、北斗时空信息服务在交通运输行业深度覆盖，行业数据中心和网络安全体系基本建立，智能列车、自动驾驶汽车、智能船舶等逐步应用；2020 年 12 月，34 个交通强国建设试点方案全部获得批复，其中有 23 个试点方案包括智慧公路、5G、车路协同、综合交通、智慧停车、智慧建造等任务；2021 年 3 月，工业和信息化部、交通运输部、国家标准化管理委员会三部门正式印发《国家车联网产业标准体系建设指南（智能交通相关）》，以促进自动驾驶和车路协同技术应用及车联网产业健康发展。

通信技术已经在交通领域得到了大量应用，通信技术对交通信息化与智能化有更加明显的推动作用，给交通系统带来了深刻变革。在交通领域，为了提高交通效率和驾驶安全性，以及提升用户体验，汽车、行人和交通设施都通过车联网（Vehicle to Everything，V2X）等技术接入通信网中，通过交通系统中不同元素的互联互通，享受通信技术发展给交通带来的便利，从而形成更广义的车联网。V2X 可实现车车、车路及车人的区域性直连通信，而 5G 则可以实现对交通的全局控制，为智慧交通提供大带宽、低时延、高可靠及大连接的通信服务，因此，5G 与 V2X 的融合可以更好地实现车联网全局与局部的不同业务需求。智慧交通是车联网的重要应用之一，据预测，车联网的应用可提高 30%的交通效率，减少 80%的交通事故，降低 30%的碳排放量，可以有效缓解或解决由于车辆快速增长而带来的各种问题，并有可能彻底改变人们未来的出行模式。智慧交通产业链涉及各个方面，包括政府、设备商、通信运营商、车企，以及内容服务提供商等，这样不仅打破了传统交通行业的壁垒，同时也给通信运营商、互联网企业等带来了机遇和挑战。

近年来，智慧交通建设已经逐渐成为智慧城市建设的重要组成部分，智慧交通的主要应用场景多集中在高速公路和城市道路。在高速公路场景中，早期的高速公路信息化系统已经转变为智慧高速公路系统，如智慧隧道、智慧服务区等，通过智能化基础设施建设和智慧化应用，智慧高速公路可为车辆提供准全天候通行、伴随式信息服务、车道级精细管控等功能服务；在城市道路场景中，智慧交通典型业务应用有绿波引导、安全防碰撞、智慧停车管理等，这些都对智慧交通系统的通信能力、云计算能力有更高的需求，通过交通信息化，可提高交通管理能力、运营效率，改善交通服务水平，降低交通事故发生率和缩短排队长度。

1.2　智慧交通业务需求

未来，智慧交通系统将通信技术应用于交通运输服务与交通诱导控制，通过建立车辆、道路、使用者、管理者四者之间的有机联系，构建安全、便捷、高效、绿色、经济的综合运输系统，同时提升个人出行效率和出行服务体验，最终目标是实现零伤亡、零拥堵、零排放及最大的道路通行能力。

近年来，我国交通建设迅猛发展，基础设施建设加快推进，2020 年实现高速通车里程 16.9 万千米。据公安部统计数据，截至 2020 年年底，我国机动车保有量达到 3.72 亿辆，机动车驾驶人数达到 4.56 亿人，其中汽车驾驶人数达到 4.18 亿人。预计到 2035 年，我国的客货运输需求仍将保持 2%～3% 的年均增长速度，长三角、珠三角和京津冀等地区的增长速度将会更高。随着汽车保有量的增加，货物运输和人民出行需求增多，一些潜在的问题开始显现：安全事故突出、区域性拥堵和恶劣天气影响等事件频发。另外，从 20 世纪 90 年代发展起来的高速公路收费系统、通信系统、监控系统难以适应当下的服务需求，信息获取不及时，互动手段缺乏，不能满足自动驾驶等新业态、新模式的需求。随着城市的快速发展，汽车保有量持续增长，交通安全与交通效率越来越受到人们的关注，未来智慧交通业务还有很大的发展空间。

车联网是 5G 和汽车、交通领域跨界融合的应用。车联网和自动驾驶的融合发展，将推动智慧交通的建设，使其从以管理为导向的模式转向以服务为核心的模式。"智能+网联"是未来车联网发展的基本路线。从智慧交通业务发展态势来看，未来车联网业务的发展趋势主要包括车载信息生活、智能安全驾驶和绿色安全出行三个方面。在车联网环境下的智慧交通典型应用业务类型及相应的通信指标如表 1-1 所示。

表 1-1　智慧交通典型应用业务类型及相应的通信指标

业务类型		业务描述	通信指标
安全类	车辆透视	前面的车辆将传感器信息发送给后面的车辆，使得后面的车辆对前端的交通状况可视	时延：≤100ms； 通信距离：≥300m； 可靠性：>99%
	交通设施监测	对交通基础设施（如红绿灯、路灯、路牌）等进行监控和检测，发现异常及时上报	时延：≤500ms； 通信距离：≥300m； 连接数：>100000 个
	自动驾驶	车辆利用车载感知系统，结合蜂窝车联网（C-V2X）通信获取车辆位置、周围车辆信息、道路信息等环境信息	时延：≤10ms； 通信距离：≥300m； 可靠性：>99.999%
效率类	交通监管	交通管理服务实时监控交通情况，并对报告消息进行处理，该消息来自车辆及安装在道路关键点上的视频监控设备	时延：≤100ms； 通信距离：≥300m； 可靠性：>99%
	车位共享	对车位信息进行收集，按需对车位进行分时共享，充分利用空间资源	时延：≤500ms； 通信距离：≥300m； 连接数：>100000 个
	编队行驶	车辆之间通过信息交互，按照一定的秩序和规则进行编队，同步进行加速、减速、刹车、延时转弯等操作	时延：≤10ms； 通信距离：≥300m； 可靠性：>99.999%

续表

业务类型		业务描述	通信指标
信息服务类	车载 AR/VR	车辆通过公网基础设施接入网络，获得多媒体内容，以及观看高清视频、参加视频会议、玩车载游戏等业务体验	时延：≤500ms； 通信距离：≥300m； 可靠性：>99%
	车辆防盗	车辆盗抢检测系统一旦被触发，经服务中心确认后，即可通过电话或短信等通知车主盗抢事件发生	时延：≤500ms； 可靠性：>99%； 连接数：>100000 个
	动态高精度地图	车辆通过基站设备接入网络，实现高精度地图的下载、实时更新等业务	时延：≤100ms； 通信距离：≥300m； 可靠性：>99.999%

1.3　智慧交通愿景及系统架构

根据交通运输部公路科学研究院提供的资料，新一代国家交通控制网是一个由道路基础设施、车辆、支撑运行与服务系统组成的，可实时交换数据并自动调节的复杂系统。其发展愿景为：通过 15 年左右的建设和完善，实现 90% 的城市道路行驶车辆处于交通控制网的监管下，路网运行效率提高 1 倍；实现 80% 的高速公路行驶车辆处于交通控制网的监管下，通过能力提高 6 倍；实现公交专用道内的公交车辆 100% 处于交通控制网的监管下，通过能力提高 4 倍；由人为因素导致的事故率下降 80%。

新型交通体系基于智能驾驶汽车等新型载运工具，通过交通网、信息网、能源网的三网合一，实现车车、车路智能协同，提供车路云协同的一体化智慧交通服务，如图 1-1 所示。在新型交通体系中，路端实现交通基础设施数字化，完成交通环境的信息采集；车端实现交通工具智能化，建立自动驾驶系统、智能物流系统；云端实现交通管控系统一体化，包括大数据的汇聚、共享，以及全局动态的智能管控等。其中，5G 和 V2X 发挥着重要作用。

未来智慧交通将是智能的立体化架构，如图 1-2 所示。智慧交通立体化架构体系包括终端层、网络层，以及平台、应用层。终端层即基础设施层，是智慧交通的神经末梢，实现道路的全面感知与检测，同时实现感知数据的结构化处理。网络层是终端层与平台、应用层连接的管道，一方面将基础设施的结构化数据上传到平台；另一方面根据不同的业务需求提供隔离的网络资源。平台、应用层，是智慧交通的大脑，提供连接管理、业务管理及应用服务。通过"云—管—端"架构，可实现地面交通在云端的数字孪生映射，利用人工智能实现快速、高效的智慧交通业务应用。

图 1-1　车路云协同的一体化智慧交通体系

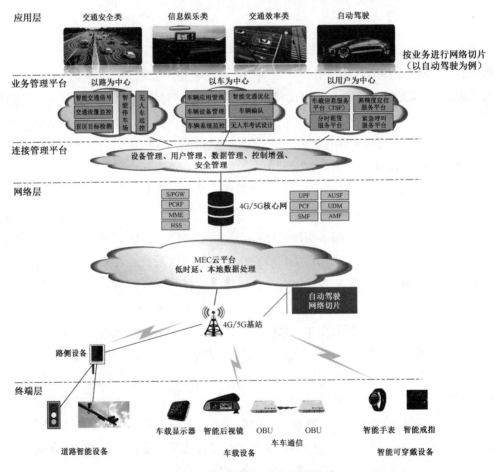

图 1-2　智慧交通立体化架构体系

1.4　智慧交通标准研究

目前，国际上主流的车联网无线通信技术主要有两条技术路线，即由电气与电子工程师协会（Institute of Electrical and Electronics Engineers，IEEE）主导标准化的 IEEE 802.11p 和由第三代合作伙伴计划（The Third Generation Partnership Project，3GPP）主导标准化的 C-V2X。应用层的标准则由各个国家和地区根据区域特点制定。IEEE 802.11p 支持运动环境下的车车和车路的直连通信，但存在隐藏终端问题、连续覆盖差、车辆密集时通信时延大和可靠性低等缺点，难以满足车联网的通信需求。C-V2X 是基于蜂窝网的 V2X 通信技术，包括基于 4G 的 LTE-V2X 和基于 5G 新空口的 NR-V2X 技术，通过构建"人—车—路—云"协同的车联网产业生态体系，将交通参与要素有机地结合在一起，不仅能帮助车辆感知到更多的信息，促进自动驾驶技术的发展，而且还能通过构建智慧交通系统，提升交通效率，提高驾驶安全性，降低事故发生率等，促进交通服务新模式、新业态的发展。现在我国已将车联网产业上升到国家战略高度，围绕 LTE-V2X 形成了较为完整的产业链生态。

国际通信标准组织 3GPP 于 2015 年 2 月正式启动 LTE-V2X 的标准化工作：3GPP SA1 小组开启了关于 LTE-V2X 业务需求的研究。目前，3GPP 已经发布了针对 LTE-V2X 定义的 27 种（3GPP TR 22.885）业务场景及针对 NR-V2X 定义的 25 种（3GPP TR 22.886）应用场景。

3GPP 的 C-V2X 标准演进如图 1-3 所示，主要分为三个阶段，第一个阶段在 R14 中完成，主要实现 LTE-V2X 的标准化，以支持 3GPP TR 22.885 中的业务场景；第二个阶段在 R15 中完成，主要实现 LTE-V2X 技术的增强，进一步提升 V2X 的时延、速率及可靠性等性能；第三个阶段在 R16 和 R17 中完成，主要实现 NR-V2X 的标准化。其中，R16 重点面向自动驾驶、车辆编队等高级 V2X 业务的需求开展研究课题，启动了相应的 NR-V2X 标准化项目，相关的标准化工作于 2020 年 6 月冻结；R17 重点研究包括弱势道路参与者的应用场景，研究直通链路中终端的资源选择与协调机制，优化侧向链路（Sidelink）的功耗、频谱效率、可靠性和时延等，于 2022 年 6 月冻结。

IEEE 802.11p 于 2010 年完成了标准化工作，支持车辆在 5.9GHz 专用频段进行 V2V、V2I 的直连通信。2018 年 12 月，IEEE 802.11p 的演进版本 IEEE 802.11bd 开始标准化研究工作，并于 2021 年 9 月完成。

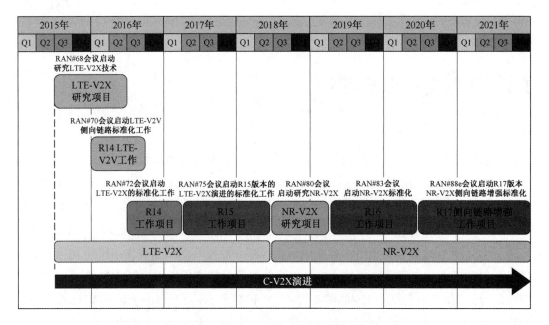

图 1-3 3GPP 的 C-V2X 标准演进

5G 汽车协会（5G Automotive Association，5GAA）成立于 2016 年 9 月，是全球电信行业与汽车行业的跨行业产业联盟，旨在研究未来移动交通服务端到端解决方案。5GAA 的八个创始成员分别是奥迪、宝马、戴姆勒、爱立信、华为、英特尔、诺基亚和高通，目前已经拥有 100 多家成员单位，涉及通信运营商、设备商、车企和汽车零部件厂商等。5GAA 已成立 7 个工作组，包括 WG1 业务场景和需求、WG2 系统架构和解决方案、WG3 评估方法和试验试点、WG4 行业标准化和频谱、WG5 商业模式和市场策略、WG6 监管和公共事务、WG7 安全和隐私。另外，针对特殊需求，5GAA 也会成立跨工作组的项目。

中国各标准组织也正在加快推进智慧交通相关技术标准化。中国通信标准化协会（China Communications Standards Association，CCSA）、全国智能运输系统标准化技术委员会（National Technical Committee 268 on Intelligent Transport Systems of Standardization Administration of China）、中国智能交通产业联盟（China ITS Industry Alliance，C-ITS）、车载信息服务产业应用联盟（Telematics Industry Application Alliance，TIAA）、中国汽车工程学会（Society of Automotive Engineers of China，SAE-China）及中国智能网联汽车产业创新联盟（China Industry Innovation Alliance for the Intelligent and Connected Vehicles，CAICV）等都已积极开展 C-V2X 相关研究及标准化工作。在频谱方面，工业和信息化部于 2018 年印发的《车联网（智能网联汽车）直连通信使用 5905～5925MHz 频段管理规定》指明，规划 5905～5925MHz 频段作为基于 LTE-V2X 技术的车联网（智能网联汽车）直连通信的工作频段。在技术研究方面，各行业标准组织针对技术规范、设备规范及测试规范等推出相关的行业/团体标准。目前，我国 C-V2X 标准化工作取得了显著进展，

表1-2 给出了部分标准规范。其中，核心技术和设备标准的制定及修订基本完成，行业应用类标准随产业发展在持续完善，为智慧交通的发展做好技术研究、统一规划的保障，以保证智慧交通行业的和谐、稳定发展。

表 1-2 中国标准研究机构相关研究工作

分类		标准名称	标准组织
技术规范	总体	基于 LTE 的车联网无线通信技术总体技术要求	CCSA
	应用层	基于 LTE 的车联网无线通信技术消息层技术要求	CCSA/CSAE/C-ITS
		基于 LTE 的车联网无线通信技术消息层测试方法	CCSA/CSAE
		合作式智能运输系统车用通信系统应用层及应用数据交互标准	CSAE
	网络层	基于 LTE 的车联网无线通信技术网络层技术要求	CCSA/C-ITS
		基于 LTE 的车联网无线通信技术网络层测试方法	CCSA/CSAE
	接入层	基于 LTE 的车联网无线通信技术空中接口技术要求	CCSA/C-ITS
	安全	基于 LTE 的车联网通信安全技术要求	CCSA
		智能网联汽车车载端信息安全技术要求	CSAE
设备规范	车载单元（OBU）	基于 LTE 的车联网无线通信技术支持直连通信的车载终端设备技术要求	CCSA
	路侧单元（RSU）	基于 LTE 的车联网无线通信技术支持直连通信的路侧设备技术要求	CCSA
	基站	基于 LTE 的车联网无线通信技术基站设备技术要求	CCSA
测试规范	车载单元（OBU）	基于 LTE 的车联网无线通信技术支持直连通信的终端设备测试方法	CCSA
	路侧单元（RSU）	基于 LTE 的车联网无线通信技术支持直连通信的路侧设备测试方法	CCSA
	基站	基于 LTE 的车联网无线通信技术基站设备测试方法	CCSA

1.5 智慧交通产业升级

在 5G 等新技术的加持下，智慧交通产业升级体现在智能车辆、智能道路、网络和交通云平台等方面的功能增强和服务提升上。

1.5.1 智能驾驶交通工具

汽车的发展是一个漫长的过程，在科技进步、人们需求和环境约束等方面的影响下，汽车从原先单一功能的出行工具被重新赋予了新的价值。国家发改委等 11 个部门联合印发《智能汽车创新发展战略》，对智能汽车给出了明确的定义：智能汽车是指通过搭载先进传感器等装置，运用人工智能等新技术，具有自动驾驶功能，逐步成为智能移动空间和应用终端的新一代汽车。智能汽车通常又称为智能网联汽车、自动驾驶汽车等。智能汽车模型如图 1-4 所示。

图 1-4　智能汽车模型

智能汽车已成为全球汽车产业发展的战略方向。汽车与相关产业全面融合，呈现出智能化、网络化、平台化的发展特征。早期的智能汽车通过视觉、雷达等感知装置与全球定位系统协同，依靠人工智能进行决策，安全自动操控车辆。随着通信技术、人工智能技术的快速发展，基于 5G 的智能驾驶技术形成，车辆可以和外界环境进行信息传输交互，车辆还可以利用车载感知系统结合网络通信获取自身位置、周围车辆信息、道路信息、交通管控信息、天气信息等，实现超视距感知，也可以满足车内乘客对 AR/VR、游戏、电影、移动办公等车载信息的需求。充分利用现有设施和数据资源，对智能汽车统筹管理，建设智能汽车大数据云控基础平台，逐步实现车辆、基础设施、交通环境等领域的基础数据融合应用。

从国内的智能汽车产业发展动态来看，各部委协同开展顶层设计，明确智能汽车发展目标和体系建设，汽车智能化与网联化持续升温，"新玩家"不断入场。2019 年 9 月，中共中央、国务院发布了《交通强国建设纲要》；2020 年 2 月，国家发改委联合 11 部委发布了《智能汽车创新发展战略》。此外，国家相关部委在标准规范和测试方面也制定了一系列的规范和文件，2021 年 1 月，工业和信息化部、公安部和交通运输部正式发布《智能网联汽车道路测试与示范应用管理规范（试行）》，支持智能汽车在中国健康、可持续地发展。国内产业界、技术界对智能汽车的技术研发和测试验证已逐步进入示范运营、大规模推广阶段，全国各地先后建设了 16 个智能网联汽车测试示范区，国内的众多城市也颁布了智能网联汽车试验道路的相关细则及测试的牌照，包括广州、长沙、上海、北京、重庆、合肥等在内的城市已开始开放载人测试。汽车产业圈在不断扩大，从传统车厂，到蔚来、小鹏、理想等造车新势力，再到现在手机制造商如华为、小米的涉足，汽车产业进入智能电动化发展阶段，为汽车产业增加了新的活力。

1.5.2　智能道路交通环境

　　先进信息技术和运载工具的变革推动了智能道路的出现与发展。改革开放以来，我国公路发展迅猛，干支衔接、四通八达的公路网已经形成，公路路网规模、技术等级、通达深度发生了翻天覆地的变化。随着先进信息技术渗透到传统交通领域，公路的规划、设计、建造、养护、运行管理等全要素、全周期数字化水平逐步提升，智慧公路越来越被业界重视。智慧公路以实现更加安全、快速、绿色的人员出行和货物运输为根本目标，通过集成应用感知、通信、信息、云计算、大数据、人工智能和绿色能源等先进技术，布设相应的设施设备，建设交通运行控制中心，最终实现整体智慧能力。未来智能道路交通环境如图 1-5 所示。

图 1-5　未来智能道路交通环境

　　伴随科技创新赋能，传统道路交通向数字化、网络化、智能化发展。我国智慧公路的建设内容包括智慧公路基础设施、智慧公路应用、智慧公路信息安全三个方面。未来，智能道路将借助先进信息技术与交通有机融合，推进交通基础设施数字化改造和智能化升级。智能道路将建设公路感知网络，在重点路段实现全天候、多要素的状态感知，强化数据开放共享，打造综合交通运输的"数字大脑"，该"数字大脑"包含监测、调度、管控、应急、服务等功能，以提高运营管理的智慧化水平、服务品质和整体效能。

　　近几年来，在政策的推动下，我国各省份都在探索智慧道路建设之路。2019 年 10 月—

2020 年 12 月，交通运输部共批复了三批 68 家交通强国建设试点。2018 年交通运输部发布《关于加快推进新一代国家交通控制网和智慧公路试点的通知》，决定在北京、河北、吉林、江苏、浙江等九个省市推动智慧公路试点。国内各地都在加速智慧公路的建设，在智能停车、高精准信息服务、自由流收费、高精准管控、全天候通行、应急救援、全寿命周期智能养护、智慧隧道、智慧服务区等创新服务和场景中积极探索，推动车路协同技术的进步，如浙江的杭绍甬高速、北京和河北的延崇高速，以及成都和重庆的成渝智慧高速等。随着智慧公路（车路协同）业务的显著增长，传统交通规划咨询机构在适应转型，百度、阿里巴巴及腾讯等互联网企业也参与其中，并充分发挥自身优势。

1.5.3 智慧交通网络演进

蜂窝网从 2G 到 4G 的发展，经历了从以在线语音导航为主的呼叫中心服务，到以导航诊断和救援为主的基础车载信息服务，再到拥有丰富的交通出行辅助与车载信息娱乐增值服务的阶段演进，在不同阶段支持不同类型的应用，从而形成不同的产业生态。如今，5G、C-V2X 和高精度定位技术的快速发展和广泛应用，对智能网联、车路协同乃至更高级别的全自动驾驶的发展具有保障和支撑作用。智慧交通网络如图 1-6 所示。

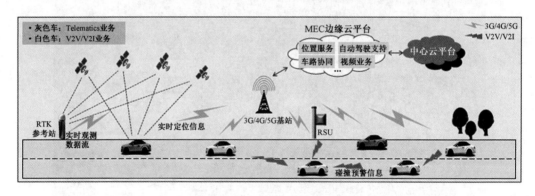

图 1-6 智慧交通网络

5G 网络、C-V2X 和高精度定位网络构成了智慧交通网络（见图 1-6），实现了"人—车—路—云—网—图"交通参与全要素的连接和交互。5G 网络拥有超高移动、超高流量密度、超高连接数密度、超低能耗等特性，同 4G 网络相比，5G 网络在数据速率、移动性、空口时延、可靠性等方面都有大幅提升。此外，通过 5G 网络切片技术可构建安全隔离隧道，预留网络资源，保障智慧交通的高质量可靠通信，为车、路、环境之间的高效协同提供通信基础。C-V2X 可实现车车、车路的直连通信，满足车车或车路的区域性通信需求，但受已经颁布的频谱及功率约束，C-V2X 的业务应用范围受到了限制。将C-V2X 与 5G 技术相结合，可实现网络的无缝覆盖，配合移动边缘计算（Mobile Edge

Computing，MEC）技术，为用户提供低时延、高带宽的网络环境，以及高算力、大存储、个性化的服务能力。高精度定位技术提供基于位置信息的个性化服务，是实现智慧交通、自动驾驶的必要条件，全球导航卫星系统（Global Navigation Satellite System，GNSS）和载波相位差分技术（Real-Time Kinematic，RTK）方案是最基本的定位方法。GNSS 适用于室外环境定位，通常要与惯性导航、蜂窝网等结合以提高定位精度和稳定性，蜂窝网对于提高定位性能至关重要。

智能网联、车路协同等智慧交通场景离不开 5G、C-V2X 和北斗高精度定位技术的广泛应用。目前，国家层面出台了很多推动 5G、北斗建设的政策和措施。国家发改委印发《智能汽车创新发展战略》，指出"智能交通系统和智慧城市相关设施建设取得积极进展，车用无线通信网络（LTE-V2X 等）实现区域覆盖，新一代车用无线通信网络（NR-V2X）在部分城市、高速公路逐步开展应用，高精度时空基准服务网络实现全覆盖"。2018—2020 年，工业和信息化部 C-V2X 工作组完成了网络层和应用层互操作、协议一致性测试，LTE-V2X "三跨""四跨"互联互通展示，以及"新四跨"（跨芯片模组、跨终端、跨整车、跨安全平台）的技术应用示范，并且开展了车辆高精度定位测试验证，加速了 C-V2X 的规模化商用步伐。目前，智慧交通网络的应用场景处于规模化推广探索阶段，不同工况环境下的应用需求有较大差异，比如公路交通环境的辅助驾驶、自动驾驶、伴随式信息服务、车道级导航等。此外，智慧交通网络在科技园区、港口、码头、矿山等其他区域也有广泛应用。

1.5.4　智慧交通云平台

智慧交通业务丰富繁杂、数据量庞大，对网络的需求也有所不同，统一的核心网平台在时延、效率等方面无法满足智慧交通的业务需求。智慧交通云平台依托大数据、云计算、移动互联、智能终端等新技术，根据业务需求，采用分层多级架构，进行"全局—边缘—路侧"的多级业务平台部署，并对平台的功能进行模块化处理，以便灵活配置，通过对海量交通数据的综合分析与共享，针对不同客户群体，提供交通监管、驾驶评价、出行信息等多种服务。智慧交通云平台如图 1-7 所示。

根据车联网业务需求，智慧交通云平台可分为全局云平台、边缘云平台和路侧云平台三种。全局云平台可以实现海量数据处理，负责全局算法、全局交通管控，实现紧急救护、保险服务、车辆远程监控、地图服务等功能。边缘云平台可以实现业务的实时处理及局部交通管控，边缘云平台具备本地化、低时延业务能力，如红绿灯智能控制、交通拥堵管控等。信息经边缘云平台处理后回传至全局云平台进行统一管理。路侧云平台可以实现一些即时的业务处理及路口的交通管控，如路侧摄像头等感知数据的处理、滤波通行、十字路口防碰撞等。在实现业务和管理分层的同时，各级平台之间互联互通。下层平台向上级平台及时报告，上级平台对下层平台进行动态配置，对于十字路口、高速公路等不同的场景，其平台功能也有所不同，通过上层的边缘云平台实现对路侧云平台功能的实时配置。通过不同场景云平台的分工协作，共同提供全方位、立体化的智慧交通服务。

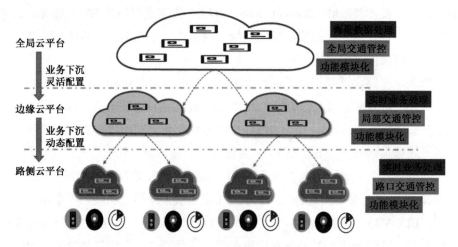

图 1-7　智慧交通云平台

智慧交通云平台根据服务对象和业务特点，将智慧交通上层业务系统分为智慧交通监管、智慧交通运营、交通出行服务三大领域，分别对应政府、企业和个人用户。阿里巴巴、滴滴出行、腾讯等结合自身优势致力于打造智慧交通云平台，为交通管理、运营、出行提供服务和便利。滴滴出行研发的"基于大数据的互联网+信号精细化交通管理平台"已在济南、北京、柳州、南京、温州、苏州，以及巴西阿雷格里港等全球 30 多个城市部署，助力城市交通管理部门对全国超过 2500 个路口的信号控制进行优化和管理，拥堵延误时长平均缩短 10%～20%；高德地图联手阿里云发布的城市大脑·智慧交通，接管 1300 个路口信号灯，接入 4500 路视频，全面感知城市交通，覆盖杭州主城区、余杭区、萧山区共 420 平方千米，具备信号灯优化、交通事件实时识别、应急车辆优先调度、重点车辆管控、社会治理和公共安全保障等能力；腾讯发布的 MaaS 一体化出行服务平台，根据用户乘车前、中、后的全流程，围绕用户的出行时间需求、出行偏好，连接多种出行方式，实现腾讯"以人为中心"的智慧交通生态理念。

1.6　本章小结

在产业数字化、智能化的背景下，新型智慧交通业务不断涌现，与智能驾驶相关的技术研究和应用进入高速发展阶段。新型交通体系通过建立交通网、信息网、能源网的三网合一，实现车车、车路智能协同，提供"车—路—云"协同的一体化智慧交通服务。在通信、北斗、人工智能等新技术的加持下，汽车与相关产业全面融合，呈现出智能化、网络化、平台化的发展特征。运载工具的变革推动了智慧道路的出现和发展，而 5G、C-V2X 和高精度定位等技术的快速发展和广泛应用，对智能网联、车路协同乃至更高级别的全自动驾驶的发展具有保障和支撑作用。根据业务需求，智慧交通系统采用"全局—边缘—路侧"的分层多级架构平台提供全方位、立体化的智慧交通服务。从智慧交通业务发展态势看，未来车联网业务的发展趋势主要包括车载信息生活、智能安全驾驶和绿色安全出行三个方面。智能车辆、智能道路、智慧交通网络和智慧交通云平台多方面的政策实施和应用落地推动了智慧交通整体产业升级，促进构建安全、便捷、高效、绿色、经济的综合运输系统。

1.7　参考文献

[1]　陈山枝，胡金玲，赵丽，等. 蜂窝车联网（C-V2X）[M]. 北京：人民邮电出版社，2021.

[2]　张新，杨建国. 智慧交通发展趋势、目标及框架构建[J]. 中国行政管理，2015(4)：150-152.

[3]　王少华，卢浩，黄骞，等. 智慧交通系统关键技术研究[J]. 测绘与空间地理信息，2013，36(S1)：88-91.

[4]　朱春荣. 5G 技术与智慧交通应用分析[J]. 电子测试，2020(4)：49，73-74.

[5]　苑宇坤，张宇，魏坦勇，等. 智慧交通关键技术及应用综述[J]. 电子技术应用，2015，41(8)：9-12，16.

[6]　中国信息通信研究院. 车联网白皮书（C-V2X 分册）[EB/OL]. （2019-12）[2022-04-15]. http://www.caict.ac.cn/kxyj/qwfb/bps/201912/t20191226_272596.htm.

[7]　中国信息通信研究院. 车联网白皮书（2018 年）[EB/OL]. （2018-12）[2022-04-15]. http://www.caict.ac.cn/kxyj/qwfb/bps/201812/t20181218_190858.htm.

[8]　中国信息通信研究院. 车联网白皮书（2017 年）[EB/OL]. （2017-09）[2022-04-15]. http://www.caict.ac.cn/kxyj/qwfb/bps/201804/t20180426_158475.htm.

第 2 章

5G 网络技术

随着移动互联网的发展，越来越多的设备接入移动网络中，新的服务和应用层出不穷。为了应对未来移动数据的爆炸式增长，5G 网络技术应运而生。2016 年是 5G 的标准化元年，2019 年，我国正式开启 5G 网络商用。时至今日，全球移动通信行业仍在不断完善、优化 5G 网络能力。

5G 网络是引领科技创新、实现产业升级、发展新经济的重要抓手。与 4G 网络相比，5G 网络支持更加多样化的业务场景，融合多种接入方式。5G 网络具备高速度、低时延、高可靠性、灵活部署、高频谱效率等多方面的性能。同时，5G 网络与云计算、大数据、人工智能等前沿技术融合，赋能工业、交通、医疗、教育等垂直行业，为大众的工作、生活、学习等带来深度变革。

2.1　5G 网络概述

2.1.1　背景简介

自 20 世纪 80 年代以来，现代移动通信经历了四代变革：1G 是以模拟通信为代表的模拟蜂窝语音通信；2G 是以时分多址（Time Division Multiple Access，TDMA）和频分多址（Frequency Division Multiple Access，FDMA）为主的数字蜂窝语音通信；3G 是以码分多址（Code Division Multiple Access，CDMA）为核心的窄带数据多媒体移动通信；而 4G 则是以正交频分复用（Orthogonal Frequency Division Multiplexing，OFDM）和多输入多输出（Multiple Input Multiple Output，MIMO）为核心的宽带数据移动互联网通信。

4G 网络已商用多年，极大地促进了移动互联网业务的发展，涌现出多样化的业务和智能终端。移动通信的发展不仅深刻改变了人们的生活方式，而且已成为推动国民经济发展、提升社会信息化水平的重要引擎。但人们对更高性能移动通信的追求从未停止，为了应对未来移动互联网的高速发展带来的移动数据流量的爆炸式增长、海量的设备连接，以及不断涌现的各类新业务和应用场景，更加高效智能的新一代通信网络——第五代移动通信网络（5G 网络）应运而生。

2019 年 6 月 6 日，工业和信息化部正式向中国电信、中国移动、中国联通和中国广电发放 5G 商用牌照，我国正式进入 5G 商用元年。5G 支撑应用场景由移动互联网向移动物联网拓展，将加速许多行业的数字化转型，支撑我国数字经济的蓬勃发展。

2.1.2　5G 业务需求

未来移动通信的发展将聚焦在移动互联网和物联网方向。前者主要以人为主体，为用户提供超高清视频、虚拟现实、远程教育/医疗/办公、在线游戏等更高级的业务应用，同时在交通枢纽、场馆集会等密集场景及高铁、高速公路等高速移动环境下保证一致的业务性能。后者则更多面向工业、农业、医疗、教育、交通等生产生活领域，通信范围也延伸到人与物、物与物之间的互联互通上。因此，业务种类繁多且呈现差异化的业务特征要求移动通信网络除能够支持海量的设备连接之外，还要具备更强的灵活性和可扩展性，以满足垂直行业的多样化需求，实现与行业的深度融合，实现真正的"万物互联"。

5G 网络在为用户提供高质量业务体验的同时，也需要具备更加灵活的可扩展的网络架构；在支持多样化的业务需求的同时，要降低网络部署的复杂度。5G 网络需要更加高效灵活地调用频谱资源，包括重用频谱和新频谱、低频段和高频段等，实现更高的频谱利用率。另外，5G 网络需要提供更高层次的安全机制，需要建立一个统一且灵活的认证架构，支持多种应用场景的接入认证，在满足基本的通信安全要求之外，为不同的业务提供差异化的安全服务。

2.1.3　5G 的主要挑战

1. 产业生态的挑战

不同于以往的通信时代，5G 的主要任务是赋能垂直行业。目前，5G 应用发展面临垂直行业刚需不明确、商业模式尚不明晰、行业壁垒仍然存在等诸多挑战。

1）垂直行业刚需不明确

目前与 5G 结合的行业领域众多，包括工业制造、能源、公共交通、医疗、安防、媒体娱乐、农业等，但多样化的行业应用场景对通信系统也呈现零碎化的需求，并且很多场景方案也没有涉及行业核心业务。另外，很多行业企业并不了解 5G 能够带来哪些改变，以及自身到底需要何种方案。以上"碎片的""模糊的"场景需求，导致目前尚未出现现象级的 5G 行业应用，解决方案的可复制性也较差，不具备大规模推广的条件。

2）商业模式尚不明晰

目前，全球范围内 5G 与行业的融合应用还处于以示范验证为主的阶段。例如，在智慧交通领域，通过 5G 与 C-V2X 的融合实现的车路协同、自动驾驶等业务，目前还处于探索阶段，应用场景大多也仅限于试验区、工厂园区等相对封闭的环境，尚未形成规模化盈利。此外，在实现行业应用的过程中，设备制造商、互联网企业、解决方案提供商、行业应用企业等多方竞争博弈，还没有形成稳定的产业格局，如何让各方获利仍需要进一步探索。

3）行业壁垒依然存在

5G 在行业应用推广过程中，存在通信服务提供商和应用企业双方沟通不足的问题。运营商对行业的改造需求了解不充分，网络建设缺乏针对性，而行业应用企业也对 5G 技术存在质疑，包括业务的多样性能否适配、业务的控制是否可靠、核心数据是否安全等。目前，行业领域与通信领域深度合作的交流和对接平台依然较少，行业合作存在一定的门槛。

2. 技术挑战

5G 并不依赖某个单点技术，而是包括多种接入技术、多种业务网络和多种网络架构的融合。例如，网络切片技术可以为每种业务切分专用的网络资源，提供定制化服务。但是，网络切片引入以后会导致网络的运营变得更加复杂，需要运营商在短时间内迅速适配服务，且在负载均衡、计费策略、安全性和服务质量（Quality of Service，QoS）等方面也带来了额外的管理复杂度。又如，对于 5G 海量连接场景，要如何管理大量的物联网终端是个新的挑战。认证的算法要安全可靠，又不能增加额外的通信时延（如车联网），需要兼顾安全性与简单、便捷，这对认证算法提出了很高的要求。目前已有的 5G 标准版本更多地聚焦于大带宽场景，对海量连接场景还需要进一步研制标准。除此之外，边缘计算、网络功能虚拟化、精准同步等关键技术，也需要在未来的 5G 应用中一一解决其难点问题。

3. 建设成本的挑战

目前，5G 基站能耗主要集中在基站、传输、电源和机房空调四部分，而在基站能耗中，负责处理信号编码的室内基带处理单元（Building base Band Unit，BBU）的功耗相对较小，有源天线单元（Active Antenna Unit，AAU）的功耗相对较大，这主要是因为 5G

时代大规模天线的应用导致了有源天线单元的功率明显增加。2019 年华为发布的《5G 电源白皮书》显示，从 4G 基站演进到 5G 基站，总功耗大幅增加。5G 时代 64T64R AAU 的最大功耗将会达到 1000～1400W，而 5G 基站整体功耗也会达到 4G 基站的 3 倍以上。另外，由于 5G 高频段在覆盖范围上的劣势，需要通过密集组网来实现业务覆盖，因此对基站的需求量成倍增长。5G 网络的高功耗是其大规模商用部署的主要制约因素之一。

4. 安全的挑战

1）不同业务场景对安全机制分别提出了不同的要求

增强型移动宽带（Enhanced Mobile Broad-Band，eMBB）业务的特点是高带宽，主要对业务数据流、环境信息等关键数据进行加密；超高可靠和低时延通信（Ultra Reliable and Low Latency Communication，uRLLC）业务需要高级别的安全措施，且不能引入不必要的时延，如优化业务接入的身份认证时延、数据在网络节点的加/解密时延等；大规模机器类型通信（Massive Machine Type Communication，mMTC）业务中终端设备数量与种类多，这就需要在支持海量设备身份认证和管理的同时降低相关的成本。

2）5G 安全能力开放带来的挑战

5G 安全能力开放主要是指运营商向第三方应用提供安全服务，如接入认证、授权控制、网络防御等。通过能力开放，运营商可以帮助第三方应用提供商更好地构建业务安全能力，这对未来运营商提供安全能力及定制化的安全防护提出了挑战。

3）用户隐私信息保护的需求

5G 带来丰富多样的业务种类，实现人与万物的智能互联，但这也对用户数据及个人隐私信息的保护提出了更高的要求，再加上 5G 网络能力的开放，用户信息将会转移到第三方开放平台，如何保护用户的隐私是 5G 网络发展必须解决的问题。

2.2　5G 标准研究

2.2.1　ITU 国际标准

2015 年 9 月，国际电信联盟无线电通信部门（International Telecommunication Union Radiocommunication Sector，ITU-R）明确了未来 5G 具有以下三大主要应用场景：①增强型移动宽带（eMBB）；②超高可靠和低时延通信（uRLLC）；③大规模机器类型通信（mMTC）。5G 三大应用场景如图 2-1 所示。

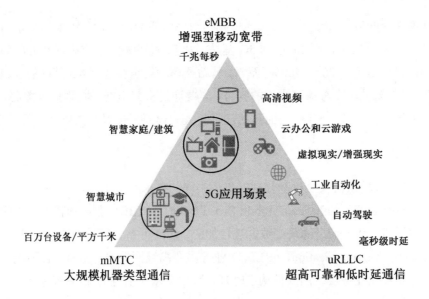

图 2-1　5G 三大应用场景

1. eMBB

eMBB 的特点是在现有移动宽带应用的基础上进一步提升性能, 致力于实现无缝用户体验, 包括有不同要求的广域覆盖和热点覆盖。热点覆盖用户密度大, 但对移动性的要求低, 热点覆盖的用户数据速率高于广域覆盖的用户数据速率。广域覆盖主要实现无缝连接, 对数据速率的要求可能低于热点覆盖, 但数据速率要远高于现有用户数据速率。

2. uRLLC

uRLLC 的特点是对吞吐量、延迟时间和可用性等性能的要求十分严格。所应用的领域包括工业制造或生产流程的无线控制、远程手术、智能电网配电自动化及运输安全等。

3. mMTC

mMTC 的特点是连接设备数量庞大, 这些设备通常传输相对少量的非延迟敏感数据。设备成本需要降低, 电池续航时间需要大幅延长。

另外, ITU 还确定了 5G 网络的八项关键能力指标。5G 网络与 4G 网络的性能对比如图 2-2 所示。

- 峰值速率: 最高 20Gbps。
- 用户体验速率: 在广域覆盖的情况下, 用户体验速率达到 100Mbps, 在热电场景下, 用户体验速率有望提升 (如在室内达到 1Gbps)。
- 频谱效率: 相比 4G 网络, 5G 网络频谱效率高出 3 倍。
- 区域流量密度: 支持 $10Mbps/m^2$ 的区域流量密度。
- 网络能效: 在增强性能的同时控制能耗, 网络能效提升 100 倍。

- 移动性：具有 500km/h 以上的移动性。
- 空口时延：5G 支持极低的通信时延，实现 1ms 的空口时延。
- 连接密度：支持 100 万台/km² 的连接密度。

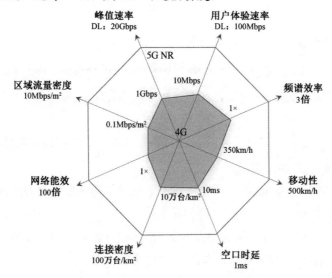

图 2-2　5G 网络与 4G 网络的性能对比

通过 ITU 的定义可以看出，在 4G 网络的基础上，5G 网络在移动通信的传输速率、移动性、功耗和时延等多个方面有了较大的提升，5G 网络的应用为社会生产生活带来了革新，互联网的发展也进入了智能互联网时代。

2.2.2　3GPP 国际标准

3GPP 在 2015 年召开了 5G 标准化会议，基本明确了 5G 的三大应用场景，即 eMBB、uRLLC 和 mMTC。关于 5G 新空口和 LTE-A 的演进，3GPP 将在 3GPP R14 及其后续版本中同时开展标准定义工作。

3GPP 关于 5G 的标准化工作经历了以下 3 个阶段，如图 2-3 所示。

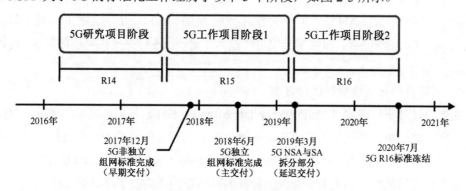

图 2-3　5G 标准演进阶段

1. R14（2016年3月—2017年6月）

该阶段主要为标准研究项目（Study Item）阶段，主要针对5G需求、系统框架、信道模型等展开研究。

2. R15（2017年6月—2019年3月）

该阶段完成了第一个版本的5G标准，主要面向5G初期商业部署需要展开研究，侧重于eMBB应用场景及部分uRLLC场景。R15版本还可以细分为3个部分，现已完成并冻结。

（1）5G非独立组网（Non-Standalone，NSA）标准，系统架构选项采用Option 3，于2017年12月完成，于2018年第一季度冻结。

（2）5G独立组网（Standalone，SA）标准，系统架构选项采用Option 2，于2018年6月完成，于9月冻结。

（3）除NSA和SA之外，考虑部分运营商升级5G需要的系统架构选项Option 4与Option 7、5G NR新空口双连接等内容，于2019年3月冻结。

3. R16（2019年3月—2020年7月）

该阶段作为5G第二阶段的标准版本，在R15的基础上进行如下增强。

1）基本功能方面

RAN侧增强主要包括MIMO增强、移动性增强、集成接入和回传（Integrated Access Backhaul，IAB）、两步随机接入（2-step RACH）、双连接和载波聚合等；在业务流程和核心网架构方面，主要包括服务化架构增强（Enhanced Service-Based Architecture，eSBA）、会话管理功能（Session Management Function，SMF）和用户面功能（User Plane Function，UPF）的增强拓扑功能（Enhancing Topology of SMF and UPF in 5G Networks，ETSUN）、网络切片增强、基于服务的接口协议改进等。

2）垂直行业能力方面

该阶段主要增强了支持垂直行业组网和专网建设的时间敏感网络（Time Sensitive Networks，TSN）、5G LAN等，扩展了5G能力三角的uRLLC，在可靠性和时延上都有所增强，NR-V2X逐渐完善，增强了无线定位技术。此外，还对非授权频谱部署5G进行了研究。

3）网络自动化运维和智能化方面

主要通过最小化路测（Minimization Drive Test，MDT）和层二测量的增强，强化了自组织网络对系统的自优化；对TDD部署5G普遍存在的远端干扰问题提出了解决方案；重点规定了网络数据分析功能（Network Data Analytics Function，NWDAF）的框架，并扩展了其应用范围，为大数据和人工智能的网络智能化构建了良好的基础。

目前，3GPP 已经开始了 R17 版本的标准化工作，研究重点如下。

（1）轻量版 5G NR（NR-Light）：主要针对介于 eMBB、mMTC 与 uRLLC 之间的应用场景，NR-Light 仅占用 10MHz 或 20MHz 带宽，支持下行速率 100Mbps、上行速率 50Mbps，主要应用于工业物联网传感器、摄像头等场景，研究方向包括降低 UE 的复杂度、减少 UE 上/下行带宽、提升 UE 能效等方面。

（2）NR 定位增强：在 R16 中已经通过信号到达时间差（Time Difference of Arrival，TDOA）、到达角测量法（Angle of Arrival，AoA）等技术增强了室内定位能力，精度可达米级。在 R17 中将进一步把室内定位精度提升到厘米级，即 20~30cm。

（3）NR-V2X 增强：继续致力于优化侧向链路（Sidelink）的功耗、频谱效率、可靠性和时延等；同时，扩展侧向链路直连通信的应用场景。

（4）NR 多播和广播服务：之前的 5G 版本尚未支持多播和广播服务，R17 开始相关研究，主要针对公共安全等场景，让大量用户能够同时接收告警或通知。

（5）窄带物联网（Narrow Band Internet of Things，NB-IoT）/eMTC 与非地面网络集成：进一步研究 NB-IoT/eMTC 与非地面网络集成，以支持位于偏远山区的矿业、林业，以及洋运等垂直行业的物联网应用。

此外，R17 版本的研究还包括 NR 覆盖增强、频谱范围扩展到 71GHz、进一步增强 MIMO 能力、跨载波调度增强、网络切片、不同业务场景的用户体验质量（Quality of Experience，QoE）管理等。

2.2.3　国内标准

1. CCSA

2017 年 5 月，中国通信标准化协会（CCSA）通过了包括 5G 接入网、核心网、安全和频率等方面的相关研究课题立项建议，正式启动了 5G 标准化工作。2018 年，CCSA 完成 5G 标准体系研究，确立了 5G 核心网、无线网、无源天线阵列、边缘计算等标准研制项目和 5G NR 超高可靠低时延通信、核心网智能化等一系列研究项目，并于 2019 年、2020 年分批完成。2020 年 1 月，CCSA 举办"5G 标准发布及产业推动大会"，正式发布了我国首批 14 项 5G 标准，涵盖了核心网、无线接入网、承载网、天线、终端、安全、电磁兼容等多个领域，标志着 5G 相关产业的加速发展。

2. IMT-2020

中国于 2013 年成立了 IMT-2020（5G）推进组，主要开展 5G 策略、需求、技术、频谱等方面的研究，并发布了一系列阶段性成果，包括《5G 愿景与需求》《5G 概念》《5G 无线技术架构》《5G 网络技术架构》等。

《5G 愿景与需求》从市场的驱动力、业务场景和性能挑战、可持续发展、5G 关键能力等方面进行分析，并指出面向未来，5G 将为用户提供光纤般的接入速率、"零"时延的使用体验、千亿台设备的连接能力、超高区域流量密度、超高连接密度和超高移动性等多场景的一致服务。

《5G 概念》归纳了四个 5G 主要技术场景：连续广域覆盖、热点高容量、低功耗大连接和低时延高可靠，并定义了相关的性能指标。在关键技术方面，《5G 概念》简要分析了 5G 新空口技术和新型网络技术；另外，还从技术特性和产业角度论述了 5G 新空口和 4G 演进空口两条 5G 技术发展路线。

《5G 无线技术架构》和《5G 网络技术架构》分别从无线空口技术和网络架构两个方面给出了关于 5G 的技术观点。前者主要介绍了 5G 新空口基于统一技术框架的设计，新空口有效整合大规模天线、新型多址、超密集组网等关键技术；后者主要对 5G 网络的整体设计和功能特性进行分析，并重点介绍了控制转发分离、移动边缘计算、新型连接管理和移动性管理等关键技术。

2.3   5G 关键技术

通过 2.2 节的介绍，我们已经知道 5G 网络将满足三类典型业务场景，并且要实现峰值速率、空口时延、连接密度、频谱效率等八项关键能力指标，这就要求在满足高性能通信网络的同时，也要灵活适配多样化的业务应用。5G 网络需要多种技术相互配合、共同实现，关键技术大致分为新空口技术和网络技术两类。

2.3.1 5G 新空口技术

为了满足 5G 的差异化业务，必须以革命性的基础技术创新来提升网络性能。5G 将采用兼具灵活性与适应性的新空口技术，为连续广域覆盖、海量连接、低时延高可靠等场景提供统一的解决方案。

5G 新空口从时域、频域、码域、空间域等维度提升了 5G 的性能，采用的新空口技术主要包括大规模天线阵列技术、极性编码技术、基于滤波的正交频分复用技术、新型多址接入技术等。

1. 大规模天线阵列（Massive MIMO）技术

MIMO 技术带来了时域、频域、码域之外的第四个维度——空间域。空间域能够提升系统数据传输速率，对抗信道衰落，提升系统容量。如图 2-4 所示，大规模天线阵列技术是在传统 MIMO 技术上的增强，即在基站侧布置数十根乃至数百根天线，显著提升无线信道的空间分辨率，能够在相同的时频资源上支持更多用户传输，在基站密度和带宽不变的情况下大幅提高频谱效率。当基站侧天线数远大于用户天线数时，基站到各个用户的信道将趋于正交，能够在相同的时频资源上支持更多的用户传输，实现更高的系统容量。大规模天线可以在三维空间形成带有指向性的窄细波束，在获得赋形增益的同时降低用户间的干扰。

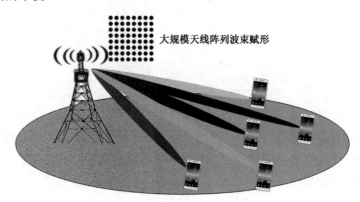

图 2-4　大规模天线阵列技术

大规模天线阵列技术主要应用于热点覆盖和广域覆盖两大场景。热点覆盖主要包括赛事、商场、交通枢纽等高用户密度场景，此时大规模天线可以与毫米波进一步结合，通过波束赋形、波束扫描等技术，补偿毫米波频段的额外传播损耗，同时基于毫米波的高带宽满足大量用户接入的资源需求。广域覆盖主要是指城区和郊区的大面积覆盖，这种场景下大规模天线主要通过其赋形增益提升覆盖性能，并工作在 5G 低频段，以进一步提升小区边缘用户性能，实现一致性的用户体验。无论何种场景，都需要根据实测结果，对信道参数的特征和相关性进行建模。

相较于传统的天线，大规模天线在体积、质量和能耗方面也有明显的增加。此外，大规模天线的预编码和检测使用的矩阵设计复杂度较高，设备成本也较高，而且对于高速运动的场景适应性较差。

2. 极性编码（Polar 码）技术

极性编码（以下简称"Polar 码"）是基于信道极化理论提出的一种线性分组码，是针对二元对称信道（Binary Symmetric Channel，BSC）的严格构造码。理论上，它在较低的解码复杂度下能够达到理想信道容量且无误码平层，而且码长越大，其优势就越明显。

Polar 码的核心包括信道极化、信道组合和信道分解三个部分。信道极化和信道组合在编码时完成，信道分解在解码时完成。经过信道组合和信道分解两个步骤，比特信道 $W_N^{(i)}$ 将会出现极化现象，如图 2-5 所示。当组合信道的数目 N 趋于无穷大时，一部分比特信道将近似无噪信道（信道容量趋于 1），而另一部分则近似全噪信道（信道容量趋于 0）。选择信道容量趋于 1 的信道发送信源输出的信息比特，而在信道容量趋于 0 的信道上则不发送信息。这种编码构造方式，保证了信息集中在较好的比特信道中传输。

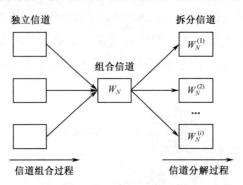

图 2-5 Polar 码原理

Polar 码在增益和可靠性上比传统的 Turbo 码更好，但最小汉明距离较小，且应用成熟度尚不如 LDPC 码和 Turbo 码。2016 年 11 月，3GPP 确定了 Polar 码作为 5G eMBB 场景的控制信道编码方案。

3. 基于滤波的正交频分复用（Filtered-Orthogonal Frequency Division Multiplexing, F-OFDM）技术

OFDM 技术的基本原理是将高速率数据通过串并转换调制到相互正交的子载波上，能够降低码间干扰，抵抗多径衰落。传统 OFDM 技术的缺点是不够灵活，其子载波长度和对应的时域长度都是固定的。5G 网络支持丰富的业务场景，每种业务场景对波形参数的需求各不相同。例如，工业互联网业务要求符号时长极短，也就是要求子载波的频域较宽；而物联网的海量连接场景，则需要在频域上配置带宽比较窄的子载波以支持更高的整体连接数。因此，传统的 OFDM 技术无法实现 5G 根据业务场景来动态选择和配置波形参数的需求。

F-OFDM 是一种可变子载波带宽的自适应空口波形调制技术，通过在发送端和接收端增加滤波器，可以使不同 OFDM 参数的波形共存。通过这一方法，F-OFDM 技术可以实现频域和时域的资源灵活复用，为不同业务提供不同的子载波带宽、符号周期长度和 CP 配置，如图 2-6 所示。

同时，为了保证无线频谱资源的利用效率，F-OFDM 的滤波器经过优化设计，可以把不同带宽的子载波之间的保护间隔最低做到一个子载波宽度，减少了保护带的开销，极大地提升了频谱的利用效率。

4. 新型多址接入技术

多址接入技术通常分为两大类，即正交多址接入（Orthogonal Multiple Access，OMA）

技术和非正交多址接入（Non-Orthogonal Multiple Access，NOMA）技术。1G～4G 的多址接入技术主要采用正交多址接入方式，而 5G 的 mMTC 业务场景需要满足大容量、更多的连接数、更高的频谱资源利用率，用户数受到限制的正交多址接入方式无法满足海量连接的业务需求，因此 5G 将非正交多址接入技术纳入研究范围。

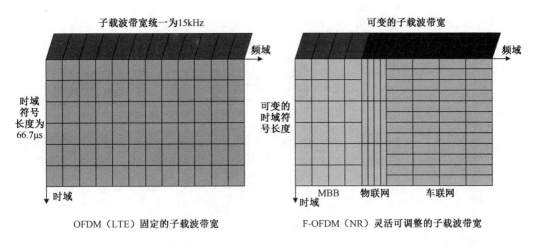

图 2-6　OFDM 与 F-OFDM 子载波对比

目前，业界提出了多种候选的新型多址接入技术，这里主要介绍三种：功率域的非正交多址接入（Non-Orthogonal Multiple Access，NOMA）技术、稀疏码分多址接入（Sparse Code Multiple Access，SCMA）技术和多用户共享接入（Multi-User Shared Access，MUSA）技术。

1）NOMA

不同于传统的正交多址接入技术，功率域的 NOMA 在时/频/空间域之外，通过增加功率域，利用每个用户不同的路径损耗来达到复用的目的。功率域不再由单一用户独占，而是由多个用户共享。NOMA 主要包含两个关键技术：功率复用和串行干扰消除（Successive Interference Cancelation，SIC）。基站的每个时/频域资源单元都承载着 N 个用户的信号，在对用户信号进行下行发射功率复用时，系统根据各个用户的信号强弱来分配发射信号的功率，信号越弱的用户，其对应基站的发射功率就越强。功率复用技术由基站通过算法来进行功率分配。在接收侧，由 SIC 接收机原理可知，终端接收到 N 个用户信号后，按照先强后弱的顺序，逐次解码出所有用户信号。因此，信号较强的用户可以直接解码自身的信息，而信号较弱的用户受到的干扰相对较大，需要先解码干扰信号并将其消除，再解码自身的信息。NOMA 工作原理如图 2-7 所示。

NOMA 可以改善小区边缘信号较弱用户的服务质量，提升系统整体的频谱效率。由于接收端采用了 SIC 接收机进行解调，与传统的正交多址技术相比，复杂度有所提升，相当于用提高接收机的复杂度来换取更高的频谱效率。另外，NOMA 需要逐个编码和解码，有可能会引入一定的处理时延。

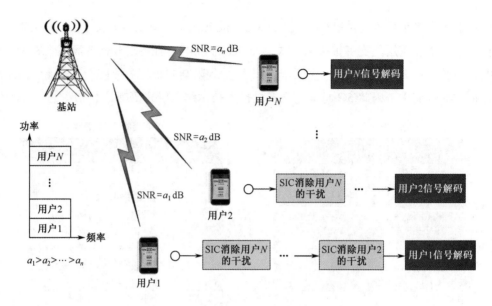

图 2-7　NOMA 工作原理

2）SCMA

SCMA 是一种码域非正交多址接入技术，引入稀疏编码对照簿，通过多个用户在码域的多址接入来实现无线频谱资源利用效率的提升。发射端采用低密度扩频和多位调制技术，通过共轭、转置等方式选择最优的码本集合，将来自一个或多个用户的数据流映射到不同的稀疏码字上，码字再进一步映射到物理资源粒子（Physical Resource Element，PRE）上，实现不同用户的码字以稀疏扩频方式在相同的资源块上进行非正交叠加。接收端则采用消息传递算法（Message Passing Algorithm，MPA）进行低复杂度的多用户联合检测，并结合信道译码完成多用户的信息恢复。

SCMA 发送端数据处理的主要原理如图 2-8 所示，单个用户的数据可以对应其中的一层或多层，编码器为每一层数据预先定义码本，每个码本包含若干由多维调制符号组成的码字。不同用户的数据在码域和功率域得以复用，并共享时频资源，如图 2-8 所示，即 6 个用户的资源块叠加，白色部分表示空载。

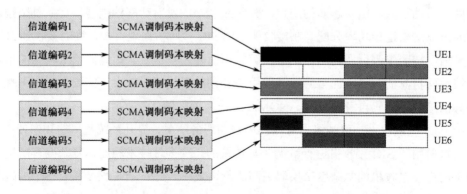

图 2-8　SCMA 发送端数据处理的主要原理

SCMA 编码主要有如下关键技术。

● 低密度扩频技术。把单个子载波的用户数据扩频到 N 个子载波上，且部分子载波对该用户而言是空载，也就是所谓的"稀疏"，避免了用户数据在所有子载波上扩频带来的严重冲突。即便如此，由于不是严格正交，所以当子载波数小于用户数时，单个子载波上依然存在数据冲突，多用户解调也就存在一定的难度（图 2-8 中每个子载波上有 3 个用户数据发生冲突），这就需要进一步采用调制技术来解决。

● 多维调制技术。与传统的二维平面星座图相比，多维调制将原始的信号点扩展至多维空间，可以使多个接入用户的星座点之间的欧氏距离更远，在增加解调性能与抗干扰性的同时，也使星座设计具有更大的灵活性，尽管用户数据不是相互正交的，但通过多维调制也可以实现顺利解调。

SCMA 技术通过引入稀疏码本，大大提升了无线频谱资源的利用效率；同时，采用多维调制技术可以提升链路的整体可靠性和抗干扰性。此外，稀疏码本的设计可以非常灵活，可以根据应用场景来动态调整。SCMA 技术主要的挑战在于如何降低接收机实现的复杂度，以及做好复杂度与解调性能的平衡。

3）MUSA

MUSA 是一种基于码域的非正交多址接入技术，多用户可以共享、复用相同的时域、频域和空间域。在上行链路，不同用户的调制符号经过预先定义的扩展序列扩展后，在相同的资源上发送，最后接收侧使用线性处理技术和 SIC 接收机来还原用户信息，可以显著提升系统的资源复用能力。MUSA 上行接入原理如图 2-9 所示。

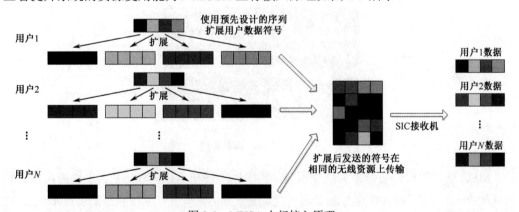

图 2-9　MUSA 上行接入原理

不难看出，扩展序列的设计是影响 MUSA 方案性能的关键，主要用于保持序列之间较低的互相关性，保证在接收侧能够顺利还原用户数据。MUSA 的另一个重要特点就是不需要事先的资源申请和调度，由于扩展序列是事先定义好的，所以用户可以在任何有需要的时候发送数据，信令开销较小。

因此，MUSA 技术能够支持大量用户接入，其整体实现难度较低，系统复杂度也较低，非常适合物联网业务应用场景。需要注意的是，扩展序列的长度和相关性设计需要参考具体的业务需要，避免引入不必要的用户间干扰。

2.3.2　5G 网络技术

5G 时代将面向多样化业务需求提供网络服务。为了满足 5G 网络的功能和性能需求，实现高效按需组网，业界提出了一系列关键技术，主要包括移动边缘计算、网络切片、网络功能虚拟化、软件定义网络、无线 mesh 及多制式协作融合等。本节将着重介绍移动边缘计算和网络切片。

1. 移动边缘计算

移动边缘计算（Mobile Edge Computing，MEC）是指在靠近人、物或数据源头的网络边缘侧，在融合网络、计算、存储、应用核心能力的开放平台上，就近提供边缘智能服务，满足行业数字化在敏捷连接、实时业务、数据优化、应用智能、安全与隐私保护等方面的关键需求。移动边缘计算通过将本地云平台下沉到基站侧，可为移动终端提供低时延业务。MEC 基本架构如图 2-10 所示。

图 2-10　MEC 基本架构

MEC 基本架构主要包括上层应用层、调度控制层和虚拟化设施层。上层应用层包括本地缓存、本地应用、API 交互和业务优化功能，其中，本地应用指的是部署在本地 MEC 云平台上的业务应用，API 交互指的是网络与业务服务器的信息交互；调度控制层包括智能感知、控制决策、路由转发和业务管理功能，其中，智能感知指的是数据流粒度的 TCP 和应用层内容感知，控制决策指的是决策资源分配和业务质量保障等，路由转发指的是数据流的路由转发，业务管理指的是对业务的注册、生命周期等进行管理；虚拟化设施层包括统一硬件资源和虚拟化操作系统，其中，统一硬件资源包括存储、计算和处理资源，虚拟化操作系统包括操作系统和虚拟机管理等。

5G 网络中的 UPF 可以提供分流功能，而策略控制功能（Policy Control Function，PCF）能够实现分流策略的控制。MEC 服务需要的分流规则，通过接口告知 PCF，PCF 将分流策略配置给 SMF，再由 SMF 发送给基站和 UPF，最终由 UPF 实现分流的功能，如图 2-11 所示。通过 5G 与 MEC 融合，使后者能够真正实现商用化。通过 5G MEC 提供的计算能力和平台架构，配合虚拟化灵活部署，构建开放的网络边缘生态环境，从而为用户提供优质的移动通信服务。

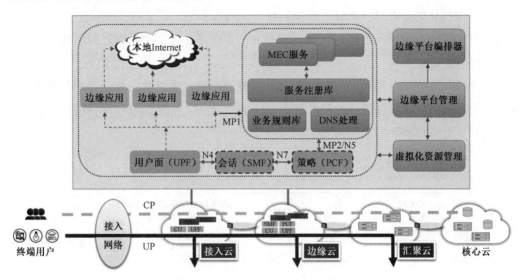

图 2-11　5G 网络与 MEC 融合架构

MEC 的本质是网络能力（计算、存储、网络）满足业务需求的重新编排和切分，部署的关键在于超大的内容存储、灵活的位置部署和快速的能力构建等，具有丰富的应用场景。例如，对于高清视频业务，将其部署于边缘云，可提升用户本地连接及本地资源访问的能力；对于车联网、工业控制等应用场景，可以将业务服务迁移至网络边缘部署，能有效降低网络端到端时延。

2. 网络切片

网络切片是 5G 的关键服务之一，5G 端到端网络切片是指将网络资源灵活分配、网络能力按需组合，基于一个 5G 网络虚拟出多个具备不同特性的逻辑子网，按切片需求方的需求灵活提供一种或多种网络服务。每个端到端网络切片均由传输网切片、核心网切片、无线网切片组合而成，并通过端到端网络切片管理系统进行统一管理。

5G 网络能够按照不同客户的需求灵活地划分网络切片，提供多种差异化的网络服务，因此 5G 基础设施平台需要选择基于通用硬件架构的数据中心，以满足 5G 网络的高性能转发要求和电信级的管理要求，从而实现 5G 网络切片的定制化部署。

1）传输网切片

在网元切片和链路切片形成的资源切片基础上，传输网切片包含了数据面、控制面、业务管理/编排面的资源子集，并运用虚拟化技术实现业务流量在虚拟网络中的传输。

网元切片基于网元内部的转发、计算、存储等资源进行切片、虚拟化，构建虚拟设备、虚拟网元（vNE），它是设备的虚拟化，虚拟网元（vNE）具有类似物理网元的特征；链路切片通过对链路进行切片，形成满足 QoS 要求的虚拟链接（vLink），vLink 可以通过标记交换路径（LSP，Label Switched Path）隧道，灵活以太网（Flexible Ethernet，FlexE）隧道或光通道数据单元（Optical Channel Data Unit，ODU）管道等切片隔离技术来实现。

基于虚拟化的 vNE 及 vLink，虚拟网络（也可以称为资源切片或 vNet）形成。虚拟网络具有类似物理网络的特征，包括逻辑独立的管理面、控制面和转发面，满足网络之间的隔离特征。

在完成传输网切片后，上层的业务与物理资源解耦，所以我们在切片划分的时候无须感知物理网络。传输网切片的技术架构如图 2-12 所示，底层的物理网络层被切分为多个子切片，业务运行于独立的切片上。

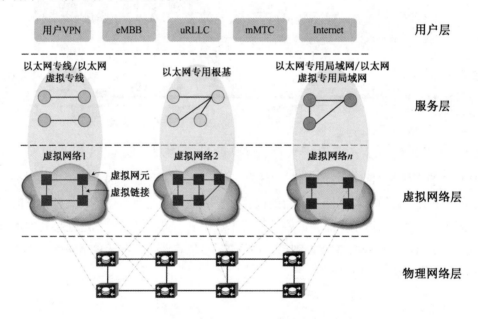

图 2-12　传输网切片的技术架构

2）核心网切片

5G 核心网支持灵活的切片组网、切片的智能选择、切片的能力开放等技术要求。典型切片组网以网络切片选择功能（Network Slice Selection Function，NSSF）和网络存储功能（Network Repository Function，NRF）作为 5G 核心网公共服务，接入和移动性管理功能（Access and Mobility Management Function，AMF）、策略控制功能（PCF）、统一数据管理（Unified Data Management，UDM）功能等网络功能（Network Function，NF）实体通过共享为多个切片提供服务；SMF、UPF 等可以基于切片对时延、带宽、安全等的不同需求，为每个切片配置专属的网络资源，如图 2-13 所示。

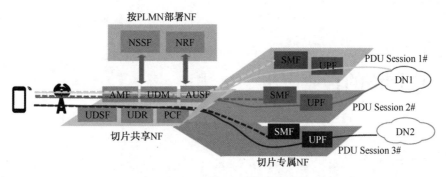

图 2-13　核心网切片组网

核心网支持灵活组合 3GPP 定义的标准 NF 服务和公共服务。可通过将各类服务拖曳组合的方式灵活编排 NF，再将 NF 组合成需要的网络切片，如 eMBB、uRLLC、mMTC 等切片。5G 核心网的灵活切片组网还体现在切片的智能化选择上。基于位置信息可以实现全国、省、市级别切片的部署，也可以实现如工业园区、港口码头、智慧小镇等小微切片的部署。5G 核心网能够实时采集网络切片的性能指标，如用户数、当前吞吐量、平均速率等数据，并进行智能化切片选择。

3）无线网切片

无线网若要支持灵活的切片组网，则在架构层面需要支持的关键功能如下。

- 统一空口。无线网基于统一的空口框架，采用灵活的帧结构设计。针对不同的切片需求，无线网首先为每个切片进行专用无线资源 RB 的分配和映射，形成切片间资源的隔离，其次进行帧格式、调度优先级等参数的配置，从而保证切片空口侧的性能需求。

- 灵活切分。根据不同业务场景进行切分，如图 2-14 所示。mMTC 场景对时延和带宽均无要求，可以尽量进行集中部署，获取集中化处理的优势；eMBB 场景对带宽要求较高，对时延要求差异较大，CU 集中部署的位置根据时延要求来确定；而 uRLLC 场景对时延要求极其苛刻，一般都会采用共部署的方式来降低传输时延的损耗。

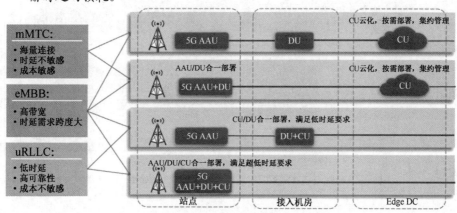

图 2-14　无线网灵活的切片部署

2.4 5G 网络的行业应用

2.4.1 5G 智慧城市

智慧城市是指利用各种信息技术或创新概念，将城市的系统和服务打通、集成，以提升资源运用的效率，优化城市管理和服务，实现城市信息化与工业化的深度融合，从而改善市民的生活质量。

传统的城市智能主要体现在以垂直智能体系为主，各行业及领域分散化、碎片化，存在信息不互联、数据不互通的问题。5G 高性能无线通信技术将为智慧城市建设赋能，以其为基础的泛在传感网络实现智慧城市万物智联。同时，5G 与以云计算、大数据、人工智能、物联网等为代表的新一代信息技术深度融合，串联起"端—边—枢"分级智能场景，赋能城市一体化智慧，根据应用场景灵活配置网络资源，满足智慧城市对网络差异化的需求。

5G 智慧城市架构示意如图 2-15 所示，主要包含终端层、网络层、平台层和应用层。终端层主要通过智能终端设备对传统基础设施（如水、电、气、道路、交通枢纽等）进行智能化及数字化改造；网络层通过通信网络基础设施，如固网宽带、5G、物联网等，

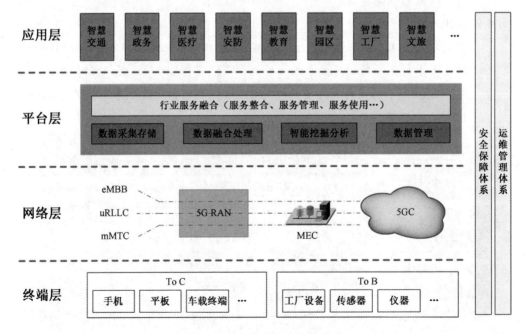

图 2-15　5G 智慧城市架构示意

为信息数据传输提供通道；平台层完成数据信息的储存、交换和分析处理；应用层将通信网络与云计算、人工智能等基础技术相结合，赋能智慧城市下不同领域的应用场景。

随着智慧城市概念的不断传播，以及技术手段和基础设施的日益完备，智慧城市的细分应用场景愈发丰富，基本覆盖了政府事务及城市民生的方方面面。5G 智慧城市的创新应用覆盖交通、安防、环保、政务（治理）等多个领域。

- 5G 智慧交通。5G 与 C-V2X 融合构建"云—管—端"的一体化智慧交通网络，实现自动驾驶、车路协同、车辆编队等典型业务场景。
- 5G 智慧安防。5G 高带宽满足高清视频传输，低时延满足紧急事件及时响应。5G 与人工智能结合，实现巡检机器人、无人机、智能摄像头等设备的远程操控及应急事故的布控。
- 5G 智慧环保。5G 的海量连接特性能够支持大量物联网设备接入，针对大气、水源、土壤等环境数据进行采集，同时低时延也提高了采集数据的时效性，为环保部门提供全面、精确的监测数据。
- 5G 智慧治理。以 5G 为基础的城市泛在网络，能够快速地对城市进行全面感知，提升城市管理者精细化治理、服务和监管的能力，增强城市管理者面对疫情防控、抗险救灾、反恐防暴的处理能力，同时保障城市服务和居民生活的运转。

2.4.2　5G 智慧交通

"智能+网联"是未来车联网发展的基本路线，其中的网联主要是指 5G 与 C-V2X。C-V2X 包括 LTE-V2X 及 NR-V2X，可实现车车、车路的直连通信，为实现智慧交通提供更可靠、更高效的网络服务。随着 5G 的到来，其大带宽、大连接、低时延、高可靠的特性，使其在智慧交通建设中起到支撑性作用，并催生更多丰富的智慧交通行业应用，如车载 AR/VR、自动驾驶、远程驾驶、绿波通行、交叉路口会车避让等。C-V2X 实现车车或车路的区域性通信，但受已经颁布的频谱及功率约束，C-V2X 的业务应用范围受到了限制；而将 C-V2X 与 5G 技术相结合，可实现网络的无缝覆盖，从而实现"车—路—云"之间的多维高速信息传输。基于 5G 和 C-V2X 的智慧交通如图 2-16 所示。

未来智慧交通将是智能的立体化架构，包括终端层、网络层及平台应用层。终端层即基础设施层，是智慧交通的神经末梢，实现道路的全面感知与检测，同时实现感知数据的结构化处理。网络层是连接终端层与平台应用层的管道，一方面将基础设施的结构化数据上传到平台层；另一方面，根据不同的业务需求提供隔离的网络资源。平台应用层是智慧交通的大脑，实现连接管理、业务管理及应用服务。通过"云—管—端"架构，可实现地面交通在云端的数字孪生映射，利用人工智能实现快速、高效的智慧交通业务应用。

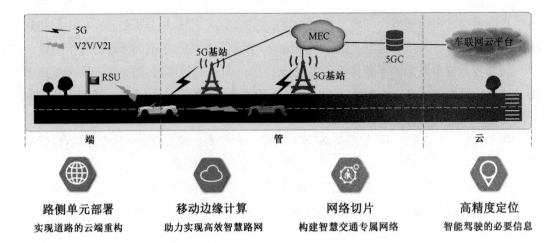

图 2-16　基于 5G 和 C-V2X 的智慧交通

智慧交通的构建涉及的关键技术如下。

- 路侧单元（Road Side Unit，RSU）部署。主要实现道路环境信息（信号灯、电子指示牌等）的获取及数据的实时回传。
- 移动边缘计算（MEC）。边缘云的下沉特性可以满足车联网技术超低时延、超高带宽和超高可靠性的要求。例如，边缘云部署在路侧，可以实现一些即时的业务处理及路口的交通管控，包括红绿灯智能控制、绿波通行等业务。
- 网络切片。根据不同的智慧交通业务特性（带宽、时延、可靠性等要求），划分专属切片，提供 QoS 优先级保障，确保智慧交通业务的服务质量。
- 高精度定位。根据环境及定位需求的不同，与定位相关的技术包括卫星定位、蜂窝网、惯性导航、蓝牙、超宽带（Ultra Wide Band，UWB）等。其中，5G 除为车联网提供高可靠和低时延通信外，还为车辆高精度定位增加了一种可能，尤其是满足室内定位需求。

2.4.3　5G 工业互联网

对于工业互联网的业务需求，我们可以从工业和互联网两个视角进行分析，如图 2-17 所示。

从工业视角看，工业互联网主要表现为从生产系统到商业系统的智能化，由内及外，生产系统自身通过信息通信技术，实现机器之间、机器和系统之间、企业上下游之间的实时连接与智能交互，并带动商业活动优化。其业务需求包括面向工业体系各个层级的优化，如泛在感知、精准执行、实时监测控制、数据集成分析、运营管理优化、供应链协同、需求匹配等。

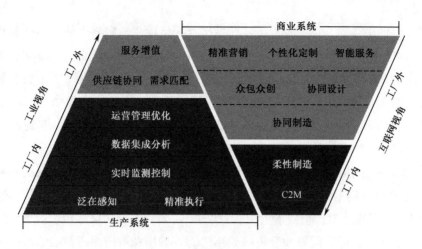

图 2-17　工业互联网业务视角

从互联网视角看，工业互联网主要表现为商业系统变革牵引生产系统的智能化，由外及内，通过营销、服务、设计环节的互联网新模式、新业态带动生产组织和制造模式的智能化变革。其业务需求包括互联网平台实现的精准营销、个性化定制、智能服务、众包众创、协同设计、协同制造、柔性制造等。

工业互联网的核心是基于全面互联而形成数据驱动的智能，网络、数据、安全是工业互联网两个视角的共性基础和支撑。其中，网络是基础，包括工厂内/外网络互联、标示解析、数据集成的应用使能技术等；数据是核心，基于现场设备数据、生产管理数据和外部数据而实现各种工业大数据应用；安全是保障，包括设备安全、控制安全、网络安全、应用安全和数据安全。

5G 网络本身具备的大带宽、广连接、高可靠、低时延特性，使 5G 成为支撑工业互联网的无线网络最佳选项。当前进行的 5G 工业应用，大多聚焦在辅助功能上，如基于 5G 的远程监控、辅助巡检等。例如，在工厂生产车间内，可以将生产视频监控数据和设备运行状态数据通过 5G 网络进行回传。

随着 5G 标准的进一步成熟和网络部署的完善，未来 5G 工业互联网将从辅助功能向生产过程控制逐步延伸。例如，在偏远、有害等特殊作业场景下，利用 5G 网络低时延、高可靠的特性，实现对远端工程机械的远程驾驶和操控；在汽车生产线，将每台发动机都刻上编号和条码，每道工序都要通过传感器进行数据检验，基于 5G 海量连接可以对产品从上线到包装各个环节的所有信息进行记录，从而减少工人数量，实现生产和数据采集的自动化。

2.4.4　5G 智慧医疗

医疗机构的角色正在由传统的"技术和装备中心"转变为"服务中心"，越来越多的患者开始关注就医体验。在此背景下，智慧医疗应运而生，它将个体、器械和机构进行整合，将患者、医务、保险、研究等各医疗组成部分紧密联系起来，实现业务协同、信息融通与资源共享。随着 5G 正式商用的到来及其与大数据、物联网、人工智能等前沿技术的充分整合和运用，5G 智慧医疗越来越呈现出强大的影响力和生命力，对推进深化医药卫生体制改革、加快"健康中国"建设和推动医疗健康产业发展，起到重要的支撑作用。

5G 智慧医疗总体架构如图 2-18 所示，主要包括终端层、网络层、平台层和应用层。终端层既是采集数据的工具，又是业务应用的载体（机器人、手机、平板、医疗器械等）；网络层主要通过 5G 高性能网络进行实时、可靠、安全的信息传输；平台层负责将收集到的信息进行存储、运算和分析（如 MEC），输出业务应用所需的信息；应用层提供远程诊疗、智慧导诊等核心业务能力，或将健康数据开放给第三方，以提供多样化的应用和服务。

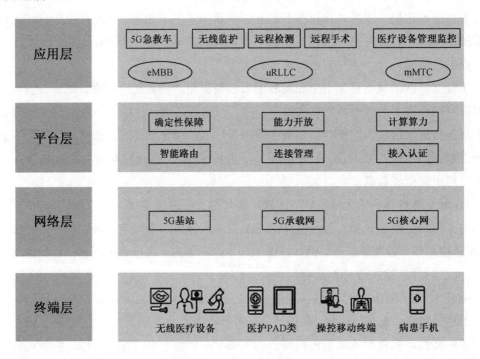

图 2-18　5G 智慧医疗总体架构

医疗行业依托 5G 网络 Gbps 级别的高速率、ms 级别的低时延等特性以及医疗大数据平台，为人们提供实时便利的智慧医疗服务。目前，我国的 5G 智慧医疗的发展还处于初期阶段，已起到良好的应用示范作用，实现了 5G 在医疗健康领域的远程诊断、应急救援、远程监护、智慧导诊、移动查房等业务。

2.4.5　5G 智慧教育

当前，教育对象和教育环境正在发生显著的变化，随着互联网和智能终端的普及，人们的学习正逐渐转为"网络化、数字化、个性化"的方式，智能化的学习环境及自主学习活动将成为未来学习的新形态。

5G 网络可以提供高速率、低时延、高可靠的通信服务，在 5G 技术的支撑下，教育的核心业务也面临着转型和重构。由于教育领域用户的多元性、情境的多样性，其需求也相对广泛，主要包括远程教学、教育管理及教育公共服务等领域。5G 智慧教育总体架构如图 2-19 所示。

图 2-19　5G 智慧教育总体架构

1. 远程教学

远程教学是指利用"5G+"超高清视频、AR/VR、智能终端等高效地进行互动教学。利用 5G 网络的高带宽、低时延等特性，可以实现可移动性的灵活开课。同时，5G 网络可以支撑 4K 高清视频传输及低时延的沉浸式课堂应用，强化师生互动关系，提高教学质量。为了进一步提升远程教学的用户体验，并保障网络服务质量的稳定性，可以采用 5G 边缘计算技术增强远程教学的实时性，并通过 5G 网络切片技术提供专网服务。

2. 教育管理

智慧教室利用 5G、IoT 等技术设备实现对学生学习状态的感知，实时掌控学生情况。通过传感器、超高清视频等方式收集数据，在边缘或云端进行数据处理和分析，并在平台展示。标准化考点是智慧教室的一个典型应用，5G 网络下的移动识别设备，配合超高清视频传输等，可支撑身份认证、作弊防控、网上巡查、应急指挥等考务工作。另外，通过 5G 与边缘计算、高清视频、人工智能等技术，可以实时了解师生的健康状况，监控师生的活动轨迹，防止陌生人入侵学校，提升校园安全水平。

3. 教育公共服务

教育公共服务主要以政府为支撑，根据教育领域最关心、与教育领域个体切身利益最相关的内容，实现对不同教育群体的支持。例如，博物馆通过"5G+VR/AR"技术，将文物转化为虚拟数字内容，并无缝贴合到现实场景中，让文物"开口说话"。参观者可以通过视觉、听觉、嗅觉、味觉、触觉等身体感受，体验历史中的生活场景，身临其境地体验文物的丰富内涵。

2.5　本章小结

本章首先介绍了 5G 技术的发展背景、主要业务需求及面临的挑战；其次介绍了 5G 相关的标准研究进展，ITU 提出了 5G 的三大业务场景和八项关键能力指标，3GPP 从 R14 开始针对 5G 的需求、系统框架、基本功能、垂直行业应用等进行了标准研制，国内 CCSA、IMT-2020（5G）推进组也分别就 5G 愿景、技术架构、核心网、无线接入网、承载网等多方面开展了研究；再次重点介绍了 5G 新空口和网络的关键技术，5G 新空口通过大规模天线、新编码、新波形和新多址实现了 5G 高性能空口通信，通过边缘计算、网络切片进一步实现了 5G 高速率、低时延的端到端通信和灵活组网；最后介绍了 5G 在交通、医疗、工业、教育等领域的创新业务应用。

2.6　参考文献

[1]　ITU-R. ITU-R M. 2083-0 建议书[EB/OL].（2015-09）[2022-04-11]. https://www.itu.int/dms_pubrec/itu-r/rec/m/R-REC-M.2083-0-201509-I!!PDF-C.pdf.

[2]　Huawei Technologies. 5G Scenarios and Security Design[EB/OL].（2016-11）[2022-04-11]. http://www-file.huawei.com/~/media/CORPORATE/PDF/white%20paper/5g-scenarios-and-

security-design.pdf.

[3]　杨峰义，谢伟良，张建敏，等. 5G 无线网络及关键技术[M]. 北京：人民邮电出版社，2017.

[4]　郭铭，文志成，刘向东. 5G 空口特性与关键技术[M]. 北京：人民邮电出版社，2019.

[5]　王华华，李文彬，余永坤. 关于 5G 的非正交多址接入技术分析[J]. 无线互联科技，2017(16)：45-47，77.

[6]　Qualcomm. R1-163510 Candidate NR Multiple Access Schemes[EB/OL].（2016-04-18）[2022-04-15]. https://www.3gpp.org/ftp/tsg_ran/WG1_RL1/TSGR1_84b/Docs/R1-163510.zip.

[7]　ZTE. R1-162226 Discussion on Multiple Access for New Radio Interface[EB/OL].（2016-04-01）[2022-04-15]. https://www.3gpp.org/ftp/tsg_ran/WG1_RL1/TSGR1_84b/Docs/R1-162226.zip.

[8]　NTT DOCOMO, INC. R1-163111 Initial Views and Evaluation Results on Non-orthogonal Multiple Access for NR Uplink[EB/OL].（2016-04-02）[2022-04-15]. https://www.3gpp.org/ftp/tsg_ran/WG1_RL1/TSGR1_84b/Docs/R1-163111.zip.

[9]　中国信息通信研究院. 5G 时代智慧医疗健康白皮书[EB/OL].（2019-07）[2022-04-22]. http://www.caict.ac.cn/kxyj/qwfb/bps/201907/t20190724_205128.htm.

[10]　中国信息通信研究院. 5G 应用创新发展白皮书[EB/OL].（2019-10）[2022-04-22]. http://www.caict.ac.cn/kxyj/qwfb/bps/201911/P020191102428729914777.pdf.

第 3 章

蜂窝车联网（C-V2X）技术

∙∙∙∙∙∙∙∙∙

　　蜂窝车联网（Cellular-V2X，C-V2X）技术是将车辆与车、路、人等其他交通参与者相连接的新一代信息通信技术，也是实现车联网业务的关键使能技术。C-V2X 通过构建"车—路—人—云"的协同体系，实现驾驶安全、交通效率提升、信息服务优化及更高级别的自动驾驶服务。随着 5G 技术的发展，其更大数据吞吐量、更低时延、更高安全性和更海量连接等特性，极大地促进了智能驾驶和智慧交通的发展。基于 LTE-V2X 演进的 NR-V2X 将推动车联网业务的快速发展，赋能智能网联汽车和智慧道路的综合感知、动态协同，实现更安全、更智能的出行方式。

　　本章将从概述、关键技术、业务场景等方面介绍 C-V2X 技术的发展演进。

3.1　C-V2X 概述

3.1.1　C-V2X 发展简介

　　作为当前社会最为重要的陆上交通工具，汽车在出行方面给人们带来了极大的便利与安全，但随着车辆数量的日益增加，也带来了一系列安全、拥堵、能耗等方面的问题。相关统计数据表明，全球每年发生的交通事故造成约 130 万人死亡，交通拥堵问题造成上班族每年损失几十甚至上百小时的时间，进而导致的经济损失占 GDP 的 1%～3%。交通拥堵也造成了大量的燃油浪费，在美国每年有大约 150 亿升燃油由于交通拥堵问题而被浪费。全球 10%的温室气体来自交通运输业燃油的尾气排放。为了解决上述的一系列问题，车联网（V2X）技术应运而生，实现车辆与周围的车、人、交通基础设施和网络等全方位的连接和通信，在提升交通效率、提高驾驶安全性、降低事故发生率、节能减排等方面表现出突出优势。

V2X 是一种通过无线通信将车与一切事物相连的新一代通信技术，其中 V（Vehicle）表示车辆，X 表示任何当前可与车辆进行交互的对象，主要包含车、人、路侧基础设施等。V2X 通信技术主要包含 4 种信息交互模式：车车交互（Vehicle to Vehicle，V2V）、车路交互（Vehicle to Infrastructure，V2I）、车人交互（Vehicle to Pedestrian，V2P）和车网交互（Vehicle to Network，V2N），如图 3-1 所示。

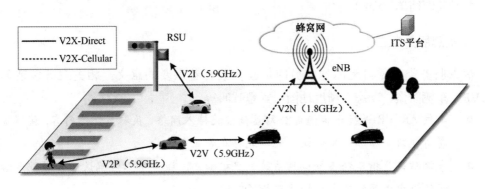

图 3-1　V2X 信息交互模式

V2V 通过车载单元（On Board Unit，OBU）进行车与车之间的通信，终端之间可以交互车辆的速度、位置、驾驶状况等信息，同时可形成一个交互式的平台以交换文字、图片、视频信息。V2V 的业务模式主要是安全防碰撞等安全类应用，且业务应用不受限于网络覆盖。V2I 通过 OBU 与路侧基础设施（如红绿灯）进行通信，该业务模式主要用于本地道路交通信息交互。V2P 通过 OBU 与弱势交通群体（行人、骑行者等）的移动设备（手机、平板电脑等）进行通信，主要用于保障行人安全并提供相关的信息服务。V2N 通过 OBU 与网络及云平台等进行连接，涉及的业务包括动态地图下载、自动驾驶相关线路规划、远程控制等。

目前，蜂窝车联网（C-V2X）已成为实现智能网联汽车的重要途径。C-V2X 中的 C 表示蜂窝网（Cellular），它由 4G、5G 等技术演进而来，同时定义了两种通信接口：PC5 接口与 Uu 接口。PC5 接口用于车、路、人之间的短距离直连通信；Uu 接口用于车与基站之间的通信，较 PC5 接口通信来说距离更长、范围更广。C-V2X 的通信方式根据接口的不同分为 V2X-Direct 和 V2X-Cellular 两种。V2X-Direct 通过 PC5 接口通信，采用车联网专用频段（如 5.9GHz），直接实现通信，适用于无线蜂窝网覆盖有限的场景，时延较低，支持的移动速度较高，并专门设计了资源池选择方法和拥塞控制机制。V2X-Cellular 则通过蜂窝网的 Uu 接口来转发，采用蜂窝网频段（如 1.8GHz），使得 V2X 的通信范围更广。整个 C-V2X 通信技术包括 LTE-V2X 及 NR-V2X，LTE-V2X 支持向 NR-V2X 演进。

3.1.2 C-V2X 主要业务

随着车、路、云平台的创建，车联网相关信息交互能力得到了显著提升。C-V2X 的业务场景也由原先仅支持信息服务类业务向支持交通安全及效率类业务发展，并为最终实现与自动驾驶相关的协同服务类业务奠定了基础。本节将列举这些典型的 C-V2X 业务，并对其做简单的介绍。

1. 信息服务类业务

信息服务类业务对提高驾驶员的驾驶体验有着重要的意义，相关业务包括车载 AR/VR、车辆防盗、动态高精度地图、紧急呼叫等。

- 车载 AR/VR 是指车辆通过公网基础设施接入网络，获取多媒体内容，获得观看高清视频、参加视频会议、玩车载游戏等业务体验。
- 车辆防盗是指车辆盗抢检测系统一旦被触发，服务中心经确认后会通过电话或短信等方式通知车主车辆被盗抢的时间。
- 动态高精度地图是指车辆通过基站设备接入网络，实现高精度地图的下载、实时更新等业务。
- 紧急呼叫是指当车辆出现紧急状况时，车辆能通过人工或自动方式向服务中心发出紧急求助请求，并提供当时车辆的相关状态信息（车辆类型、交通事故发生的时间和地点等）。

2. 交通安全类业务

交通安全类业务可以有效地避免交通事故的发生，减少交通事故带来的生命财产损失。相关的业务包括车辆透视、交通设施监测、交叉路口碰撞预警等。

- 车辆透视是指在当前车辆前方行驶的车辆将传感器信息发送给后面的车辆，使得后面的车辆对前端的交通状况可视。
- 交通设施监测是指通过一定的方式对交通基础设施（如红绿灯、路灯、路牌）等进行监控检测，发现异常及时上报。
- 交叉路口碰撞预警是指当车辆即将通过交叉路口，检测到与侧向行驶的车辆有发生碰撞的风险时，通过车内语音系统或影像系统提醒驾驶员规避风险。

3. 交通效率类业务

交通效率类业务对于降低交通高峰时的拥堵程度，实现节能减排等有着重要的意义。相关业务包括交通监管、车位共享、车速引导等。

- 交通监管是指通过交通管理服务实时监控交通情况，并对信息报告消息进行处理，该消息来自车辆及安装在道路关键点上的视频监控设备。
- 车位共享是指服务中心对车位和车辆信息进行收集，按需对车位进行分时共享，充分利用空间资源。
- 车速引导是指通过 RSU 收集交通信号灯等配时信息，并将信号灯的状态信息广播给周围的车辆，车辆接收到信息后结合自身当前车速、位置信息计算出建议行驶速度并告知驾驶员，降低在交叉路口产生急刹车的概率，提高直接通过交叉路口的可能性。

4. 自动驾驶相关业务

自动驾驶相关业务是指依靠人工智能、视觉计算、雷达、监控装置和全球定位系统协同合作，通过车载计算机，在没有任何人类主动操作的情况下，自动、安全地操作机动车辆，进而实现车辆的全自动化驾驶。目前，自动驾驶相关的应用场景包括车辆编队行驶、远程驾驶等。

- 车辆编队行驶是指在专用道路上，将多辆车辆编成队列行驶，领队车辆为有人驾驶或一定条件下的无人驾驶车辆，跟随车队为基于实时信息交互的无人驾驶车辆。相关流程为：通过车载摄像头、雷达采集车辆周边环境信息，通过 OBU 实现车车之间及车路之间的信息交互，OBU 将采集的感知信息及车辆状态信息实时上传，平台基于上报的信息做出决策，并下发决策指令，帮助车辆识别路况、变换行驶速度和方向。
- 远程驾驶系统分三部分：①远程驾驶车辆，配有车载终端、摄像头、雷达、高精度定位终端等设备；②驾驶舱，包含由多块显示器拼接而成的显示屏及驾车控制组件，前者模拟驾驶员正前方的视野，后者实现对车辆的远程控制；③通信网络，将车辆采集的交通环境信息实时传输给驾驶舱。

3.1.3 C-V2X 标准演进

国际通信标准组织 3GPP 从 2015 年便开始了 LTE-V2X 的标准化研究工作。2015 年 2 月，3GPP SA1 小组开启了关于 LTE-V2X 业务需求的研究，3GPP 对 LTE-V2X 的标准化工作正式启动。目前，3GPP 已经分别发布了对 LTE-V2X 及 NR-V2X 定义的 27 种（3GPP TR 22.885）和 25 种（3GPP TR 22.886）应用场景。其中，TR 22.885 定义的应用场景主要实现辅助驾驶功能，包括主动安全（如碰撞预警、紧急刹车等）、交通效率（如车速引导）、信息服务三个方面；TR 22.886 主要实现自动驾驶功能，包括高级驾驶、车辆编队行驶、离线驾驶、扩展传感器传输等。此后，3GPP 分别在网络架构（SA2）、安全（SA3）及无线接入（RAN）各小组立项开展 V2X 标准化研究工作。

3GPP 对于 V2X 的研究主要分为三个阶段。第一个阶级在 R14 中完成，主要实现 LTE-V2X 的标准化以支持 TR 22.885 中的业务场景。第二个阶段在 R15 中完成对 LTE-V2X 的技术增强，进一步提升 V2X 的时延、速率及可靠性等性能，以满足更高级的 V2X 业务需求，即 TR 22.886，其中的增强技术主要包括载波聚合、高阶调制、发送分集、低时延研究和资源池共享等。第三个阶段是 NR-V2X 标准技术研究，主要在 R15 中完成对 NR-V2X 的技术研究（SI 阶级），并在 R16 中完成对 NR-V2X 的标准化（WI 阶段）。3GPP 制定的 C-V2X 部分相关标准如表 3-1 所示。

表 3-1　3GPP 制定的 C-V2X 部分相关标准

工作组	标准名称	标准编号
场景需求（SA1）	Service Requirements for V2X Services; Stage 1	TS22.185
	Service Requirements for V2X Services	TS22.186
	Study on LTE Support for Vehicle to Everything (V2X) Services	TR22.885
	Study on Enhancement of 3GPP Support for 5G V2X Services	TR22.886
	Study on NR Vehicle-to-Everything (V2X)	TR38.885
	Study on Scenarios and Requirements for Next Generation Access Technologies	TR38.913
	Discussion on Requirements and Future Work Plan to eV2X	RP-162234
网络架构（SA2）	Architecture Enhancements for V2X Services	TS23.285
	Architecture Enhancement and Related Procedures for V2X Services in 5GS	TS23.287
	Study on V2X Services – Phase 2	TR23.776
	Study on Architecture Enhancements for LTE Support of V2X Services	TR23.785
	Study on eV2XARC	TR23.786
安全（SA3）	Study on Stage 1 of LTE Support for V2X Services (Release 14)	TR22.885
	Study on Security Aspect for LTE Support of V2X Services (Release 14)	TR33.885
	Security Aspect of LTE Support of V2X Services	TS33.185
	Study on Security Aspects of 3GPP Support for Advanced V2X Services	TR33.836
	Security Aspects of 3GPP Support for Advanced Vehicle-to-Everything (V2X) Services (Release 16)	TS33.536
传输（SA4）	Study on V2X Media Handling and Interaction	TR 26.985
应用（SA6）	Application Layer Support for Vehicle-to-Everything (V2X) Services; Functional Architecture and Information Flows	TS23.287
	Study on Enhancements to Application Layer Support for V2X Services	TR23.764
	Study on V2XAPP	TR23.795
	Stage 2 of V2XAPP	TS23.286
物理层（RAN1）	Evolved Universal Terrestrial Radio Access (E-UTRA);Physical Channels and Modulation	TS36.211
	Evolved Universal Terrestrial Radio Access (E-UTRA);Multiplexing and Channel Coding	TS36.212
	Evolved Universal Terrestrial Radio Access (E-UTRA);Physical Layer Procedures	TS36.213
	Evolved Universal Terrestrial Radio Access (E-UTRA); Physical layer; Measurements	TS36.214
	Study on LTE-based V2X Services	TR36.885

工作组	标准名称	标准编号
高层（RAN2）	Evolved Universal Terrestrial Radio Access (E-UTRA) and Evolved Universal Terrestrial Radio Access Network (E-UTRAN);Overall description; Stage 2	TS36.300
	Evolved Universal Terrestrial Radio Access (E-UTRA); Services provided by the physical layer	TS36.302
	Evolved Universal Terrestrial Radio Access (E-UTRA); User Equipment (UE) procedures in idle mode	TS36.304
	Evolved Universal Terrestrial Radio Access (E-UTRA); Medium Access Control (MAC) protocol specification	TS36.321
	Evolved Universal Terrestrial Radio Access (E-UTRA); Packet Data Convergence Protocol (PDCP) specification	TS36.323
	Evolved Universal Terrestrial Radio Access (E-UTRA); Radio Resource Control (RRC); Protocol specification	TS36.331
	RAN side enhancement for V2X	TS38.330
	Running CR	TS38.331
架构（RAN3）	Evolved Universal Terrestrial Radio Access Network (E-UTRAN); S1 Application Protocol (S1AP	TS36.413
	Evolved Universal Terrestrial Radio Access Network (E-UTRAN); X2 Application Protocol (X2AP)	TS36.423
射频性能（RAN4）	Vehicle to Vehicle (V2V) Services Based on LTE Sidelink; User Equipment (UE) Radio Transmission and Reception	TS36.785
	Technical Specification Group Radio Access Network; V2X Services based on LTE Sidelink; User Equipment (UE) Radio Transmission and Reception	TR36.786
CT1	Vehicle-to-Everything (V2X) Application Enabler (VAE) layer; Protocol aspects	TS24.486
	Vehicle-to-Everything (V2X) services in 5G System (5GS)	TS24.587
	Vehicle-to-Everything (V2X) services in 5G System (5GS); User Equipment (UE) policies	TS24.588
CT3	V2X Application Enabler (VAE) Services	TS29.486

中国各标准化组织也正在加快推进智慧交通相关技术标准化工作。中国通信标准化协会（CCSA）、IMT-2020（5G）推进组、中国智能交通产业联盟（C-ITS）、车载信息服务产业应用联盟（TIAA）、中国汽车工程学会（SAE-China）等，都已积极开展 C-V2X 相关研究及标准化工作。

CCSA 早在 2015 年就开展了《基于 LTE 的车联网无线通信技术总体技术要求》（YD/T 3400—2018）的制定工作。CCSA 关于 C-V2X 的相关研究主要集中在 TC5 组（无线通信）、TC10 组（物联网）及 TC8 组（网络与信息安全）等技术组。截至 2022 年 11 月，CCSA 已开展了 C-V2X 需求与系统架构、无线空口技术、频谱需求、C-V2X 业务测试试验、商用的设备技术要求与测试方法等标准的研制工作。

2017 年 6 月，IMT-2020（5G）推进组成立了蜂窝车联网工作组（C-V2X 工作组），全面负责组织开展 LTE-V2X 和 NR-V2X 的技术研究、试验验证和产业与应用推广等工作。目前已发布《C-V2X 业务演进白皮书》《LTE-V2X 安全技术白皮书》等一系列研究成果，并于 2018—2020 年组织业内通信模组厂商、终端厂商、整车企业等多家企业完成了 C-V2X"三跨""四跨"互联互通测试。

3.2 LTE-V2X 技术

3.2.1 LTE-V2X 概述

LTE-V2X 作为面向车路协同的通信技术方案，能够为车辆在高速移动环境中提供低时延、高可靠、高速率、安全的通信能力，为多种车联网业务应用提供通信基础。LTE-V2X 包括 V2X-Cellular 和 V2X-Direct 两种通信模式。V2X-Cellular 是一种集中式模式，其中基站用于支持更好的无线资源管理。V2X-Direct 是一种分布式通信模式，在网格拓扑结构中提供了直连 V2V 模式来支持道路安全应用。在 V2X-Direct 中，通过复用 LTE 的设备到设备（Device to Device，D2D）通信模式，增加了新的 V2X 功能控制模块来支持高速率、低延时、高可靠通信。

2015 年 10 月，"支持 LTE-V2X 业务的增强架构"研究课题在 3GPP SA2 立项，即 3GPP TR23.785，确定在 PC5 接口的 Prose 和 Uu 接口的 LTE 蜂窝通信架构的基础上增强对 V2X 业务的支持。PC5 接口、Uu 接口下的通信场景如图 3-2 所示，LTE-V2X 下的 PC5 接口及 Uu 接口通信如表 3-2 所示。研究的关键问题包括 V2X 业务授权、V2V/V2I/V2P 消息发送和接收、V2V/V2I/V2P 业务策略及参数开通、V2V/V2P 消息优先级、基于演进型多媒体广播多播业务（Evolved Multimedia Broadcast Multicast Services，eMBMS）架构的 V2X 消息发送和接收（包括 MBMS 业务区域匹配、减少时延和本地服务器发现）、V2X 业务的 QoS，以及不同公共陆地移动网（Public Land Mobile Network，PLMN）间的 V2X 业务运营。

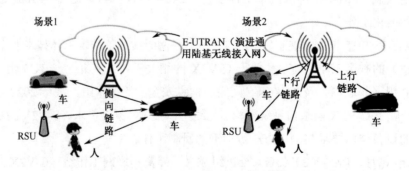

图 3-2 PC5 接口、Uu 接口下的通信场景

表 3-2　LTE-V2X 下的 PC5 接口及 Uu 接口通信

类别	PC5 接口通信	Uu 接口通信
特点	● 低时延，覆盖范围小； ● 适合交通安全类、局域交通效率类业务	● 广覆盖，可回传到云平台； ● 适合信息娱乐类、广域交通效率类业务
功能增强	● 帧结构增强以应对高速移动带来的问题； ● 多种信息发送周期满足多种业务需求； ● 采用拥塞控制机制以应对车辆高密度场景； ● 基于位置的频谱池资源规划及调度管理； ● 自我感知资源和自组织通信方法； ● OBU 多种同步方式	● 本地下行广播满足低时延要求； ● 面向车联网应用的 QoS 设置； ● 多种信息发送周期满足多种业务需求

LTE-V2X 采用单载波频分多址（Single-Carrier Frequency-Division Multiple Access，SC-FDMA）技术，支持 10MHz 和 20MHz 信道。工业和信息化部接受了中国 IMT-2020（5G）推进组的提议，分配了 5905～5925MHz 共 20MHz 的信道用于 LTE-V2X 特性试验和测试。

3.2.2　LTE-V2X 业务场景

2015 年 2 月，大唐、华为、LG 公司在 3GPP SA1 第 69 次会议上立项牵头"基于 LTE 的 V2X 业务需求"研究课题，并于同年 11 月完成，即 3GPP TR 22.885。SA1 研究课题中定义了车车、车路、车人，以及车与后台通信等 27 个用例。根据与车辆通信的实体不同，LTE-V2X 业务场景分为以下 4 类。

1. V2V 业务

车车通信的相关用例包括：前向碰撞预警、控制丢失警告、特殊车辆提醒、紧急制动预警、超车提醒、变道预警、前方事故感知预警、逆行驾驶警告、自适应巡航控制等。

2. V2P 业务

车与行人通信的相关用例包括：行人防碰撞告警、通过 V2P 提醒行人道路安全。

3. V2I 业务

车与基础设施通信的相关用例包括：特殊路段（施工、湿滑等）提醒、车速引导、限速区提醒、紧急车辆提醒、交叉路口碰撞告警等。

4. V2N 业务

车与网络互通的相关用例包括：前方拥堵/排队提醒、交通流优化、远程诊断和及时维修通知、兴趣点提醒、地图下载更新等。

3.2.3 LTE-V2X 网络架构

在 3GPP TR 23.785 中，定义了潜在的 LTE 支撑 V2X 服务的架构假设，包括基于 Uu 接口及 PC5 接口的架构，基于这两种接口的架构均可以独立地支持用户设备（User Equipment，UE）收发信息。

基于 PC5 接口及 Uu 接口的 LTE-V2X 网络架构如图 3-3 所示，其中，相关新功能及部分接口定义如下。

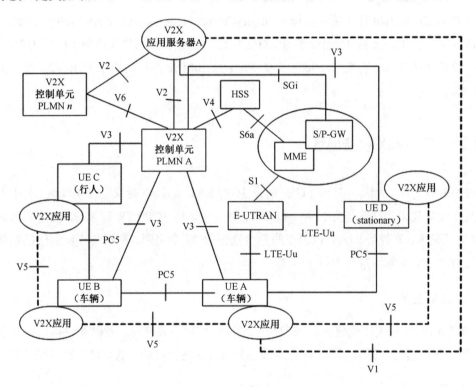

图 3-3　LTE-V2X 网络架构

- V2X 控制单元：该逻辑功能用于 V2X 需要网络做出的响应。
- V1：V2X 应用于 V2X 服务器之间的接口。
- V2：V2X 应用服务器与运营商网络内 V2X 控制功能间的接口，其中 V2X 应用服务器可以与多个 PLMN 内的 V2X 控制功能相连接。
- V3：具备 V2X 功能的 UE 与运营商网络内 V2X 控制功能间的接口，它需要建立在服务授权且 PC5 接口配置的基础上，可应用于基于 PC5 接口的 V2X，以及基于 Uu 接口的 V2X。

- V4：HSS 与运营商网络内 V2X 控制功能间的接口。
- V5：V2X 应用之间的接口。
- V6：V2X 控制功能间的接口。
- LTE-Uu：具备 V2X 功能的 UE 与 E-UTRAN 之间的接口。
- PC5：具备 V2X 功能的 UE 之间支持 V2V、V2I 与 V2P 业务的接口。

同时，3GPP TR 23.785 也给出了基于 Uu 接口和 eMBMS 的 V2X 参考架构，如图 3-4 所示，其中 PCRF（Policy and Charging Rules Function）为策略与计费规则功能，主要负责业务数据流和 IP 承载资源的策略与计费控制策略。S/P-GW 代表两种网关，即业务网关（Serving Gateway，S-GW）和分组数据网关（Packet Data Network Gateway，P-GW），H-PLMN 为归属 PLMN（Home PLMN）。V2X 相关新功能及部分接口定义如下。

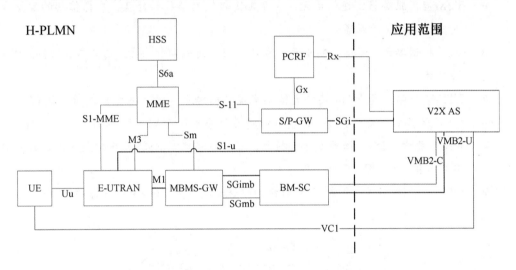

图 3-4　基于 Uu 接口和 eMBMS 的 V2X 参考架构

- V2X AS：该逻辑模块用于 V2X 相关的网络功能，类似于组通信应用服务器（Group Communication Service Application Server，GCS AS）。
- VC1：UE 与 V2X AS 之间的接口。
- VMB2-C/VMB2-U：V2X AS 与广播多播服务中心（Broadcast-Multicast Service Center，BM-SC）之间的接口。
- SGmb/SGimb/M1/M3：TS 23.246 定义的 MBMS 内部的接口。
- MBMS-GW（MBMS 网关）：负责将来自 BM-SC 的 IP 报文多播给所有关联的基站。
- Uu：UE 和 E-UTRAN 之间的接口。

实际场景下的 LTE-V2X 通信架构主要分为无线侧及核心网侧，如图 3-5 所示，主要的功能实体如下。

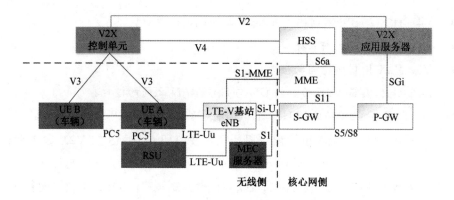

图 3-5　实际场景下的 LTE-V2X 通信架构

- V2X 应用服务器：逻辑单元，负责 UE 数据的接收和处理、广播信息的配置和发送及运营商的互通。
- V2X 控制单元：逻辑控制单元，为 PC5 接口通信提供鉴权，并在 V2X 通信中提供参数。
- LTE-V 基站：负责 Uu 接口通信，实现数据转发，同时负责 PC5 接口通信。
- MEC 服务器：负责提供 Uu 接口低时延业务及负责 V2X 数据的本地化处理。
- RSU：负责 V2X 数据的发送和接收，可分为终端型 RSU 和基站型 RSU，其架构分别如图 3-6、图 3-7 所示。
- OBU（车辆 UE）：负责 V2X 数据的发送和接收及 PC5 接口资源的选择。

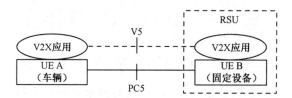

图 3-6　终端型 RSU 架构

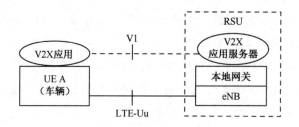

图 3-7　基站型 RSU 架构

3.2.4　LTE-V2X 关键技术

考虑到车联网场景下车辆作为通信节点具有高速移动的特性，且相关业务往往对传输时延及传输可靠性有着较高的要求，LTE-V2X 通过对相应的通信技术进行增强来满足相关的业务需求，主要包括以下技术。

1. 帧结构增强

与 D2D 通信相比，车联网需要支持更高的移动速度，同时考虑到 LTE-V2X 可能在 6GHz 环境中工作，为克服高速移动和高频带来的频率偏移，提出在每一子帧内增加参考信号密度，导频序列从 2 列增加到 4 列；每一子帧的最后一个符号空缺，作为收发的调整间隔；支持常规循环前缀（Normal Cyclic Prefix，Normal CP），不支持扩展循环前缀（Extended Cyclic Prefix，Extended CP）。LTE-V2X 帧结构示意如图 3-8 所示。

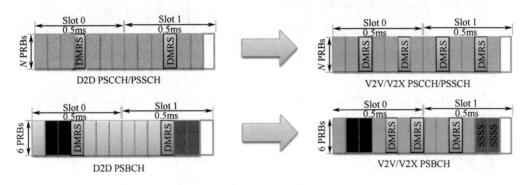

图 3-8　LTE-V2X 帧结构示意

2. 新的控制信道和数据信道分配方式

为降低时延，控制信息（Scheduling Assignment，SA）和数据信息（Data）分别在物理侧向链路控制信道（Pysical Sidelink Control Channel，PSCCH）和物理侧向链路共享信道（Pysical Sidelink Share Channel，PSSCH）上传输，PSCCH 和 PSSCH 是一一对应的关系，在频域上两种信道可以交替分布［见图 3-9（a）］或各自集中排布［见图 3-9（b）］。SA 占用两个连续的物理资源块（Physical Resource Block，PRB），用于调度数据信息，通过侧向链路控制信息（Sidelink Control Information，SCI）Format 1 发送（见表 3-3）；UE 选择整数倍的子信道（Sub-channel）进行数据发送，支持两次重传以提高可靠性。

表 3-3　PSSCH 调度的 SCI Format 1

SCI Format 1 内容	比特数（bit）
优先级	3
调制编码格式	5
资源预留	4
重传指数	1
初始传输和重传之间的时间间隔	4
频率资源的位置	0～8
保留信息位	7
CRC	16
总计	40～48

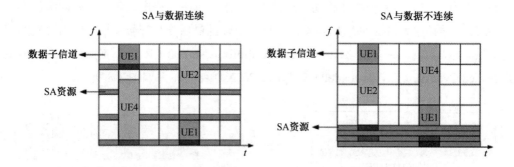

（a）在频域上两种信道交替分布　　　　（b）在频域上两种信道各自集中排布

图 3-9　LTE-V2X 中 SA 与数据在时/频域上的分布

3. 资源分配增强

LTE-V2X 支持两种资源分配方案，分别是基站配置模式（Mode3）和自主选择模式（Mode 4）。Mode 3 是一种基于基站分配的资源调度方式，用户首先向基站发送资源调度请求，基站根据用户位置及资源利用情况分配资源给用户。Mode 4 是一种用户终端自由选择资源的方式，基于地理位置选择相应的资源池，资源池内的资源选择采用感知和预留的策略，如图 3-10 所示，即终端通过解调其他用户 PSCCH 中的调度信息并对 PSSCH 数据进行能量检测，以此判断哪些资源已被占用，并在剩余资源中选择适合自己的资源。

4. 资源池划分

在 Mode 3 下，用户向 eNB 报告自己的位置，eNB 根据用户位置为用户分配资源。在 Mode 4 下，某一区域的 UE 共享一个资源池，而相邻区域的 UE 共享其他资源池。每个区域配置一个资源池，每个资源池里配置一个区域 ID，且区域的概念仅适用于发送资源池，如图 3-11 所示。根据已经配置好的长度和宽度划分若干地理区域。在覆盖条件和无覆盖条件下，用户根据式（3-1）来确定区域 ID 划分的机制是相同的，但不同的是，在覆盖条件下，eNB 通过系统信息块（System Information Block，SIB）提供区域和传输资源池之间的关系；而在无覆盖条件下，区域和资源池之间的关系是预配置的，此时 UE 通过自己所在的地理位置从相应的资源池中选择资源。

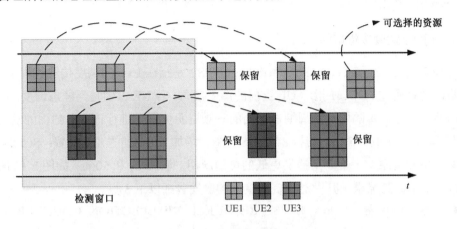

图 3-10　Mode 4 中的资源选择方式

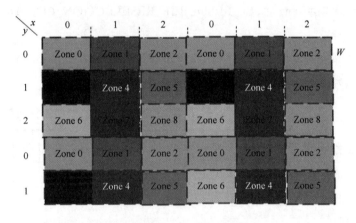

图 3-11　Mode 4 下资源池的划分

$$x' = \text{Ceil}\,((x)/L)\,\text{Mod}\,N_x$$
$$y' = \text{Ceil}\,((y)/W)\,\text{Mod}\,N_y \qquad\qquad (3\text{-}1)$$
$$\text{Zone}_{\text{id}} = y' * N_x + x'$$

式中，x ——用户横坐标；

y ——用户纵坐标；

L ——区域的长度；

W ——区域的宽度；

N_x ——在横坐标范围内 Zone 的数量；

N_y ——在纵坐标范围内 Zone 的数量；

5. 同步增强

在网络覆盖范围内，由基站配置基站同步和 GNSS 同步的优先级；在无覆盖场景下，优先配置 GNSS 为同步源。

6. 半静态调度传输增强

半静态调度（Semi-Persistent Scheduling，SPS）是指在 LTE 的调度传输过程中，eNB 在初始调度时通过 PDCCH 指示 UE 当前的调度信息，若 UE 识别是半静态调度，则保存当前的调度信息，每隔固定的周期在相同的时频资源位置上进行该业务数据的发送或接收。为了满足多种业务需求，支持 8 种 SPS 配置，增加 UE 辅助的 SPS 配置；SCI format 1 中预留了 4bit 资源（0～15）来提供更低的传输周期，即 20ms 和 50ms，如图 3-12 所示，以支持更低的时延需求。其中对于资源重选的触发包括以下 3 点。

- 当发送周期≥100ms 时，SL_RESOURCE_RESELECTION_COUNTER（3GPP TS36.321 标准中定义的用于选择不同调度周期的计数器）在[5, 15]中随机选择。
- 当发送周期=50ms 时，SL_RESOURCE_RESELECTION_COUNTER 在[10, 30]中随机选择。
- 当发送周期=20ms 时，SL_RESOURCE_RESELECTION_COUNTER 在[25, 75]中随机选择。

图 3-12　V2X 中 SPS 支持的传输周期

7. 拥塞控制

在 PC5 模式下，定义信道繁忙率（Channel Busy Ratio，CBR）和信道占用率（Channel Occupancy Ratio，CR）。当 UE 检测 CBR 超出某一门限时，将采用 eNB 辅助或者 UE 自主调整发送参数的方式（如最大发送功率、重传次数、调制编码方式等），以降低信道利用率，从而减少资源选择冲突。

3.2.5　LTE-V2X 与 DSRC 技术的比较

1. DSRC 技术简介

DSRC 是一种实现短距离无线传输的通信技术，支持点对点、点对多点的通信，在智慧交通系统中提供车车、车路之间的信息高速传输的无线通信服务，通过通信链路的低延时和低干扰，确保整个交通系统的可靠性，能够实现行驶车辆间的公共安全和不停车收费等功能。DSRC 的一般有效通信范围是 30m 以内，增强发射功率后可达到 100m。

DSRC 的通信结构主要包括三个部分：OBU、RSU 及专用通信链路，如图 3-13 所示。

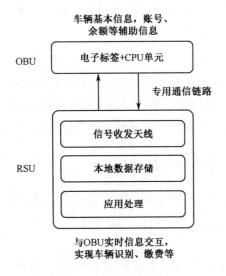

图 3-13　DSRC 通信结构

- OBU。通常由双片式电子标签及 CPU 处理单元构成，存储着车辆的基本信息，如车主信息、车辆型号、车辆物理参数等；另外，还包括一些辅助信息，如车主账号、余额、收费记录、通过时间等。OBU 通过专用的通信链路与 RSU 之间保持信息的交互。

- RSU。安装在指定地点（如车道旁边等）的固定通信设备上，保持着与 OBU 的实时信息交互，其有效覆盖范围为 3～30m。

- 专用通信链路。由下行链路（RSU→OBU）和上行链路（OBU→RSU）两部分组成。下行链路采用 ASK 调制，速率为 500Kbps，主要实现 OBU 从 RSU 中读取信息和 RSU 向 OBU 中写入信息的功能；上行链路采用 BPSK 调制，主要实现 RSU 读取 OBU 中信息的功能，完成车辆的自主识别。

目前，国际上已形成以美国、欧洲和日本为核心的 DSRC 标准化体系。

- 美国。DSRC 标准分为 915MHz 和 5.9GHz 两种。915MHz 的 DSRC 标准在多年前已经完成，主要应用在商用车辆、电子不停车收费系统等场景中。美国在 2006 年批准了 5.9GHz 的 DSRC 标准系列，主要是面向公共安全应用。5.9GHz DSRC 标准化工作主要由美国材料实验协会（American Society of Testing Materials，ASTM）和电气与电子工程师协会（Institute of Electrical and Electronics Engineers，IEEE）完成。与 915MHz DSRC 标准相比，5.9GHz DSRC 标准提供了更大的信息容量，拥有更长的通信距离。

- 欧洲。欧洲标准化组委员会（European Committee for Standardization，CEN）与国际标准化组织（International Organization for Standardization，ISO）制定了欧洲 DSRC 标准，包括 EN 12253:2004《5.8 GHz DSRC 物理层标准》、EN 12795:2002《DSRC 数据链路层：媒体接入和逻辑信道控制标准》和 EN 12834:2002《DSRC 应用层标准》等。

- 日本。日本的 DSRC 标准化工作由 TC204 委员会担任，其将 DSRC 频段划分为七组，分别对应不同应用（目前有两组确定为 ETC）。日本无线工业及商贸联合会（Association of Radio Industries and Business，ARIB）也针对 DSRC 标准开展研究，主要定义了物理层、数据链路层和应用层。

2. LTE-V2X 技术与 DSRC 技术的对比

下面从 QoS、频谱效率、网络架构、物理层处理、技术现状、技术演进、新需求支持 7 个方面对 LTE-V2X 技术与 DSRC 技术进行对比。

1）QoS

由于 DSRC 技术的 MAC 层采用载波监听多路访问/碰撞避免（Carrier Sense Multiple Access with Collision Avoidance，CSMA/CA）技术控制移动节点接入网络，存在数据竞争碰撞、容量不足、带宽使用不灵活等问题；另外，丢包率和时延在车辆密度较高时有所上升。LTE-V2X 由于存在网络的调度，所以属于有保障的 QoS，无线资源管理（Radio Resource Management，RRM）、业务、丢包、覆盖距离等都可由网络控制。

2）频谱效率

DSRC 不需要调度，无调度开销，但存在资源复用信息开销，会降低传输效率。LTE-V2X 在需要基站调度时会产生额外的调度信令开销，但资源复用的机制有所增强。

3）网络架构

DSRC 需要新建网络架构，且配备相应的硬件，而 LTE-V2X 可以使用现有的 LTE 网络，在此基础上针对需求做相应改进，硬件彼此兼容。

4）物理层处理

LTE-V2X 采用 Turbo 编码，较 DSRC 的卷积编码来说可在相同的传输距离下获得更高的可靠性，或在相同可靠性的情况下传输更远的距离，且 LTE-V2X 采用 SC-FDMA 技术，较 DSRC 采用的 OFDM 技术来说峰值平均功率比（Peak to Average Power Ratio，PAPR）影响更小，可在采用相同功率放大器的情况下具有更大的发射功率。在信道估计方面，LTE-V2X 采用四列参考信号，可支持高速场景，而 DSRC 需要改进相关的算法以支持高速场景。

5）技术现状

DSRC 已经有 10 年以上的研究历史，美国、日本、欧洲等国家和地区也都制定了各自的标准，且逐渐投入商用。3GPP LTE-V2X 标准已于 2017 年完成，NR-V2X 技术标准也于 2020 年 7 月完成 R16 版本，引入了组播和广播等多种通信方式，以及优化感知、调度、重传及车车间连接质量控制等技术。

　　6）技术演进

DSRC 标准已成熟，并未有明确的演进路线，而 LTE-V2X 可向着 5G 时代车联网演进，具有更高吞吐量、高密度场景、海量终端、更低实验、更高可靠性业务保障。

　　7）新需求支持

LTE-V2X 能够更容易地支持车与行人之间的通信等新的业务需求，因为行人携带的 UE 本来就具备与蜂窝网通信的功能，而 DSRC 则需要在 UE 上安装新的通信模块才能保证通信。

除了上述 7 个方面，LTE-V2X 技术较 DSRC 技术还有以下一些优势。

- 数据传输可达性更高。由于 IEEE 802.11p 相关网络采用多跳中继进行远距离数据传输，可能会受中继节点的影响，可靠性较低。LTE-V2X 可通过基站与上层服务器进行直连，进行信息的高速率传输，信息可达性更高。
- 非视距（Non Line of Sight，NLOS）传输可靠性更高。LTE-V2X 可利用蜂窝基站转发的方式支持 NLOS 场景，由于基站可高架，所以天线高度更高，可提高 NLOS 场景的信息传输可靠性。
- 网络建设和维护的优势。尽管 IEEE 802.11p 可利用现有的 WiFi 基础进行相关通信部署，但 WiFi 的覆盖范围相对蜂窝网来说较小且难以提供高质量业务。LTE-V2X 可以使用现有 LTE 网络的基站及安全设备等进行相应的升级扩展，以实现 V2X 车路通信和构建相关的安全机制，并利用现有的商用 LTE 网络对安全证书进行 RSU 的更新及维护。

此外，在产业发展方面，由于 IEEE 802.11p 系列技术和相关标准体系以美国、欧洲和日本为核心，导致我国在相关产业方面缺乏核心知识产权、产业基础及优势。但我国在 4G 基础上进行研究创新，获得了 LTE-V2X 核心自主知识产权，大大降低了 V2X 通信技术在知识产权方面的限制，打破了国外在这方面的垄断，具备 V2X 产业发展优势。

3.3　NR-V2X 技术

3.3.1　NR-V2X 概述

近年来，随着车联网产业的飞速发展，与之相关的关键技术不断地被突破，C-V2X 技术也随着 5G 网络的兴起从 LTE-V2X 演进为 NR-V2X。5G 的低时延、高可靠、大容量等特性将会使 NR-V2X 在多领域为 C-V2X 带来新的技术创新并增添更多的功能。

NR-V2X 的通信模式具有五大特点：一是可以根据场景需求自适应控制通信可靠性和覆盖范围；二是支持广播、组播和单播工作；三是支持有效的资源分配和高密度场景下的有效连接；四是支持亚米级高精度定位（<0.1m）；五是支持不同的 3GPP 无线接入网络技术，支持不同的覆盖范围和复杂网络类型。

在上述通信模式下，NR-V2X 作为 3GPP R16 的一部分，将支持一系列具有挑战性的高端 V2X 服务，包括非常精确的定位和测距，以及实现协同和自动驾驶。这些服务需要具备高可靠性和低时延特性。作为 C-V2X 的第三个阶段，NR-V2X 将支持除 R15 版本的 LTE-V2X 外的一系列增强型 V2X 业务，而且 NR-V2X 技术将与 LTE-V2X 技术互补共存。

2020 年 7 月，R16 版本冻结，NR-V2X 已完成第一版本的标准制定，在 R17 中将进一步优化直连通信的功耗、频谱效率、可靠性、时延等，应用场景也能进一步扩充。

3.3.2　NR-V2X 业务场景

NR-V2X 可以支持四大领域共计 22 个场景，四大领域包括车辆编队、传感共享、远程驾驶和高级驾驶，如图 3-14 所示。根据相应的需求，NR-V2X 也能为 L1～L5 级别的自动驾驶提供全方位的网联化信息。

图 3-14　NR-V2X 支持的四大领域

1. 车辆编队

车辆编队使车辆能够动态地组成一个队列，车队中的所有终端都从前列车辆获取信息，这些信息使得队内车辆能够以协调的方式完成一系列相同的驾驶操作。这些功能基于复杂的应用程序来实现。该技术主要包含以下 3 个方面。

1）组建或离开

车车之间若要归为一个编队来行驶，需要互相交换彼此的编队行驶意图，确定编队的队头及编队跟随成员。当某个跟随成员想要离开编队时，需要将意图告诉队头及其他编队的跟随成员。当整个编队正常行驶时，队内成员也需要周期性地共享相应的交通状态信息。

2）通告或警告

在编队正常行驶时，同一道路上该编队外的车辆需要感知到该编队的存在，否则编队外的车辆可能会影响该编队的正常行驶。因此，驾驶编队应当让编队通信范围之外的车辆感知到编队。

3）队内通信

在编队正常行驶时，队内车辆需要将各自要到达的目的地、是否或何时做出加速或制动等行为信息上传。此外，由于领队车辆要比其他跟随车辆消耗更多的能源，所以在需要的时候，领队车辆可以要求另一辆车来担任领队，并且这种类型的通信仅需在两辆车之间进行，不用涉及队内其他车辆。

2. 传感共享

扩展传感器可以在车辆、RSU 之间交换通过当地传感器或实时视频图像收集的原始数据或处理数据。行人和 V2X 应用服务器中的设备，可以在自己的传感器检测到的环境之外，增加对环境的感知，对当地的情况有一个更宽广、更全面的视角。该场景需要高数据速率来支持。主要包括以下 3 个方面。

1）自动驾驶下的传感器及状态图共享

能够共享未经处理或者已处理过的信息来建立整体环境感知。该技术主要针对欧洲电信标准化协会（European Telecommunications Standards Institute，ETSI）和 ISO 的标准及技术报告中提出的本地动态地图扩展技术概念的呈现，相对于概念，该技术的主要变化在于更精确的时空度、更低的时延，以及拥有从超本地化的运输链接过渡到"状态图"区域网络的感知能力。传感器及状态图共享技术具有可靠性传输及系统弹性等特性。该技术能够为精密定位及控制下的低时延通信提供服务，也可以为编队驾驶、道路交通安全信息及人车紧急通信等关键任务程序提供技术支持。对于之前在应用中用到的高分辨率传感器图像，虽然在使用过程中不一定需要进行传输，但是由于有过多的各式传感器需要进行连接，所以可预计传感器及状态图共享技术需要消耗很大的数据带宽。

2）集体环境感知技术

车辆可以在邻近区域实时交换来自 RSU 的传感器信息或者传感器数据，通过这种类型的信息交换方式形成环境集体感知。该技术可以增强汽车间的环境感知能力，从而减少事故隐患。

3）自动驾驶下的视频数据共享

驾驶员的视野范围在某些交通状况下会受阻，如前方有行驶中的大型卡车的情况。在这些关键的情境下，受阻车辆可以从其他车辆发送来的视频数据中得到有利的技术支持。视频数据也可以通过某一个具备条件的用户类型 RSU 收集并发送至车辆。然而仅共享预处理数据是不够的（比如通过自动目标检测提取），驾驶员的驾驶判断还取决于他们的驾驶能力和安全偏好（如车距、迎面驶来的车辆速度）。高分辨率的视频数据共享可以更好地支持驾驶者根据安全偏好来进行操作决策。反之，低分辨率视频数据的效果并不出色，因为其低分辨率会让一些障碍变得模糊，进而有可能被驾驶者忽略。此外，也要避免对传输的视频数据进行压缩，因为这个行为会导致传输时延上升。

3. 远程驾驶

远程驾驶可以让司机或 V2X 应用程序对不能自行驾驶或处于危险环境中的远程车辆进行远程操控。对于变化有限、路线可预测的情况，如公共交通，可以使用基于云计算的驾驶。这种情况下可以考虑使用云后台业务平台，高可靠性和低时延是主要需求。

4. 高级驾驶

高级驾驶可以实现半自动或全自动驾驶，车辆之间的距离越远越好，每辆车和/或RSU 共享感知的数据，与接近的车辆共享其本地传感器获取的感知数据，并允许车辆同步和协调其轨迹或机动动作，每辆车与接近的车辆分享其驾驶意图。高级驾驶的优点是能够使车辆更安全地行驶，避免碰撞，提高交通效率。

3.3.3 NR-V2X 网络架构

在 3GPP R16 中，3GPP 定义了对 V2X 体系结构的增强，将 V2X 服务合并到 5G 体系结构中，如图 3-15 所示（NWDAF、PCF、NG-RAN 是支持 V2X 的主要网元）。支持V2X 的主要功能和接口如下。

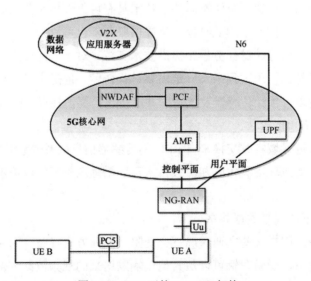

图 3-15　R16 下的 5G V2X 架构

- PC5：用于 V2X 通信的 UEs 之间的接口，V2X 在 PC5 接口上的通信支持 LTE 和/或 NR。
- Uu：UEs 和 5G 无线接入网（NG-RAN）节点之间的接口，Uu 接口上的 V2X 通信支持 LTE 和/或 NR。
- PCF：提供 V2X 配置（无线电参数、QoS、公共陆地移动网络支持配置），用于控制平面信令通过 PC5/Uu 接口与 V2X 设备通信（NAS 信令）。
- NWDAF：提供 QoS 分析信息，增强 Uu 接口的 V2X 通信。

NR-V2X 对 PC5 接口及 Uu 接口的通信架构做了相应的增强，分别如图 3-16、图 3-17 所示。

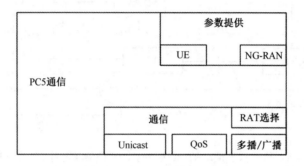

图 3-16　NR-V2X PC5 通信架构

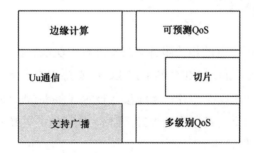

图 3-17　NR-V2X Uu 通信架构

在此基础上，NR-V2X 提出了基于 PC5 接口和 Uu 接口的 V2X 通信非漫游 5G 系统架构，如图 3-18 所示。NR-V2X 系统架构有以下主要变化。

- V2X Control Function（该功能合并入 PCF）：与在 R14/15 中的功能类似，负责提供 Uu 接口和 PC5 接口通信的 Policy 和其他通信参数，支持 V2X UE 的 Uu 和 PC5 业务授权与 QoS 控制，相关参数也可以通过 V2X 应用服务器提供。
- PCF：通过 NAS 信令下发通信参数给 UE(PCF 可以为 UE 配置 LTE-V2X 参数)。
- UE：支持单播/组播/广播的 PC5 通信。

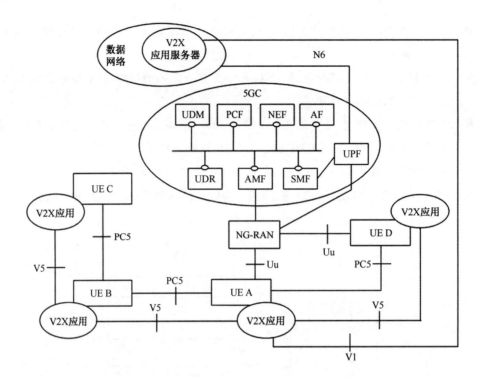

图 3-18　基于 PC5 接口和 Uu 接口的 V2X 通信非漫游 5G 系统架构

3.3.4　NR-V2X 关键技术

通过 5G 架构及其可提供的相关服务，V2X 可以实现以下技术的增强：①通过 Uu 接口支持增强的 V2X 通信，通过 MEC 和 URLLC 的支持，实现低时延通信（如支持自动驾驶的边缘计算）；②通过多种 3GPP 无线接入技术（Radio Access Technology，RAT，LTE 和 NR）在 PC5 接口上支持增强的 V2X 通信，从而提供更好的 QoS 支持。本节将介绍 NR-V2X 中的一些关键技术。

1. 基于 PC5/Uu 接口的 V2X 通信的 QoS 支持

对于基于 Uu 接口的 V2X 通信，NR 定义了网络数据分析功能来实现 QoS 的差异化感知。为了提前调整应用程序的行为，V2X 应用程序服务器可以向 3GPP 网络请求有关指定地理区域和指定时间间隔的潜在 QoS 变化的信息。3GPP 网络中的 NWDAF 功能能够收集测量数据，并推导出预先提供给 V2X 应用服务器的关于潜在 QoS 变化的统计信息。

R14 的 V2X 基于 ProSe 每包优先级（ProSe Per-Packet Priority，PPPP）机制支持 R13 中的 ProSe QoS 机制。PPPP 是一个标量值（范围为 8 个可能的值），它定义了侧向链路中 V2X 数据包的传输优先级。V2X 应用程序或预配置（基于 V2X 配置信息）为 UE 提供 PPPP。

在 R15 的 V2X 中，PPPP 机制得到了进一步的增强，引入了每包可靠性（ProSe Per-Packet Reliability，PPPR）机制，在该机制下，UE 中的接入层（Access Stratum，AS）负责识别一个 V2X 包是否需要由多个载波在侧向链路上可靠地传输（如复制）。PPPR 机制将 V2X 服务的载波映射信息提供给 AS 层，AS 层基于此信息在给定的载波上传输 V2X 数据包。

在 R16 中，PC5 接口采用与 Uu 接口相同的 QoS 模型（基于流的 QoS），以支持 NR 侧向链路的增强 QoS，NR 侧向链路物理层结构如图 3-19 所示。使用基于 QoS-flow 的机制，每个通过侧向链路传输的 V2X 数据包，都包含一个与特定 QoS 参数相关联的 QoS 流。UE 根据网络提供的 PC5 QoS 规则（PCF）决定如何将 V2X 数据包关联到 QoS 流。

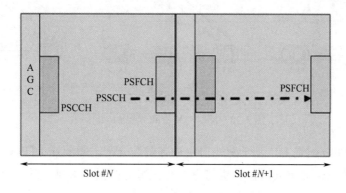

图 3-19　NR 侧向链路物理层结构

5G 核心网（5G Core，5GC）为了提高 NR 侧向链路单播和群播传输的可靠性，定义了新的物理侧向链路反馈信道（Physical Sidelink Feedback Channel，PSFCH）。在该信道中，一个 Slot 中最后的 OFDM 符号被用来传输侧向链路的自动重传请求（Hybrid Automatic Repeat Request，HARQ）的反馈。为了有效地进行链路自适应，信道质量信息（Channel Quality Indicator，CQI）需要由接收方（RX）UE 进行反馈。NR 侧向链路保留了子通道和资源池的概念，可以灵活地配置有或没有 PSFCH 资源的资源池。NR-V2X 支持两阶段 SCI，这是为了保证对未来的 V2X 版本的后向兼容性，并简化 V2X UE 的传感操作。其主要优点是，V2X UE 不需要在感知操作期间解码多个 SCI 格式（每种类型的 SCI 格式）。两阶段 SCI 的设计使其能够拆分 SCI 有效载荷，从而在 SCI 的第一阶段以广播方式传输传感相关的有效载荷信息，如数据的 QoS 优先级、占用的资源块、资源保留间隔等。SCI 传输的第二阶段是物理侧向链路共享通道（PSSCH）的数据解码。

2. 资源分配

NR-V2X 定义了 Mode 1（模式 1）和 Mode 2（模式 2）两种资源分配模式。

Mode 1 称为基站调度资源模式，即直通链路的通信资源全部由基站分配。用户根据直通链路的业务情况，向基站发送调度请求，等待基站分配资源。基站参与调度大大降低了资源选择碰撞的概率，提高了系统的可靠性。Mode 1 支持两种调度方案：动态调度和配置许可。动态调度通过下行控制信令给用户分配一次或多次传输块所需资源，而且每个传输块的发送资源都需要通过基站来指示。配置许可包含两种类型：第一种是由 RRC 信令给用户提供所有传输参数，包括时频资源、周期，一旦正确接收到 RRC 信令配置，直通链路的传输立即生效；第二种是由 RRC 信令给用户配置传输周期，由下行控制信令激活或去激活直通链路上的连续传输。针对不同的业务类型，基站可以给用户提供多个配置授权，分别如图 3-20（a）~（c）所示。

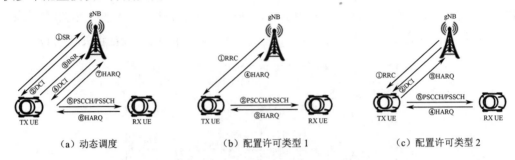

（a）动态调度　　　　　（b）配置许可类型 1　　　　　（c）配置许可类型 2

图 3-20　NR-V2X 资源分配 Mode 1

Mode 2 资源分配是 UE 基于感知自主进行资源分配，需要在 LTE-V2X 的基础上满足增强的业务需求，如更低时延、更可靠、更大覆盖范围、多种业务类型混合等。根据业务需求的不同，Mode 2 资源分配分为以下 4 类子模式。

（1）Mode 2-(a)：UE 自主选择发送的资源。

（2）Mode 2-(b)：UE 辅助其他 UE 进行资源选择。

（3）Mode 2-(c)：UE 根据授权配置信息进行资源选择。

（4）Mode 2-(d)：UE 调度其他 UE 进行侧向链路传输。

Mode 2 资源分配流程如图 3-21 所示，UE 感知窗口会持续对周围其他 UE 的 PSCCH 进行解码分析并测量相应的 PSCCH 能量，并对感知到的 UE 信息进行汇总，包括经过解码的 PSCCH 和 UE 提供的 RSRP 测量报告。UE 对感知信息进行评估后会从候选资源集中选择资源。若可供的候选传输资源块数量小于 0.2 倍的总资源块数（M_total），则资源分配流程会重新开始；否则 UE 就会向上层报告其候选资源。

3. NR 侧向链路物理层流程

SA2 规定了满足 QoS 的最小通信范围（Minimum Communication Range，MCR）及基于收发者（TX-RX）距离以维持从更高层传输的群投包的给定可靠性。在 PSFCH 中，RX UE 在最小通信范围内接收由 TX UE 发送的 SL HARQ 反馈以响应解码传输块（Transport Block，TB）。下面我们研究以下两种组播反馈机制（见表 3-4）。在选项 1 中，若接收端 UE（s）不能解码 TB，则在一个公共反馈资源上发送 HARQ-Negative Acknowledgment（NACK）消息。在选项 2 中，若接收端 UE（s）成功解码 TB，则发送 HARQ Acknowledgement（ACK）；若解码 TB 失败，则发送 HARQ-NACK，组播中每个 RX

UE 都分配了专用反馈资源进行发送。TX UE 以 SCI 的方式广播 MCR 参数和以区域 ID 表示的当前位置，这些信息被 RX UE 用于计算 TX-RX 距离，以确定当 TX-RX 距离小于 MCR 时是否需要将 HARQ 的传播反馈在 NR-V2X 的 Mode 1 中。如图 3-22 所示，由 gNB 向 TX UE 传输用于分配侧向链路资源的下行控制信息（Downlink Control Information，DCI），其中包括反馈时间，以及为 TB 重传指示分配的资源（基于 TX UE 所需资源向 gNB 反馈）。

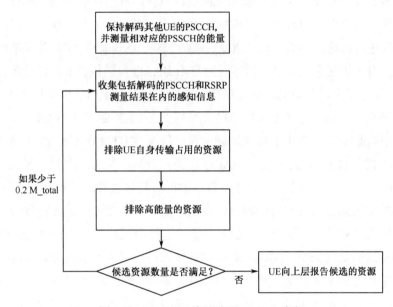

图 3-21　NR-V2X 资源分配 Mode 2 流程

表 3-4　组播反馈机制对比

对比项	选项 1	选项 2
解码 TB	若接收端 UE（s）不能解码 TB，则在一个公共反馈资源上发送 HARQ-Negative Acknowledgment（NACK）消息；若解码成功，则不发送任何消息	若接收端 UE（s）成功解码 TB，则发送 HARQ Acknowledgement（ACK）；若解码 TB 失败，则发送 HARQ-NACK

图 3-22　gNB 与 TX UE 间的 DCI 传输示意

4. NR 侧向链路通信协议

除物理层增强外，协议层也进行了增强以满足高级 V2X 应用对可靠性的需求。一个直接的方法是使用由发射机产生的大量的 HARQ 进行盲重传以提供 V2X 报文所需的高可靠性。

目前存在由于 TB 的不必要传播造成的资源浪费，从而导致系统效率过于低下的问题。为了在保证可靠性的同时提高通信效率（在延迟限制范围内），我们还需要对一些可能的增强功能进行讨论，如基于 SL HARQ 反馈状态向 gNB 发送 ACK 的早期停止指示。

首先，重叠区域配置允许使用区域同时启用 HARQ 反馈机制和资源分配。LTE-V2X Mode 4 引入了基于区域的资源池分配概念，NR-V2X 进行了增强以支持基于 TX-RX 距离的 NR 组播反馈。基于资源池区域可以实现基于 TX-RX 距离的 HARQ 反馈。例如，TX 发送它的区域 ID（在 SCI 中），RX 确定自己的区域 ID 并计算与 TX 的距离，RX 只有在距离小于信号的 MCR 时才发送 HARQ 反馈，否则不发送，因此，区域应足够小，以使距离计算中的量化损失最小。然而，较小的区域将导致移动 TX UE 进行频繁的资源选择，留给发射机感应的时间可能很少，在某些情况下甚至可能无法在移动到下一个区域之前完成感应。频繁的区域更改会引起频繁的连接中断，导致 V2X 性能下降。

为了避免这些负面影响，NR-V2X 对重叠区域进行了进一步研究。在重叠区域中，第一个区域中长度和宽度的配置通常较小，如配置为 5m（甚至更小），将 HARQ 反馈时 TX 和 RX UE（s）之间距离的误差降到最低。第二个区域中长度和宽度的配置增大，如配置为 100m 或 200m（甚至更大），用来分配 V2X 通信资源给 UE，以避免频繁的资源池更改，重叠区域示意如图 3-23 所示。其次，HARQ 过程可以受益于 Uu 接口（Mode 1）和侧向链路/PC5 接口（Mode 1 和 Mode 2）的多种增强。在这两种情况下，我们可以通过分析 UE 最后传输了什么 HARQ 反馈，以及当前 DCI 中接收到的新数据指示信令（New Data Indication，NDI；toggled/not-toggled）来防止空中接口上的传输错误。

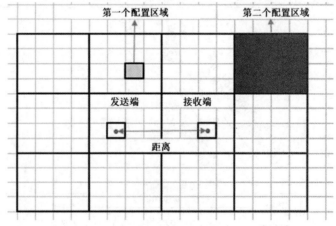

图 3-23　重叠区域示意

当 Mode 1 和 Mode 2 中的一种模式中用于传输和/或重传的资源不可用时，它们的并行操作应该允许 UE 在两种模式之间切换。

此外，了解接收方如何获得 HARQ 反馈资源对于 HARQ 反馈来说很有必要。这是因为作为发送端，UE 可以以组播的方式将选项 1 资源、选项 2 资源以特定的方式配置给各个接收端 UE，如果发送端 UE 有兴趣了解某些接收端是否接收到 PSCCH（SCI），那么它们需要了解接收端如何获得 HARQ 反馈资源。对于这种特定的 UE 反馈方式，需要假设发送端 UE 和每个接收端 UE 之间都建立了 PC5 RRC 连接。然而，在 PC5 通信架构下建立和维护 PC5 RRC 连接是具有挑战性的，因为 UE 的身份可能会不断变化，无法进行物理识别，因此没有简单的方法可以明确地识别特定的 UE。

5. 同步

数据的可靠传输离不开同步过程，车联网也是如此，在两台设备进行通信前必须完成同步过程。NR-V2X 的同步源包括 GNSS、gNB、eNB 和 NR UE，同步方式可以分为 GNSS-based 同步方式及 gNB/eNB-based 同步方式，两种同步方式下每种同步源具有不同的优先级，如表 3-5 所示。

表 3-5　同步方式下的优先级

优先级	GNSS-based 同步方式	gNB/eNB-based 同步方式
P0	GNSS	gNB/eNB
P1	所有用户直接与 GNSS 同步	所有用户直接与 gNB/eNB 同步
P2	所有用户间接与 GNSS 同步	所有用户间接与 gNB/eNB 同步
P3	gNB/eNB	GNSS
P4	所有用户直接与 gNB/eNB 同步	所有用户直接与 GNSS 同步
P5	所有用户间接与 gNB/eNB 同步	所有用户间接与 GNSS 同步
P6	任何其他用户	任何其他用户

在同步过程中，UE 使用 GNSS-based 同步方式还是使用 gNB/eNB-based 同步方式是系统（预）配置的。在每种同步方式中，UE 选择当前能够支持的最高优先级同步源作为最终同步源，其中以 eNB 作为 NR UE 的同步源时需要满足当前 NR UE 支持 LTE Uu/PC5 的条件。

6. 安全

在安全隐私方面，NR-V2X 的相关研究主要聚焦以下 5 个方面。

1）基于 PC5 单播信息的隐私保护

基于规范化系统架构提出的基准安全解决方案是通过上层触发的，UE 用其新标识符（第 2 层标识符，L2 ID）更新其对等方的链路标识符以更新请求消息，该标识符一旦被对等方确认，两个 UE 都可以使用新标识符。这种方式存在的问题是：攻击者可以将

L2 ID 与长期的 V2X ID 绑定，从而导致设备被跟踪、遭受链接性攻击等安全隐私问题。

NR-V2X 引入了一种新的面向 V2X 服务的 L2 链路建立程序，其中，初始化的 UE 通过广播向周围所有的 UE 发送直接通信请求消息，接收到该请求信息的 UE 若对其提供的 V2X 服务感兴趣，则会相应地发出通信请求，与之建立单播通信。此类通信底层的安全性应该基于 NR-V2X 定义的邻近服务（ProSe）一对一链接标准建立。如果攻击者能够在建立链路的过程中通过侵入信令交换来执行中间人攻击，那么他就可以窃听信令、进行数据传输、破坏信令的完整性等。

2）基于 PC5 多播信息的隐私保护

对于 NR-V2X 的多播信息传输，需要引用与单播信息传输相同的隐私保护流程。多播传输主要是防止 L2 ID 被跟踪所导致的长时间多播会话。这个问题与上述基于 PC5 单播信息中的设备被跟踪、遭受链接性攻击的问题类似，只不过是针对多播场景。

3）基于 PC5 组播通信的安全性

关于组播通信中的标识符转换，在没有提供 V2X 应用程序的情况下，可以根据映射或配置执行 UE 中确定目的地的 L2 ID 的转换过程。这种转换应该是安全的，以满足隐私和可跟踪性方面的需求，否则攻击者可以链接到 UE 组成员或特定位置的组成员。在组播通信中，攻击者可能通过中间人的方式攻击 L2 信号，导致 UEs 接收错误的组播信息或根本接收不到组播信息，因此我们需要考虑设置组播通信的安全保护。

4）UE 服务授权和撤销的安全性

在用户服务的安全方面，应在 PC5 接口上保护服务的授权和撤销，以避免攻击者破坏授权，损害服务的整体安全。

5）Cross-RAT PC5 控制授权指示

随着 NR-V2X 的引入，对于 Cross-RAT PC5 控制授权，没有明确或隐式指示定义如何从蜂窝网对 LTE 和/或 NR 侧链进行控制（通过 LTE Uu 或 NR Uu）。若没有指示，则 NG-RAN 的服务授权可能会出现问题。

3.3.5　NR-V2X 技术总结

NR-V2X 在考虑高可靠性和低时延需求的基础上，对网络架构、安全性、物理层和协议进行改进。在基于流的 QoS 分析和基于 NWDAF 实体的 QoS 分析的基础上对网络体系结构进行改进。针对不同的 HARQ 反馈方案、TX-RX 距离方法和基于重叠区域概念的资源分配对物理层可靠性进行改进。R17 版本的标准继续对 NR-V2X 进行增强，例如，针对车载分布式多天线面板的 FR2 物理层设计、波束形成和更高阶的 MIMO；扩展 V2X 通信的覆盖范围，以支持部分更高级的 V2X 服务等。需要注意的是，R16 版本中的 NR-V2X 不是取代 LTE-V2X，而是增强 LTE-V2X，是在更高带宽、更低时延下提供 LTE-

V2X 不能满足的 V2X 业务能力。车企并不需要等待 R16 版本的到来，它们现在就可以部署 R14 版本的 V2X 技术。

3.4　本章小结

C-V2X 是智能车联网的关键使能技术之一。本章首先介绍了 C-V2X 技术的发展概况、业务分类和国内外标准研究情况。C-V2X 技术主要包括 V2V、V2I、V2P 和 V2N 四种通信方式，业务场景分为信息服务、交通安全、交通效率三大类。其次重点介绍了 LTE-V2X 技术和 NR-V2X 技术的业务场景、网络架构和关键技术。LTE-V2X 定义了 PC5 和 Uu 两种接口，通过新的帧结构、资源池划分、半静态调度等增强手段实现车联网业务；NR-V2X 将 V2X 服务体系合并到 5G 架构中，通过 Uu 接口支持增强的 V2X 通信，通过多种 3GPP 无线接入技术在 PC5 接口上支持增强的 V2X 通信，实现更高级别的业务场景。

3.5　参考文献

[1]　世界卫生组织. 道路安全行动十年全球计划[EB/OL]. [2022-08-15]. https://cdn.who. int/media/docs/default-source/documents/health-topics/road-traffic-injuries/21322_chinese_ global-plan-for-road-safety-v20220815.pdf?sfvrsn=65cf34c8_35&download=true.

[2]　EPA. Global Greenhouse Gas Emissions Data[EB/OL]. https://www.epa.gov/ghgemissions/ global-greenhouse-gas-emissions-data.

[3]　World Bank. Cities on the move: A World Bank urban transport strategy review[M]. The World Bank, 2002.

[4]　Zhou Z, Yu H, Xu C, et al. Dependable content distribution in D2D-based cooperative vehicular networks: A big data-integrated coalition game approach[J]. IEEE Transactions on Intelligent Transportation Systems, 2018, 19(3): 953-964.

[5]　Chen S Z, Hu J L, Shi Y, et al. LTE-V: A TD-LTE based V2X Solution for Future Vehicular Network[J]. IEEE Internet of Things Journal, 2016, 3(6): 997-1005.

[6]　Chen S Z, Hu J L, Shi Y, et al. Vehicle-to-Everything (V2X) Services Supported by LTE-Based Systems and 5G[J]. IEEE Communications Standards Magazine, 2017, 1(2): 70-76.

[7] Chen S Z, Hu J L, Shi Y, et al. A Vision of C-V2X: Technologies, Field Testing and Challenges with Chinese Development[J]. IEEE Internet of Things Journal, 2020, 7(5): 3872-3881.

[8] 丁启枫，杜昊，吕玉琦. 5G-V2X 应用场景和通信需求研究[J]. 数字通信世界，2019，170(2)：32-33.

[9] 陈山枝，胡金玲，时岩，等. LTE-V2X 车联网技术、标准与应用[J]. 电信科学，2018，34(4)：1-11.

[10] 陈山枝，时岩，胡金玲. 蜂窝车联网（C-V2X）综述[J]. 中国科学基金，2020，34(2)：179-185.

[11] 陈山枝，葛雨明，时岩. 蜂窝车联网（C-V2X）技术发展、应用及展望[J]. 电信科学，2022，38(1)：1-12.

[12] 陈山枝. 蜂窝车联网（C-V2X）及其赋能智能网联汽车发展的辩思与建议[J]. 电信科学，2022，38(7)：1-17.

[13] Soni T, Ali A R, Ganesan K, et al. Adaptive numerology—A solution to address the demanding QoS in 5G-V2X[C]//2018 IEEE Wireless Communications and Networking Conference (WCNC). IEEE, 2018: 1-6.

[14] Ganesan K, Soni T, Nunna S, et al. Poster: A TDM approach for latency reduction of ultra-reliable low-latency data in 5G[C]//2016 IEEE Vehicular Networking Conference (VNC). IEEE, 2016: 1-2.

[15] 3GPP. Architecture Enhancements for 5G System (5GS) to Support Vehicle-to-Everything (V2X) Services (V1.0.0): TS 23.287[S/OL]. [2022-09-22]. https://www.3gpp.org/ftp/Specs/archive/23_series/23.287/23287-h40.zip.

[16] 3GPP. Proximity-based Services (ProSe); Stage 2 (V15.1): TS 23.303[S/OL]. [2021-12-23]. https://www.3gpp.org/ftp/Specs/archive/23_series/23.303/23303-h00.zip.

第 4 章

无人驾驶技术

• • • • • • • •

智能汽车在发展的初级阶段是具有先进的驾驶辅助系统（Advanced Driving Assistance System，ADAS）的汽车，其终极目标是无人驾驶汽车。现代通信与网络技术的不断融入，推动了智能网联汽车的发展。无人驾驶技术通过对外部环境进行感知，做出相应的行为决策和路径规划，进而获取精准执行的控制指令来操控车辆行驶，其系统框架如图 4-1 所示。无人驾驶技术主要包括环境感知、智能决策、路径规划和自动控制四大关键技术。

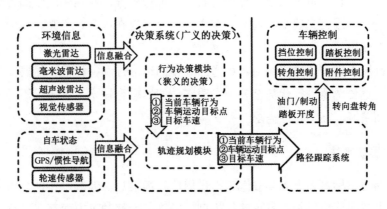

图 4-1　无人驾驶技术系统框架

4.1　车载环境感知技术

环境感知技术是无人驾驶车辆安全行驶的首要保障，其感知准确性和实时性直接影响着下层决策、规划和控制模块的运行效能。

4.1.1 车载感知系统组成

车载感知系统感知的对象主要包括行驶路径、周围障碍物、行驶环境等信息。车载感知系统主要包括 3 个组成部分，分别是车载传感器、定位导航系统和车联网通信设备。

1. 车载传感器

目前使用最多的无人驾驶车载传感器有车载摄像头（又称"车载相机"）、毫米波雷达和激光雷达，各传感器的感知特性如下。

（1）车载摄像头通过图像处理手段进行特征提取，获取丰富的障碍物类型信息。其技术较为成熟，且价格低廉、安装简易、应用广泛，但其检测精度易受天气、光线等外界环境条件干扰，在尘土飞扬、增光补光、烟雾天气等道路环境下，视觉检测难度较大。

（2）毫米波雷达通过发射及接收电磁波信号获取障碍物位置、速度等运行状况信息。其精确度较高、探测距离较远且抗干扰能力较强，能够全天候工作，但毫米波雷达无法感知障碍物类型，无法对周围环境进行精准建模。

（3）激光雷达的工作原理与毫米波雷达的工作原理较为相似，通过扫描目标，可获得终点的速度、位置等特征信息，然后对其实施成像处理。其精确度较高且稳定性强，但探测范围较窄，因为光线受环境影响较大，所以不能在雨雪、雾霾、沙尘暴等恶劣天气条件下正常使用。

为了提高无人驾驶感知系统对各种道路环境的适应性和鲁棒性，需要在单一传感器的基础上对上述传感器进行优势互补，发展多传感器融合技术，以满足不同道路条件对无人驾驶的高精度、高实时性需求。

2. 定位导航系统

车载传感器虽然可为无人驾驶汽车提供周边环境信息，但难以实现全局环境的高精度定位，在大范围环境感知、行车路径规划、经济舒适驾驶等方面存在不足。定位导航系统通过精确、可靠地提供车辆位置、速度、航向等信息，为车辆提供全局定位、路线设计、路径引导、综合信息等功能，将车辆与环境有机结合，实现超视距感知辅助，规划行车路径，提高行驶的平稳性、经济性。

常用的定位技术主要有卫星定位、惯性导航、航迹推算、地图匹配和传感器感知等。主要的卫星定位系统有中国的北斗定位系统（BeiDou Navigation Satellite System，BDS）、美国的全球导航卫星定位系统（Global Positioning System，GPS）、欧洲空间局的伽利略定位系统（Galileo Global Positioning System，GALILEO）、俄罗斯的格洛纳斯定位系统（Global Navigation Satellite System，GLONASS）。

常见的定位导航方法包括高精度 GPS 导航、磁导航、惯性导航。基于单一定位技术的系统都有本身无法克服的缺点，随着应用场合与环境的不断变化，组合定位导航系统将成为未来的研究趋势。

3. 车联网通信设备

车联网（V2X）技术是一种强调数据交换的无线通信技术。V2X 技术用于实现车与车（V2V）、车与基础设施（V2I）、车与人（V2P）等之间的信息交换。V2X 技术是车联网的基础，通过车与车、车与基础设施、车与人进行对话，将各自的信息进行交换，为自动驾驶提供先验信息，提高环境识别效率和准确率，消除视野盲点安全隐患，起到提高车辆运行安全和疏导交通流量等作用。美国国家公路交通安全管理局（National Highway Traffic Safety Administration，NHTSA）曾预测，中轻型车辆的 V2V 安全技术能够避免 80%的交通事故，重型车辆的 V2V 安全技术能够避免 71%的交通事故，其 V2I 安全技术能够避免 12%的交通事故。使用 V2X 技术能够有效减少交通事故造成的损失。

支持车辆在高速移动的环境下实时、可靠地通信是 V2X 车联网实现的基础，这直接决定了信息交互的实时性和有效性。NHTSA 提出的 V2X 车联网通信技术的通信需求包括：①极短的网络接入时间；②低传输时延；③高传输可靠性；④高信息安全性和隐私保护；⑤在有限的范围内，使频谱得到再利用和低干扰；⑥拥有足够的通信带宽。

4.1.2　车载单传感器感知技术

毫米波雷达具有全天候工作的优点，而车载摄像头成本低廉、信息量丰富，因此这两种传感器应用最为广泛。本节将介绍基于车载摄像头和毫米波雷达的多目标检测技术。

1. 基于车载摄像头的多目标检测

1）车载摄像头概述

车载摄像头是一种通过对拍摄到的图像进行处理，计算出特征，并输出数据和判断结果的视觉传感器，主要由镜头、滤色片、图像传感器、数字信号处理器等组成。其工作原理为：目标物体通过镜头生成光学图像，投射到图像传感器上；图像传感器根据像素分布、亮度、颜色等信息，将光信号转换为可供计算机处理的数字信号；数字信号处理器对这些信号进行运算来抽取目标的特征（面积、重心、长度、位置等），完成图像中物体的分类和识别。

车载摄像头的性能指标主要包括：①像素，摄像头的像素越高，分辨率也越高，图像也就越清晰；②焦距，焦距足够大，在拍摄比较远的物体时才足够清晰；③视场角，视场角决定了摄像头能够看到的视野范围，广角镜头所拍摄的视野范围更大；④帧率，帧率越高，表示单位时间内拍摄的照片越多，拍摄速度越快；⑤信噪比，信噪比越高表明产生的杂波信号越少，图像信号质量越好，单位为 dB。

按安装位置的不同来划分，车载摄像头可分为前视摄像头、环视摄像头、侧视摄像头、后视摄像头和内置摄像头五大类。前视摄像头包括单目、双目和多目类型；侧视摄像头又分为前置和后置两种；环视摄像头一般为 4 个，装配于车辆四周；后视摄像头主要用于泊车辅助；内置摄像头安装于车内驾驶座位前方，实现监控车内人员的功能。目前摄像头在车内主要应用于倒车影像（后视）和 360 度全景（环视）。

通过车载摄像头，车辆可以完成目标图像采集，然后对采集的图像进行模式识别，实现基于视觉的目标检测，包括行人、车辆、道路标志等。车载视觉感知的算法包括基于神经网络的目标检测算法、基于 YOLO（You Only Look Once）的目标检测与识别算法等。

2）基于神经网络的目标检测算法

神经网络模拟人脑的构造，实现信息的传输和表达，具有强大的信息处理能力及高维特征深度拟合能力。其中，卷积神经网络是机器视觉领域中应用最为广泛的网络结构，具有更强的自动学习能力和抽象表达能力。

在目标检测与识别领域涌现出多种以 Two-Stage 目标检测为核心思想的卷积神经网络算法，Two-Stage 目标检测算法首先划分出建议区域，其次在建议区域内部进行目标分类。但这种算法会额外增加大量区域划分的计算资源，目标检测时间较长，不具备实时性。

3）基于 YOLO 的目标检测与识别算法

为了克服卷积神经网络算法实时性差的缺点，SSD（Single Shot MultiBox Detector）、YOLO 等 One-Stage 算法被提出，基于 YOLO 的目标检测与识别算法的思想是直接定位和分类，检测精确度及速度得到显著提升。

基于 YOLO 的目标检测与识别算法的检测任务主要包括检测目标分类和检测目标定位两部分，通过一次性扫描输入图片，利用端到端的检测思想，直接获取检测目标的分类概率和位置坐标信息。

4）目标检测性能评价

对于目标检测性能共有 3 个评价指标，分别为实时性、识别精度和召回率。

实时性用每秒可以处理的图片数量来衡量，即 FPS。

识别精度的计算公式为

$$\text{Precision} = \frac{\text{TP}}{\text{TP} + \text{FP}} \tag{4-1}$$

式中，TP 是数据集中正样本被正确识别的数量，FP 是负样本被错误识别的数量。

召回率的计算公式为

$$\text{Recall} = \frac{\text{TP}}{\text{TP} + \text{FN}} \tag{4-2}$$

式中，FN 是数据集中的正样本被识别成负样本的数量。

5）基于视觉的多目标识别应用场景

常见的基于视觉的多目标识别应用场景包括城区交通场景和矿山道路场景。下面以城市交通场景为例进行效果验证。目前应用于无人驾驶目标识别训练的数据集有ApolloScape、KITTI、Maplillary、BDD100K 等。用 BDD100K 作为训练数据集进行检测与识别，利用行车记录仪视频进行实际效果验证，如图4-2～图4-6 所示。

（a）机动车与非机动车混合下的识别　　　　　（b）多车道机动车识别

（c）多类型车辆、交通标志和行人识别　　　　（d）人车混合交通下的识别

图 4-2　典型城市交通场景下的目标识别

图 4-3　夜晚城市交通场景下的目标识别

图 4-4　雨天城市交通场景下的目标识别

图 4-5　对面来车强光照射场景下的目标识别

图 4-6　雨刷遮挡场景下的目标识别

由图 4-2～图 4-6 可知，在典型城市交通场景、夜晚城市交通场景、雨天城市交通场景、对面来车强光照射场景和雨刷遮挡场景中，车载摄像头都能够有效地识别汽车、公交车、行人、自行车、卡车、摩托车、火车、交通标志等物体类别。

基于视觉的多目标检测方法仍存在部分不足之处，由于目标物被遮挡、光线弱、摄像头分辨率低等，漏检、识别错误、边界框大小范围偏差等问题时有发生。

综上所述，算法的鲁棒性有待进一步提高，以提高识别的精度；在硬件方面，摄像头性能也有待提升，使用分辨率更高的摄像头，将会采集到像素更高的视频和图片。

2. 基于毫米波雷达的多目标检测

1）毫米波雷达的基本性能

市面上的车载毫米波雷达一般分为 24GHz 和 77GHz 两种规格，其中 24GHz 的车载毫米波雷达多被安装在车后方，用于盲点检测；77GHz 的车载毫米波雷达多被安装在车前方，用于中远距离物体的检测。某款毫米波雷达的技术参数和外观分别如表 4-1 和图 4-7 所示。

表 4-1　某款毫米波雷达的技术参数

技术指标	单位	数值
检测距离	m	0～250（远距）、0～70/100@0～±45°（近距）和 0～20@±60°（近距）
距离分辨率	m	1.79（远距）、0.39（0.2@静止；近距）
距离精确度	m	±0.4（远距）、±0.10（±0.05@静止；近距）

续表

技术指标	单位	数值
方位角	°	±9（远距）、±60（近距）
俯仰角	°	14（远距）、20（近距）@6dBm
角度分辨率	°	1.6（远距）、6.2（近距）
角度精确度	°	±0.1（远距）、±1（近距）
测速范围	km/h	−400～200
速度分辨率	km/h	0.37（远距）、0.43（近距）
速度精确度	km/h	±0.1
CAN 接口	—	500kbs，单总线可挂载 8 个设备

图 4-7　某款毫米波雷达的外观

该款雷达的最大检测距离可达 250m，在近距和远距下分别具有不同的水平视角，如图 4-8 所示。

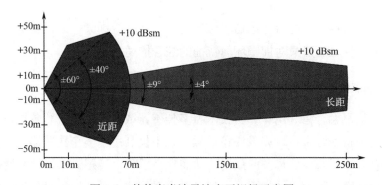

图 4-8　某款毫米波雷达水平视场示意图

2）毫米波雷达数据解析

毫米波雷达通过控制器局域网络（Controller Area Network，CAN）接口与 PC 或嵌入式设备相连，完成传感器的配置、状态的输出、数据的输入和输出。从 CAN 总线中获取数据后，按照相应的通信协议进行解析，即可获取目标的相关有效信息。传感器 CAN 消息如表 4-2 所示。

表 4-2　传感器 CAN 消息

输入/输出	ID	消息名称	内容
In	0x200	RadarCfg	雷达传感器配置
Out	0x201	RadarState	雷达状态
In	0x300	SpeedInformation	车辆速度
In	0x301	YawRateInformation	车辆偏航率
Out	0x60A	Obj_0_Status	目标状态（列表头）
Out	0x60B	Obj_1_General	目标一般信息
Out	0x60C	Obj_2_Quality	目标质量信息
Out	0x60D	Obj_3_Extended	目标扩展信息

3）毫米波雷达数据分析及有效目标提取

完成雷达安装标定后，即可进行数据采集。毫米波雷达感知具有以下特点。

● 毫米波雷达采集的数据点多而杂，且无法反映物体类型信息。

● 对同一物体，尤其是体积大的物体，毫米波雷达可同时返回多个数据点。

● 可探测出多道路边界及边界外的物体。

● 受多径效应和地面杂波影响，毫米波雷达返回的信息中存在很多干扰目标，需要进行滤除，降低后续处理难度。

4.1.3　车载多传感器融合感知技术

在实际工程应用中，综合考虑适应性、速度、成本等因素，通过视觉和毫米波雷达数据间的互补特性，可形成对周围环境特征的综合描述。

1. 多传感器信息融合简介

多传感器信息融合指利用计算机技术将多传感器或多源的信息和数据，在一定的准则下加以自动分析和综合，以完成决策过程。这不仅利用了多个传感器相互协同操作的优势，还综合处理了其他信息源的数据，从而提高了整个传感器系统的智能化水平。

根据对原始数据处理方法的不同，信息融合系统的体系结构主要分为 3 种，分别为集中式、分布式和混合式。

1）集中式

集中式将各传感器获得的原始数据直接送至中央处理器进行融合处理，可实现实时融合。其优点是数据处理的精度高、算法灵活；缺点是对处理器要求高、可靠性较低、数据量大，故难以实现。

2）分布式

每个传感器首先对获得的原始数据进行局部处理，包括对原始数据的预处理、分类及特征信息提取，并通过各自的决策准则分别做出决策；其次将结果送入融合中心进行融合，以获得最终的决策。分布式对通信带宽需求低，计算速度快，可靠性和延续性好，但跟踪精度没有集中式高。

3）混合式

混合式指的是把上述二者进行不同的组合，形成一种混合式结构。它保留了上述两类系统的优点，可以在带宽、跟踪精度、可靠性等方面取得平衡，因此具有较强的适应能力和整体稳定性，但结构复杂度较高，对于通信带宽和计算能力要求也更高，在实际应用中可根据特定的需要采用此类结构。

2. 基于多传感器融合的障碍物检测算法

目前，国内外关于多传感器融合的研究主要聚焦在车载摄像头和毫米波雷达的融合、毫米波雷达与激光雷达的融合，以及车载摄像头与激光雷达的融合三个方面。由于激光雷达价格高昂，对环境要求苛刻，难以在现有的车辆上大规模应用，而量产的车载摄像头和毫米波雷达价格都比较低廉，且性能互补，因此常将毫米波雷达与车载摄像头融合应用。

1）融合框架

毫米波雷达和车载摄像头的融合方案是在毫米波雷达和车载摄像头的单传感器检测基础上进行的，融合框架如图 4-9 所示。

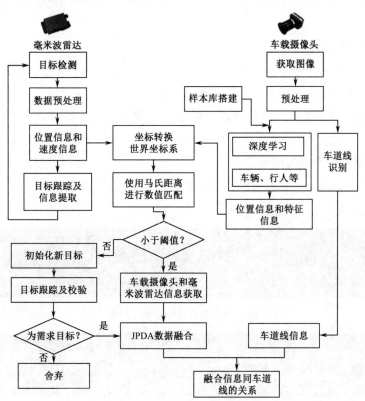

图 4-9 毫米波雷达和车载摄像头的融合框架

毫米波雷达和车载摄像头融合的主要步骤如下。

- 毫米波雷达和车载摄像头分别根据自身目标检测与识别原理获取目标位置、速度、特征等信息。
- 基于世界坐标系和采样频率，将毫米波雷达和车载摄像头分别预处理后的信息进行时空联合标定。
- 使用马氏距离将利用毫米波雷达和车载摄像头获取的前方目标信息进行数值匹配。

2）时空联合标定

车载摄像头和毫米波雷达为异质传感器，二者采集的目标信息分别位于不同的坐标系下，且具有不同的采样频率。为了在融合阶段对二者的信息进行融合，需要实现二者信息的时空统一。

信息空间统一的目的在于将不同坐标系中的信息统一到相同的坐标系下，这一步是通过图像像素坐标系、图像物理坐标系、车载摄像头坐标系、世界坐标系四者之间的相互转换组成的。信息时间统一的目的在于确保信息融合时所处理的各传感器的信息是同一时刻的。

3）目标匹配

目标匹配通常通过计算两测量值距离的方式实现，最常用的方法有欧氏距离法、曼哈顿距离法和马氏距离法等。

4）多传感器数据融合

多传感器数据融合是实现传感器精确检测目标物的核心和关键，目前使用的多传感器数据融合算法主要包括三大类，即滤波估计法、人工智能法及统计分类法。其中，滤波估计法中的卡尔曼滤波算法处理效果最佳，能够实现绝大多数优化估计问题的最优估计。

5）城市道路融合感知结果

单传感器输出效果（车载摄像头输出效果、毫米波雷达输出效果）及融合模块输出效果分别如图 4-10～图 4-12 所示。

图 4-10　车载摄像头输出效果

图 4-11　毫米波雷达输出效果

图 4-12　融合模块输出效果

图 4-12 中的红色点由视觉测距结果投影得到，蓝色点由雷达测距结果投影得到，绿色点由融合输出值投影得到。单用车载摄像头未能检测到远距离目标，而与毫米波雷达融合后，结果显示能够检测到图中全部目标。

4.2　车辆智能决策技术

智能车辆在实际运行中，需要分析全局路径信息、环境感知信息、地图信息、动态环境预测信息等，并结合具体的道路交通情况、交通规则、安全行驶规则等做出合适的行为决策。行为决策决定了智能车辆的驾驶策略，如采取跟车或超车的方式完成车道通行，遇到障碍物时减速停车或避让，在交叉路口处与行驶环境中的其他车辆交互通过等。

4.2.1　车辆智能决策简介

在智能车辆的自动驾驶系统中，行为决策相当于人类驾驶员的"大脑"，决策前不仅需要智能车辆自身的位置、速度、航向、姿态等信息，还需要所行驶区域周围环境的信息，如车辆行人、道路环境、交通标志、交通信号等，综合评估车辆自身状态与外部风险。车辆智能决策技术利用智能决策算法，从当前交通场景允许的驾驶行为集合中挑选适合当前运行状态的驾驶行为，并将该驾驶行为传输至路径规划系统中，进行下层路径规划和车辆控制。由此可见，合理的驾驶行为决策是智能车辆在完成环境感知后保证智能车辆安全行驶的核心环节。

车辆智能决策技术不仅关系到智能车辆自身的安全性与舒适性，也关系到交通环境中其他车辆通行的安全性与局部交通流的通行效率。为了与人类的驾驶行为类似，在实际的道路场景中，需要智能驾驶车辆也有自由行驶、跟车、车道变换、超车、停止线停车等基本行为，能够像专业的驾驶员一样进行安全驾驶，根据实际的道路环境和场景采取不同的决策方法，从而保证无人驾驶车辆的安全、平稳行驶。

大多数实际道路场景相对复杂，如城市交叉口、高速公路等位置，其环境具有高动态性与不确定性的特点，为车辆智能决策带来了一定的困难与挑战。

4.2.2　车辆智能决策算法

车辆智能决策算法需要充分考虑复杂道路环境、动态交通状态、交通规则、人类驾驶规则、乘车人员安全等因素。在高速与高动态性的复杂交通场景中，车辆决策更为复杂，这也是实现高级别无人驾驶落地应用的瓶颈之一。目前，车辆智能决策系统依据其实现方法，可分为基于规则的决策算法、基于深度学习的决策算法和基于强化学习的决策算法三类。

1. 基于规则的决策算法

基于规则的决策算法的主要原理是根据安全规则、控制规则、人类驾驶规则、法律法规及先验驾驶知识等建立规则库，通过分析大量的驾驶数据及与规则约束相结合，针对不同的驾驶情况制定智能车辆相应的决策动作，从而在自动驾驶过程中，使用这些策略进行车辆行为决策控制。基于规则的决策算法主要包括以下几类。

1）有限状态机法

有限状态机（Finite State Machine，FSM）是一种研究特定目标在有限个状态中相互转移并执行相应动作的离散数学模型。在基于规则的车辆行为决策模型中，有限状态机是最经典且最具代表性的模型，因逻辑清晰、实用性强等特点得到广泛应用。模型主要包含输入、输出、状态的集合、初始状态、终止状态、转移逻辑等部分。模型通过构建有向图来描述状态之间的转移逻辑，从而根据状态的转移反应式地生成驾驶动作。

有限状态机法的核心在于状态分解，根据状态分解的连接逻辑，可分为串联式、并联式、混联式三种体系架构。

2）马尔可夫决策算法

马尔可夫链是一种常见的统计随机过程，通过创建状态空间，可完成从一个状态到另一个状态的转换，且每一步仅根据当前状态的概率分布完成，而与之前的状态序列无关。马尔可夫决策过程（Markov Decision Process，MDP）的主要原理是在马尔可夫链的基础上引入动作和值函数，且具有基本的马尔可夫性。当应用于智慧交通领域时，马尔可夫决策过程考虑了车辆行驶过程中交通环境的复杂性和不确定性，无人驾驶车辆所处的每步状态都可以被完全观察。

马尔可夫决策过程模型会根据系统当前实际情况做出决策，但在部分情况下，测量系统状态的传感器信号可能会受到干扰，难以获取精准状态。部分可观察的马尔可夫决策过程（Partially Observable Markov Decision Process，POMDP）模型是马尔可夫决策过程模型的拓展，假设系统中部分信息不能被直接观测，并根据不完全的状态信息做出行为决策。其适用于环境是部分可观察的场景，因此该模型适用于应对复杂道路交通环境的不确定性，为该类场景下的智能车辆决策问题提供了解决思路。

此外，还有一些基于统计的智能决策算法，如多属性决策方法、利用概率图模型的方法和利用贝叶斯模型的方法等。

2. 基于深度学习的决策算法

深度学习是近年来兴起的一种基于神经网络的机器学习算法，它依照仿生学原理，模拟人脑简单的工作流程，利用各层神经元之间的相互联系进行数据特征提取并进行训练。随着计算机水平的不断提高，相对应的网络层数、神经元个数也随之增加。人工神经网络结构如图 4-13 所示。

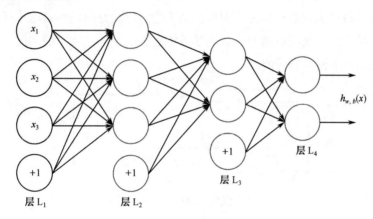

图 4-13　人工神经网络结构

为提高运算速度及数据处理精度，卷积神经网络应运而生。卷积神经网络也包含输入层、中间层、输出层。

除了卷积神经网络，还有基于时间的深度学习模型、生成式对抗网络、图神经网络、概率神经网络等，这些理论为自动驾驶智能决策算法提供了良好的基础。

基于深度学习的决策算法通过深度神经网络对环境样本进行自主学习训练，该算法在多数情况下属于一种端到端的行为控制方法。一种基于深度学习的决策算法流程如图 4-14 所示。

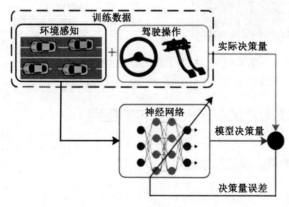

图 4-14　一种基于深度学习的决策算法流程

在实践中，深度学习体现出对标注数据依赖性大的特性，而标注数据有可能较为复杂且难以获取，这些都导致算法模型难以做到相互转移。另外，深度学习的过程和结果也缺乏透明性。因此，基于深度学习的智能决策算法需要在较长的周期里，通过大量的数据进行前期的训练。

3. 基于强化学习的决策算法

强化学习（Reinforcement Learning，RL）也称增强学习，主要是在已知的环境状态下选择何种动作从而使奖赏值最大的过程。强化学习有两个主要的特点：奖励函数给出的奖励值只会对系统执行的动作进行评价，而不会给出最好的动作策略选择；在训练的过程中，强化学习每一次采取的动作行为都可能会影响下一个状态的相关信息。强化学习与环境交互示意如图 4-15 所示。

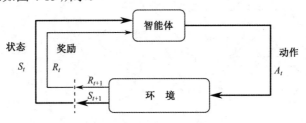

图 4-15　强化学习与环境交互示意

相比于其他决策算法，利用强化学习进行智能车辆决策适用于高动态与突发情况并存的交通环境，提高了智能车辆决策的及时性与正确性。一种基于强化学习的智能决策过程如图 4-16 所示。

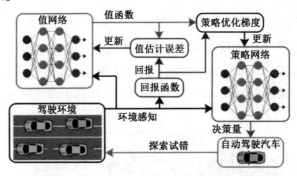

图 4-16　一种基于强化学习的智能决策过程

4.2.3　车辆智能决策算法在无人驾驶中的应用

1. 基于有限状态机的决策算法应用

1）串联结构

麻省理工学院的 TALOS 无人车行为决策系统总体上采用的是串联结构，如图 4-17 所示。

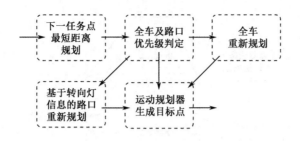

图 4-17　TALOS 无人车行为决策系统的串联结构

2）并联结构

斯坦福大学与大众公司研发的 Junior 无人车行为决策系统具备典型的并联结构，如图 4-18 所示。

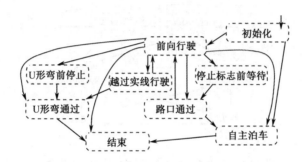

图 4-18　Junior 无人车行为决策系统的并联结构

梅赛德斯-奔驰汽车公司研发的 Bertha 无人车行为决策系统采用并联结构，如图 4-19 所示。

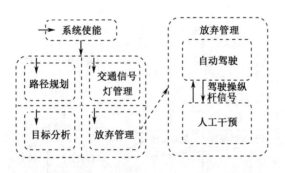

图 4-19　Bertha 无人车行为决策系统的并联结构

弗吉尼亚理工大学研发的 Odin 无人车行为决策系统采用并联结构，如图 4-20 所示。

国防科技大学研发的红旗 CA7460 行为决策系统具备典型的并联结构，如图 4-21 所示。该系统适用于高速公路工况，其决策系统划分为自由追踪行车道、自由追踪超车道、由行车道换入超车道、由超车道换入行车道等模式。

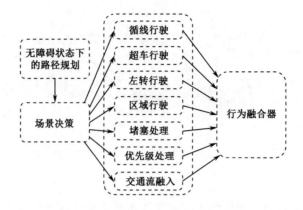

图 4-20　Odin 无人车行为决策系统的并联结构

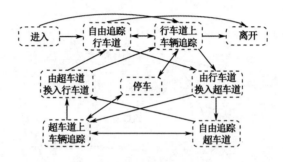

图 4-21　红旗 CA7460 行为决策系统的并联结构

3）混联结构

卡耐基梅隆大学与福特公司研发的 Boss 无人车行为决策系统具备典型的层级式混联结构，如图 4-22 所示。

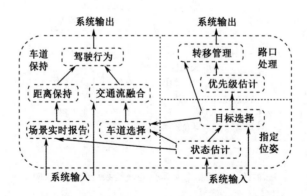

图 4-22　Boss 无人车行为决策系统的混联结构

中国科学技术大学研发的智能驾驶Ⅱ号行为决策系统具备典型的混联结构，如图 4-23 所示。该系统进行了专家算法和机器学习算法的融合，顶层决策系统采用并联式有限状态机。

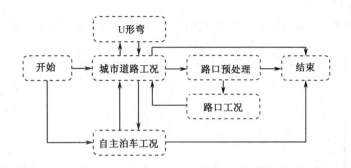

图 4-23　智能驾驶Ⅱ号行为决策系统的混联结构

2. 基于深度强化学习的决策算法应用

1）DDPG 算法

深度确定性策略梯度（Deep Deterministic Policy Gradient，DDPG）算法是基于 Actor-Critic 框架的算法，结合值函数和策略梯度算法，分别对策略进行评价和优化，同时具备高维数据处理能力和连续动作输出能力，其计算框架如图 4-24 所示。

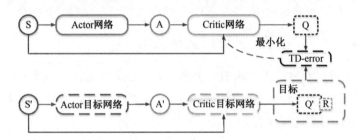

图 4-24　DDPG 计算框架

2）基于 DDPG 算法的车辆跟驰行为决策模型

基于 DDPG 算法构建的车辆跟驰行为决策模型，基于 Carla 自动驾驶仿真平台进行仿真训练，Carla 仿真界面如图 4-25 所示。

图 4-25　Carla 仿真界面

在仿真平台进行 1000 个回合的迭代训练，获取奖励值收敛结果，如图 4-26 所示。

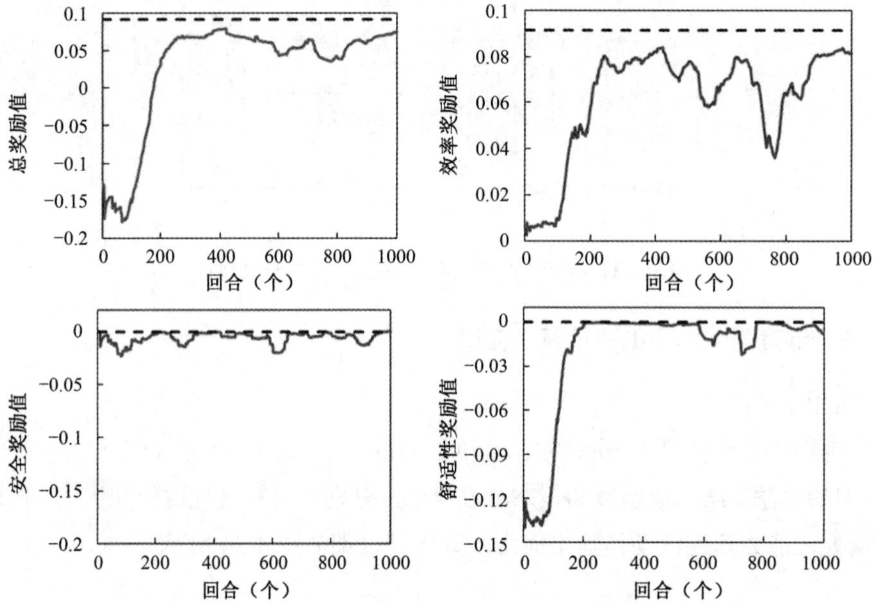

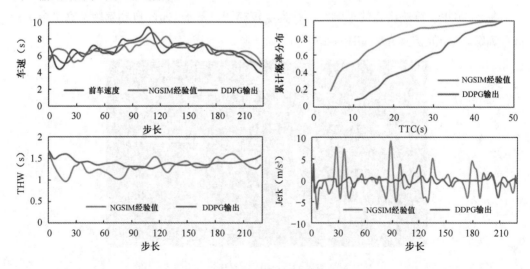

图 4-26　奖励值收敛结果

从图 4-26 中可以看出，在大约 300 个回合处，总奖励值、效率奖励值、安全奖励值和舒适性奖励值均收敛于最大值（图中虚线），说明训练完成后模型已经从奖励函数中学习到安全、高效、舒适的跟车行为。

从下一代仿真（Next Generation Simulation，NGSIM）经验数据集中随机选择一组跟车行驶轨迹，并将其中的前车轨迹数据集输入 DDPG 跟车模型中以进行模型跟车效果测试，输出结果如图 4-27 所示。

图 4-27　DDPG 跟车模型输出结果

从图 4-27 中可以看出，DDPG 跟车模型能够较好地跟随前车，相比有经验的驾驶员，能够输出更安全、更高效且更舒适的跟车效果。

除跟车行为外，最常见的换道、避障、超车等行为也可以采用一定的方式使用强化学习进行决策建模。

4.3　车辆路径规划技术

4.3.1　车辆路径规划简介

路径规划是实现无人驾驶的关键技术之一。路径规划模块性能的高低直接关系到车辆行驶路径选择的优劣和行驶的流畅度，而路径规划的性能优劣很大程度上取决于规划算法的优劣。能够在各种场景下迅速、准确地规划出一条高效路径，且具备应对场景动态变化的能力是路径规划算法的主要目标，车辆路径规划示意如图 4-28 所示。

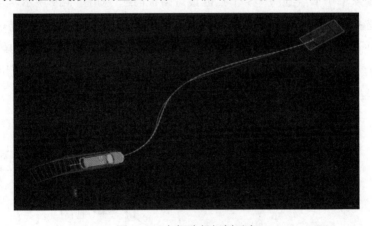

图 4-28　车辆路径规划示意

根据对环境信息的把握程度，路径规划划分为基于先验完全信息的全局路径规划和基于传感器信息的局部路径规划两种。其中，从获取障碍物信息是静态的还是动态的角度看，全局路径规划属于静态规划，局部路径规划属于动态规划。全局路径规划需要掌握所有的环境信息，根据环境地图的所有信息进行路径规划；局部路径规划只需要由传感器实时采集环境信息，了解环境地图信息，然后确定出所在地图的位置及其局部的障碍物分布情况，从而可以选出从当前节点到某一目标节点的最优路径。

4.3.2 车辆路径规划算法

目前，用于无人驾驶车辆的路径规划方法主要为基于搜索的方法。在基于搜索的路径规划算法中，根据其实现特点的不同，又可以分为基于图搜索的路径规划算法和基于采样的路径规划算法两种。

基于图搜索的路径规划算法的特征是将空间离散化，并将空间中的离散状态构建为图的形式，根据深度优先或者广度优先的方法搜索出从起点到终点的最优路径。本节将介绍部分典型的路径规划算法，如最短路径搜索算法（以下简称"Dijkstra 算法"）、A*算法、快速搜索随机树（Rapidly-exploring Random Tree，RRT）算法、人工势场法、Lattice 动态路径规划算法（Lattice 算法）、基于数值优化的动态路径规划算法等。

1. Dijkstra 算法

Dijkstra 算法由 E.W.Dijkstra 于 1959 年提出。该算法采用了一种贪心模式，其解决的是有向图中从单个节点到另一个节点的最短路径问题，如图 4-29 所示。其主要特点是每次迭代时选择的下一个节点是当前节点最近的子节点。为了保证最终搜寻到的路径最短，在每一次迭代的过程中，都要对从起始节点到所有遍历到的点之间的最短路径进行更新，这就大大增加了计算时间和数据量，且大量搜索对于车辆运动是无用的。

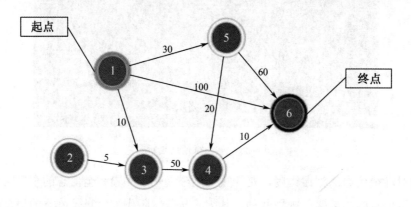

图 4-29 节点有向图

2. A*算法

为解决 Dijkstra 算法效率低的问题，A*算法作为一种启发式搜索算法被提了出来。启发式搜索即在搜索过程中建立启发式搜索规则，以此来衡量实时搜索位置和目标位置的距离关系，使搜索方向优先朝向终点所处位置方向，最终达到提高搜索效率的效果。

A*算法关注点到点的最短路径，A*算法不但记录起点到当前点的代价，还计算当前点到终点的期望代价，它是一种启发式算法，也可以认为是一种深度优先的算法。但 A*算法会带入大量重复数据和复杂的估价函数，所以如果不要求获得具体路径，而只是比较路径的长度，则 Dijkstra 算法是更好的选择。

3. RRT 算法

RRT 算法是一种增量式采样的搜索方法，该方法在应用中不需要任何参数整定，具备良好的使用性能。它利用增量式方法构建搜索树，以逐渐提高分辨能力，而无须设置任何分辨率参数。在极限情况下，该搜索树将稠密地布满整个空间，此时搜索树由很多较短曲线或路径构成，以实现充满整个空间的目的。

为了解决 A*算法难以求解最优的可行路径的问题，RRT 算法被提出，它在路径查找的过程中持续地优化路径，随着迭代次数和采样点的增加，得到的路径越来越优化。迭代的时间越久，就越可以得到相对满意的规划路径。

4. 人工势场法

人工势场法是由 Khatib 提出的一种用于机器人运动规划的虚拟力方法。其基本思想是将目标和障碍物对机器人运动的影响具体化成人造势场。目标处势能低，障碍物处势能高。这种势差产生了目标对机器人的引力和障碍物对机器人的斥力，其合力控制机器人沿势场的负梯度方向向终点运动。人工势场法计算方便，得到的路径安全平滑，但是复杂的势场环境可能在终点之外产生局部极小点，导致机器人无法到达目标。

5. Lattice 算法

上述 A*算法、Dijkstra 算法是基于搜索的算法，仅为车辆确定一条最优的静态行驶路径。Lattice 算法能同时规划最优路径和车速，满足无人驾驶的路径规划需求。

由于路径都是连续信息，所以 Lattice 算法在对路径进行搜索时需要先将道路信息离散化，通过确定起始状态和终止状态，并根据当前状态获取传感器信息，如定位信息、障碍物信息和交通信息等，获取一条代价最小的路径。

6. 基于数值优化的动态路径规划算法

同 Lattice 算法相同，基于数值优化的路径算法也是一种动态路径规划算法，但需要基于具体情况建立目标函数和安全约束条件，并基于优化求解器进行最优动态路径求解。

除上述算法外，车辆路径规划算法还有运动规划算法的概率路线图（Probabilistic Roadmaps，PRM）算法、D 算法、D*算法及它们的改进算法，在不同的运行状态下要根据其优势进行选择或相互组合，完成车辆局部路径规划。

4.3.3　车辆路径规划算法在无人驾驶中的应用

路径规划算法可应用于无人驾驶的换道轨迹规划、避障轨迹规划等方面。换道轨迹的生成是完成换道行为的先决条件，换道轨迹的性能决定了智能汽车在换道过程中能否安全、高效、舒适地运行。

1. 基于 Dijkstra 算法的换道轨迹规划

当无人车获得车道的高精度地图时，在一定的车道范围内规划路径节点，即根据车辆可能的行驶位置，将高精度地图上车辆的车道轨迹规划问题抽象为有向加权的最短路径搜索问题。如图 4-30 所示，通过连接随机生成的采样点生成候选轨迹，将车辆起点和终点作为约束条件，进行平滑处理后的轨迹如图 4-31 所示。

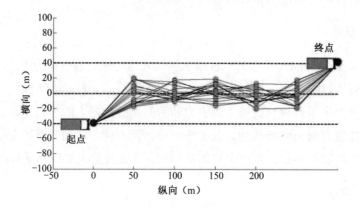

图 4-30　候选轨迹示意图

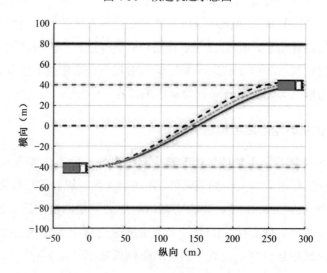

图 4-31　进行平滑处理后的轨迹

2. 基于 A*算法的换道轨迹规划

首先输入地图，其次输入车辆当前在地图上的位置（绿点）和目的地（橘黄点），如图 4-32 所示。轨迹规划的目标是生成由一系列路径点定义的轨迹，为每个路径点分配一个时间戳和速度，让一条曲线与这些路径点拟合，生成轨迹的几何表征。创建候选路径（见图 4-33）并重复此过程，可以构建多条候选路径，使用成本函数对这些路径进行评估，并选择成本最低的路径，即最优路径（见图 4-34）。

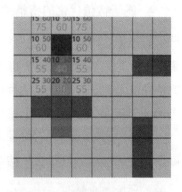

图 4-32 网格地图路线规划图

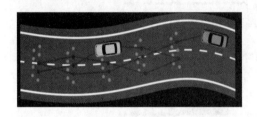

图 4-33 候选路径

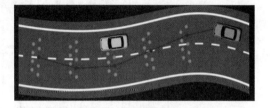

图 4-34 最优路径

3. 基于 Lattice 算法的车辆轨迹规划

Apollo 无人驾驶车辆采用的是 Lattice 算法，以预测模块、全局路径规划信息、高精度地图和定位信息作为输入，输出一条平稳、舒适、安全的轨迹，交给控制模块去执行。如图 4-35 所示，后车是无人驾驶车辆，前车是障碍车，带箭头曲线是障碍车预测轨迹。在 Lattice 规划轨迹上，运用 S-T 图确定车辆的位置状态信息，通过将最终状态和起始状态做多项式拟合，分别在横向和纵向上采样足够多的多项式轨迹，如图 4-36 所示，然后计算每条轨迹的成本。这个成本考虑了轨迹的可行性、安全性、平稳性等因素。每次会先挑选出成本最低的最优横、纵向轨迹，最后对二者进行二维合成，生成一条完整的轨迹。

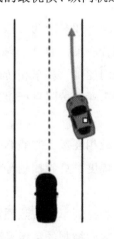

图 4-35 轨迹规划场景

图 4-36 Lattice 轨迹规划

4. 基于数值优化的密集障碍物场景下无人驾驶车辆路径规划

对于密集障碍物的驾驶场景，规划算法需要根据感知信息合理规划安全无碰撞路径，采用搜索与采样的方法并不能解决该场景的问题。目前针对该场景常采用基于数值优化的路径规划算法，通过建立目标函数与障碍物边界的约束，利用数值优化求解器，求解出保证车辆安全行驶的行车路径。

密集障碍物场景下的路径规划如图 4-37 所示，红色代表障碍物。该方法的优点在于可根据不同驾驶场景特性，动态调整数值模型与安全约束，提高规划算法的灵活性。

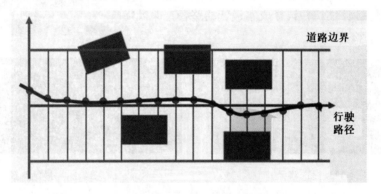

图 4-37　密集障碍物场景下的路径规划

4.4　无人驾驶自动控制技术

4.4.1　无人驾驶控制系统

无人驾驶控制系统旨在模拟驾驶员特性，基于环境感知系统的信息、定位导航系统的信号、预先设定的目标和车辆的运行状态等进行综合决策，通过纵向和横向控制系统的配合，使汽车在行驶过程中能够实现车速调节、油门控制、刹车和转向等驾驶动作，完成车距保持、换道、超车等基本操作，使无人驾驶车辆能按照目标轨迹准确、稳定地行驶，以保证汽车的安全性、操纵性和稳定性。

无人驾驶车辆的各个操控系统通过总线与决策系统相连接，并能够按照决策系统发出的总线指令精确地控制加速程度、制动程度、转向幅度、灯光控制等驾驶动作，以实现车辆的自主驾驶。

无人驾驶控制系统可代替真实驾驶员，准确操纵和控制车辆按照预定规范行驶。其核心技术是实现车辆的方向控制和速度控制。其中，方向控制的目标是减小车辆与期望路径的侧向位置偏差、航向角偏差或二者的综合，并将转向输入限制为平滑运动，同时保持车辆行驶的稳定性；速度控制的目标是设计控制器以减小实际车速与期望车速的差值，控制器实现油门和制动的协调控制，并将二者的输入限制为平滑、频率不致过快的运动，同时保持车辆行驶的稳定性。

无人驾驶控制系统的具体控制流程如图 4-38 所示，在车辆行驶过程中实时记录、传输车辆运行位置姿态和行驶速度，内部轨迹跟踪和速度控制器依据期望信息和实际信息二者的偏差，输出施加到车辆的转向盘转角和油门/制动踏板的开度，由运动控制系统对车辆执行机构（转向盘、油门、制动踏板）进行相应驱动，实现车辆按照期望的轨迹和速度行驶。

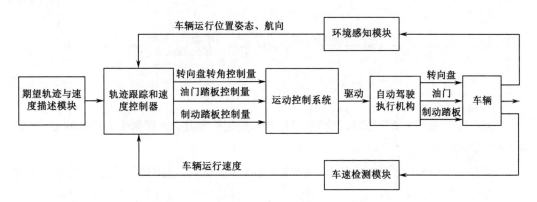

图 4-38　无人驾驶控制系统的具体控制流程

比例积分微分（Proportional-Integral-Derivative，PID）控制器方案是最早发展起来的控制策略之一，PID 控制器涉及的设计算法和控制结构都是很简单的，并且十分适用于工程应用背景。PID 控制器方案在工业界是实际应用最广泛的一种控制策略。

在实际应用中，PID 控制器计算出来的控制信号还应该经过一个驱动器（Actuator），从而控制受控对象；而驱动器一般近似为一个饱和非线性环节，PID 控制系统结构如图 4-39 所示。

PID 控制器控制效果的好坏在很大程度上取决于控制器参数的选择。PID 控制器各校正环节包括比例环节、积分环节和微分环节。

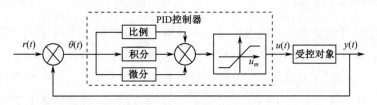

图 4-39　PID 控制系统结构

4.4.2　无人驾驶方向控制算法

1. 方向控制整体方案

方向控制整体方案如图 4-40 所示，其主要包括以下 6 个执行步骤。

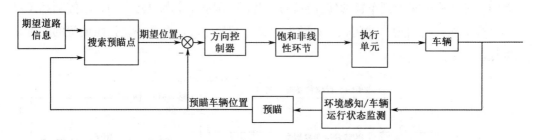

图 4-40　方向控制整体方案

步骤 1：以数据点的形式对车辆期望运行轨迹进行描述，并存储于方向控制器中，以便在后续步骤中调用。

步骤 2：通过环境感知及状态检测模块实时获取车辆当前的位置信息，包括绝对坐标系下的车辆纵向、横向坐标，行驶方向和速度，并将这些信息作为方向控制器的输入。

步骤 3：检测当前车辆位置，沿行驶方向进行预瞄。

步骤 4：根据预瞄得到的车辆位置坐标，与步骤 1 中的期望运行轨迹进行比较，确定通过预瞄得到的位置相对于期望轨迹的侧向位置偏差，以及当前车辆行驶方向与期望车道线切线方向的角度偏差（偏航角）。

步骤 5：以侧向位置偏差、偏航角或二者的联合作为方向控制器的控制输入，通过调整控制器参数，获得实现轨迹跟踪的转向盘转角。

步骤 6：控制器输出转向盘控制量，由无人驾驶机器人的机械手操纵车辆转向盘，使其沿期望轨迹行驶。

2. 车辆期望运行轨迹

车辆期望运行轨迹用"大地坐标系"下道路中心线上的一系列有序点来描述，即轨迹在绝对坐标系（大地坐标系）下的横坐标 X 及纵坐标 Y，以及在 (X,Y) 点处的道路切线方向与横轴 X 轴的夹角 θ（定义为道路切向角）。期望车速是指为车辆在点 (X,Y) 处依道路曲率安全通过而事先规定的安全车速 u。如表 4-3 所示，描述整条期望运行轨迹的期望位置点有 n 个，每个期望位置点可描述为 (X_i,Y_i,θ_i,u_i)，$1 \leqslant i \leqslant n$。在轨迹曲率较小处，描述轨迹点可以取得稀疏些；在轨迹曲率较大处，描述轨迹点应取得密集些。

表 4-3　期望道路和速度的描述

序号	X 轴坐标（m）	Y 轴坐标（m）	道路切向角 θ（°）	期望车速 u（km/h）
1	X_1	Y_1	θ_1	u_1
2	X_2	Y_2	θ_2	u_2
3	X_3	Y_3	θ_3	u_3
…	…	…	…	…
n	X_n	Y_n	θ_n	u_n

3. 预瞄点搜索

为模拟人工驾驶特性，在无人驾驶方向控制算法中引入驾驶预瞄。如图 4-41 所示，设车辆当前位置在大地坐标系下的坐标为 (X_{n0},Y_{n0})，道路切向角为 θ_{n0}。向前方预瞄一段距离 L，确定预瞄距离 L 得到的车辆位置坐标为 (X_p,Y_p)，再由车辆预瞄位置 (X_p,Y_p) 确定期望轨迹上对应的期望位置。

确定车辆预瞄位置对应期望轨迹的位置坐标、道路切向角的过程称为预瞄点搜索过程。

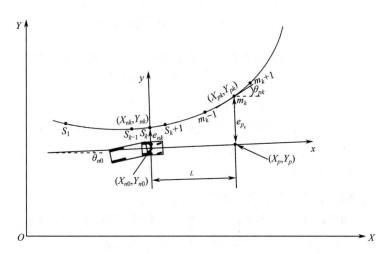

图 4-41　驾驶预瞄无人驾驶原理图

4. 侧向偏差和偏航角计算

由于驾驶员总是以位于车辆上并与车辆行驶方向（车辆航向角）一致的相对坐标来观测前方道路与车辆的位置关系，所以在计算车辆期望位置与预瞄位置的侧向位置偏差时，还需要进行绝对坐标系与车辆的相对坐标系之间的坐标变换。

偏航角定义为期望运行轨迹在预瞄点处的切向角与车辆当前航向角 θ_{n0} 之间的偏差。车辆当前航向角 θ_{n0} 由传感器测量，由于期望位置点的切向角 θ_{pk} 与驾驶员实际预瞄处的切向角相差不大，所以将 θ_{pk} 视为期望道路在预瞄点的切向角，偏航角的表达式为

$$e_{\theta k} = \theta_{pk} - \theta_{n0} \tag{4-3}$$

5. 基于侧向偏差的方向控制

无人驾驶方向控制的目标是通过无人控制转向盘转角来减小或消除车辆实际位置与期望行驶轨迹之间的位置偏差、偏航角。无人驾驶方向控制包括两种控制方案，一种是基于侧向偏差的独立控制方案，另一种是基于侧向偏差和偏航角的联合控制方案。

1）基于侧向偏差的独立控制方案

基于侧向偏差的独立控制方案如图 4-42 所示。此方案以车辆预瞄位置与预瞄点之间的侧向偏差为控制输入，采用带有遗忘因子的增量式 PID 控制器对偏差进行修正，获得轨迹跟踪所需的转向盘转角控制量。PID 控制器控制输出，又根据车型、车速的不同进行增益调度，以适应不同车型、不同行驶车速工况对该轨迹的跟踪。

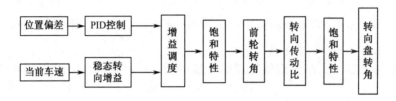

图 4-42　基于侧向偏差的独立控制方案

经增益调度后的控制量输出是前轮转角量，从转向合理的角度考虑，前轮转角不能是任意值，存在一个合理的转向极限范围，这里称为控制器的饱和环节。前轮转角与转向盘转角成近似比例关系，前轮转角乘以转向传动比就能得到转向盘转角。不同车型的转向盘行程不同，所得转向盘转角还需要根据实际车辆转向盘行程对最终的转向盘控制输出加以限制，再用于无人驾驶系统执行机构，以免发生已经超过执行极限但仍执行转向操作造成系统损坏的情况。

2）基于侧向偏差和偏航角的联合控制方案

在本部分的控制方案中，除以侧向偏差作为控制输入外，还将预瞄点期望运行轨迹的切向角与车辆当前航向角之差作为控制输入，构成侧向偏差和偏航角联合控制器。通过选择控制参数的最优组合，实现最佳的方向控制效果。基于侧向偏差和偏航角的联合控制方案如图 4-43 所示。

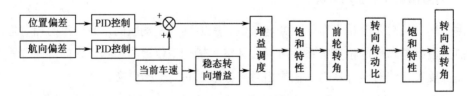

图 4-43　基于侧向偏差和偏航角的联合控制方案

4.4.3　无人驾驶速度控制算法

1. 速度控制整体方案

无人驾驶速度控制旨在实现车辆以指定的速度行驶。合理的油门和制动切换策略是实现无人驾驶速度控制的关键。综合考虑上述因素，提出如图 4-44 所示的速度控制方案。速度控制系统以期望速度与实际速度偏差作为控制输入，依据偏差大小、偏差变化率等实现车速跟踪，执行单元通过接收该控制量信号采取相应的执行动作，从而实现加速、减速。

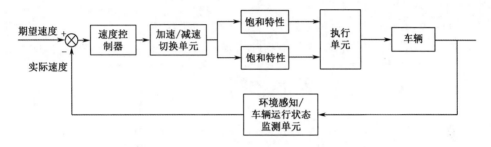

图 4-44　速度控制方案

速度控制系统由环境感知/车辆运行状态监测单元、速度控制器、加速/减速切换单元、执行单元等组成。预瞄速度与车辆实际运行速度的偏差经速度控制器可得到速度控制量。为减小因速度切换带来的系统抖振，对油门和制动切换策略进行合理设计尤为重要。

2. 速度控制算法

速度控制器输入量为速度偏差，定义为车辆预瞄点期望车速与当前车辆实际车速的差值。速度控制器根据增量 PID 控制算法得到控制量，为减小油门和制动踏板的切换频率，制定了切换策略来选择由二者中的哪一方来执行该控制量，而未被选中的一方则回到初始位置。油门控制与制动控制的及时、顺利切换是减小速度跟踪误差和保证车辆平稳行驶的关键。

受驾驶员操纵油门和制动踏板逻辑的启发，对速度控制主要依据以下 3 个方面的原则。

- 油门和制动踏板不会同时踩下。
- 保持某一车速行驶，不会在油门和制动踏板之间频繁地切换。
- 当需要缓慢稍微降低车速时，并不踩下制动踏板，而是利用油门全松的自然减速特性。

利用期望纵向加速度将无人驾驶装置的操纵区间分为 3 个子区间，分别为减速区间、加速区间、保持区间。每个区间都有一个相应的切换逻辑，切换逻辑由一系列判断语句表达。切换逻辑流程如图 4-45 所示。

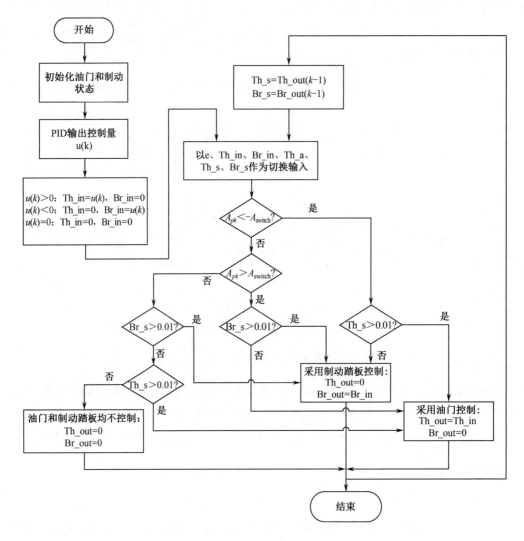

图 4-45　切换逻辑流程

4.4.4　无人驾驶的机器人辅助控制

无人驾驶将决策控制信息与车辆控制执行系统深度集成，通过线控技术完成执行机构的电控化，实现电子制动、电子驱动和电子转向。在现代汽车系统及模块电子化的趋势下，电子控制执行系统的渗透率不断提升；随着电动车的发展和传统发动机的消失，汽车的电子化程度不断加深，传动、转向、制动的动力源与执行方式发生了根本性转变，电动控制执行系统成为基本配置；进入自动驾驶时代后，执行控制系统收集来自感知层的大量传感器信息，经分析决策，通过智能化的线控制动和线控转向来操纵车辆。

控制执行是自动驾驶真正落地的关键。在自动驾驶车辆的实验测试中，常采用机器人作为无人驾驶的执行机构完成测试任务。利用国内自主研发的驾驶机器人代替真实驾驶员，按上层输出指令对车辆进行操纵和行驶，可安全地完成各种汽车性能和可靠性试验。驾驶机器人对车辆的操纵和控制准确、持续工作时间长、重复性好，同时无须改装车辆原有结构，安装也简单、便捷。驾驶机器人实际安装效果和结构如图 4-46 所示。

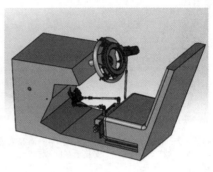

图 4-46　驾驶机器人实际安装效果和结构

该驾驶机器人执行机构包括固定基座（底座 6）、踏板机器人（包括离合机械腿 2、制动机械腿 3 和油门机械腿 4）、转向机器人（方向盘机械手 1）、换挡机器人（换挡机械手 5），其结构如图 4-47 所示。

通过雷达模块、定位模块、视觉模块等外部传感元件的信息反馈，根据任务文件下发任务指令，实现整体无人驾驶装置的换挡、加速、制动、变道、转向等一系列驾驶活动。该机构能实现在车辆上的无损安装，能够适应不同的车辆，并且安装灵活。无人驾驶执行机构的实车安装如图 4-48 所示。

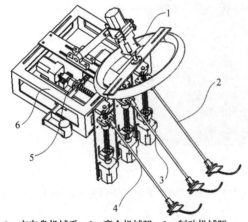

1—方向盘机械手；2—离合机械腿；3—制动机械腿；
4—油门机械腿；5—换挡机械手；6—底座

图 4-47　无人驾驶执行机构结构　　　图 4-48　无人驾驶执行机构的实车安装

离合机械腿、制动机械腿和油门机械腿结构相似，制动机械腿的三维结构如图 4-49（a）所示，该结构为一滑块摇杆机构。该机构将伺服电动机的转动转化为制动踏板的摆动。制动机械腿的实物如图 4-49（b）所示。

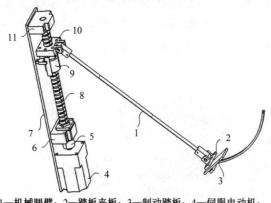

1—机械腿臂；2—踏板夹板；3—制动踏板；4—伺服电动机；
5—联轴器；6—丝杠支承座；7—安装板；8—丝杠；
9—丝杠螺母；10—滑块；11—丝杠支承座2

（a）制动机械腿的三维结构

（b）制动机械腿的实物

图 4-49　制动机械腿

方向盘机械手用于驱动车辆的方向盘转动，如图 4-50 所示。方向盘机械手的安装位置和安装角度可以根据车辆方向盘的位置、直径进行调节，从而适应不同的车辆方向盘。

图 4-50　方向盘机械手

手动挡车辆的换挡杆需要在水平、垂直两个方向上做上下、左右运动，故换挡机械手需要两个自由度，换挡机械手的三维结构和实物如图 4-51 所示。

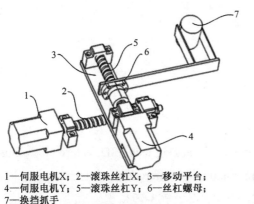

1—伺服电机X；2—滚珠丝杠X；3—移动平台；
4—伺服电机Y；5—滚珠丝杠Y；6—丝杠螺母；
7—换挡抓手

（a）换挡机械手的三维结构　　　　　　　　　（b）换挡机械手的实物

图 4-51　换挡机械手

4.5　本章小结

　　无人驾驶技术主要包括环境感知、智能决策、路径规划和自动控制四大关键技术。

　　环境感知技术是无人驾驶车辆安全行驶的首要保障，车载感知系统感知的对象主要包括行驶路径、周围障碍物、行驶环境等信息。在实际工程应用中，毫米波雷达与车载摄像头融合应用，性能互补。

　　车辆智能决策基于智能车辆自身的位置、速度、航向、姿态等信息，以及所行驶区域周围环境的信息，综合评估车辆自身状态与外部风险，利用智能决策算法，从当前交通场景允许的驾驶行为集合中挑选适合当前运行状态的驾驶行为。

　　车辆路径规划是实现无人驾驶的关键技术之一。目前用于无人驾驶车辆的路径规划算法主要是基于搜索的方法。路径规划算法可应用于无人驾驶的换道轨迹规划、避障轨迹规划等领域。

　　无人驾驶自动控制旨在模拟驾驶员特性，通过纵向控制系统和横向控制系统的配合，使汽车在行驶过程中能够实现车速调节、控制油门、刹车和转向等驾驶动作，完成车距保持、换道、超车等基本操作，以保证汽车的安全性、操纵性和稳定性。

　　无人驾驶将决策控制信息与车辆控制执行系统深度集成，通过线控技术完成执行机构的电控化，实现电子制动、电子驱动和电子转向。控制执行是自动驾驶真正落地的关键，在自动驾驶车辆的实验测试中，常采用机器人作为无人驾驶的执行机构完成测试任务。

4.6 参考文献

[1] Lim Y C, Kang M. Stereo vision-based visual tracking using 3D feature clustering for robust vehicle tracking[C]//2014 11th International Conference on Informatics in Control, Automation and Robotics (ICINCO). IEEE, 2014, 2: 788-793.

[2] Naito T, Ito T, Kaneda Y. The obstacle detection method using optical flow estimation at the edge image[C]//2007 IEEE Intelligent Vehicles Symposium. IEEE, 2007: 817-822.

[3] Lai Y K, Huang Y H, Hwang C M. Front moving object detection for car collision avoidance applications[C]//2016 IEEE International Conference on Consumer Electronics (ICCE). IEEE, 2016: 367-368.

[4] Song W, Yang Y, Fu M, et al. Real-time obstacles detection and status classification for collision warning in a vehicle active safety system[J]. IEEE Transactions on intelligent transportation systems, 2017, 19(3): 758-773.

[5] Dai J M, Wu L T, Lin H Y, et al. A driving assistance system with vision based vehicle detection techniques[C]//2016 Asia-Pacific Signal and Information Processing Association Annual Summit and Conference (APSIPA). IEEE, 2016: 1-9.

[6] Nguyen V D, Van Nguyen H, Tran D T, et al. Learning framework for robust obstacle detection, recognition, and tracking[J]. IEEE Transactions on Intelligent Transportation Systems, 2016, 18(6): 1633-1646.

[7] 王双超. 前方防碰撞预警系统决策算法开发与实验验证[D]. 长春: 吉林大学, 2012.

[8] Gordon T J, Lidberg M. Automated driving and autonomous functions on road vehicles[J]. Vehicle System Dynamics, 2015, 53(7): 958-994.

[9] 陈雪梅, 田赓, 苗一松, 等. 城市环境下无人驾驶车辆驾驶规则获取及决策算法[J]. 北京理工大学学报, 2017, 37(5): 491-496.

[10] Gindele T, Jagszent D, Pitzer B, et al. Design of the planner of Team AnnieWAY's autonomous vehicle used in the DARPA Urban Challenge 2007[C]//2008 IEEE Intelligent Vehicles Symposium. IEEE, 2008: 1131-1136.

[11] Bacha A, Bauman C, Faruque R, et al. Odin: Team victortango's entry in the darpa urban challenge[J]. Journal of field Robotics, 2008, 25(8): 467-492.

[12] 张新钰, 高洪波, 赵建辉, 等. 基于深度学习的自动驾驶技术综述[J]. 清华大学学报（自然科学版）, 2018, 58(4): 438-444.

[13]　朱向阳. 基于深度强化学习的无人驾驶决策控制研究[D]. 长沙：湖南大学，2019.

[14]　Chen J, Tang C, Xin L, et al. Continuous decision making for on-road autonomous driving under uncertain and interactive environments[C]//2018 IEEE Intelligent Vehicles Symposium (IV). IEEE, 2018: 1651-1658.

[15]　游峰. 智能车辆自动换道与自动超车控制方法的研究[D]. 长春：吉林大学，2005.

[16]　李宏刚. 无人驾驶矿用运输车辆障碍物识别与轨迹跟踪控制[D]. 北京：北京航空航天大学，2020.

[17]　李宏刚，王云鹏，廖亚萍，等. 无人驾驶矿用运输车辆感知及控制方法[J]. 北京航空航天大学学报，2019，45(11)：10.

[18]　欧阳正柱，何克忠. 基于势场法的智能移动机器人导航控制[J]. 计算机工程与应用，2001(16)：128-130.

[19]　赵治国，周良杰，朱强. 无人驾驶车辆路径跟踪控制预瞄距离自适应优化[J]. 机械工程学报，2018，54(24)：166-173.

[20]　Wang X. A driverless vehicle vision path planning algorithm for sensor fusion[C]//2019 IEEE 2nd International Conference on Automation, Electronics and Electrical Engineering (AUTEEE). IEEE, 2019: 214-218.

第5章

车路协同技术

• • • • • • • •

车路协同系统是目前交通和汽车领域发展的重要方向，车路协同环境的先导探索与技术研发突破也是当下的热点问题。智能车路协同系统（Intelligent Vehicle Infrastructure Cooperative Systems，IVICS）通过低时延无线通信、高精度地图定位、传感器检测、自动控制、人工智能与机器学习等先进技术，实时获取车辆和道路信息，利用车车、车路通信进行信息交互和共享，实现对整个交通系统信息的全面感知和智能协同，达到提高交通路网通行效率、最优统筹系统资源、缓解交通拥堵、主动提高交通安全的目标，为安全、高效的道路交通系统提供保障。

5.1 车路协同业务需求及体系架构

5.1.1 车路协同业务需求

近年来，电子信息和无线通信技术的迅速发展与应用，推动了车路协同的发展。车路协同作为智慧交通系统的重要子系统，被认为是提高道路交通的可靠性、安全性、效率和减少环境污染的有效手段之一，是目前世界交通运输行业的前沿领域和研究应用热点。

车路协同系统是实现智慧交通的必然技术途径。车路协同能够提高交通效率、减少交通事故、降低排放量、提升服务水平。从智慧交通业务发展态势来看，未来车路协同业务需求的发展方向主要包括 3 个方面，分别为安全、效率及信息服务。

通过车路协同技术，可向不同用户群体提供多场景多业务应用。针对交通管理者、运输企业用户、道路使用者的不同业务需求，车路协同系统基于互联网、北斗卫星、智能手机终端、车载设备、路侧信息发布终端，提供极低时延的无线通信，具有车车及车路信息交互、个性化的出行诱导服务、风险监测及预警、交通流监测分析、交通主动管控服务、智能化应急和救援、停车场电子付费服务、园区无人派送、远程驾驶、自动驾驶等功能。丰富的业务场景也对通信网络的指标提出了多样化的需求（一些典型业务场景的需求可参考表 1-1，本节不再赘述）。

5.1.2　车路协同体系架构

车路协同通过"端—管—云"三层架构实现环境感知、数据融合计算、决策控制，从而提供安全、高效、便捷的智慧交通服务。

（1）端指交通服务中实际参与的实体元素，包括通信功能的 OBU 和 RSU 等，感知功能的摄像头、雷达等，以及路侧交通设备，包括红绿灯、公告牌、电子站牌等。

（2）管指实现交通各实体元素互联互通的网络，包括 4G/5G、C-V2X。5G 系统包括基站、核心网、MEC 等，用于实现控制数据、状态数据的传输，V2X 主要实现车车、车路感知信息的传输，车与路的信息传输有两种模式，分别为 V2I（Vehicle to Infrastructure）模式及 V2N2I（Vehicle to Network to Infrastructure）模式，其中 V2I 模式的实现主要依赖 RSU 的部署，V2N2I 模式的实现除依赖 RSU 外，还要依赖已有的 5G 新空口。网络支持在业务需求的灵活配合下，构建车与车、车与调度中心之间的信息传输，网络作为信息处理的主要节点，除了满足车路协同信息交互，还要保障通信的安全可靠。

（3）云指实现数据汇集、计算、分析、决策及基本运维管理功能的平台，业务需求可部署在边缘侧或中心云。云平台实现路侧感知信息的采集与融合分析，基于感知到的数据，构建虚拟模型，进行三维模拟仿真，同时面向不同应用场景提供联合决策和协同控制，实现编队、远程驾驶、自动驾驶的业务管理；高精度地图使得车辆的位置跟踪、轨迹规划、路况分析等功能得以实现；车辆高精度定位需要采用融合的定位方法，以满足不同环境、不同场景以及不同业务的需求；云平台作为应用的总入口，承接各类信息回传和指令下发，需要对网络质量进行全方位的监测，为业务实时规划网络路径，提供可靠的保障。

智慧交通车路协同架构如图 5-1 所示。在"云—管—端"新型交通架构下，车端和路端将实现基础设施的全面信息化，形成底层与顶层的数字化映射；通过 5G 与 C-V2X 联合组网构建广覆盖蜂窝通信与直连通信协同的融合网络，以保障智慧交通业务的连续性；通过人工智能和大数据技术实现海量数据分析与实时决策，建立智慧交通的一体化管控平台。

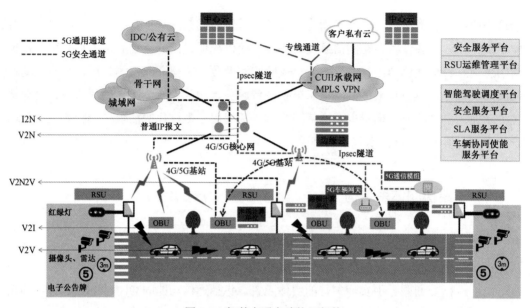

图 5-1　智慧交通车路协同架构

5.2　车路协同的交通基础设施能力

根据端侧设备在整体系统中的功能和作用，车路协同系统可以分为通信类、感知类和功能性基础设施类这三大类，每类对应的具体设备单元如表 5-1 所示。

表 5-1　每类对应的具体设备单元

序号	类别	名称
1	通信类	车载单元（OBU）
2		路侧单元（RSU）
3		手机及穿戴设备
4	感知类	激光雷达
5		高清摄像头
6		毫米波雷达
7		电子车牌天线
8		环境监测传感器
9	功能性基础设施类	信号灯控制机
10		电子站牌
11		北斗差分站

1. 通信类设备

OBU 是一种可实现 V2X 通信的车载终端。OBU 在功能上具备通信能力、存储能力及简单的数据处理和计算能力；在业务上可完成安全类、效率类及信息服务类等多种业务。OBU 根据搭载形式，可以分为前装 OBU 和后装 OBU。OBU 可以搭载多种通信模组，包括 LTE/NR 模组及 C-V2X 模组，同时 OBU 应当支持 Uu 接口及 PC5 接口的认证鉴权及安全通信。

RSU 设备是部署在路侧的 V2X 通信单元，从数据交互的角度来看，RSU 可将交通信息广播到车端，同时将车侧信息收集到云端，以提供安全类、效率类及信息服务类业务。RSU 作为路侧基础设施，需要辅助平台实现运维管理功能。RSU 可搭载多种通信模组，包括 LTE/NR 模组及 C-V2X 模组，同时 RSU 应当支持 Uu 接口、PC5 接口的认证鉴权及安全通信，以及通过 Uu 接口实现数据回传。

2. 感知类设备

根据部署对象的差异，感知类设备可以分为车载感知设备和路侧感知设备。路侧感知设备包括激光雷达、高清摄像头、毫米波雷达等，路侧感知设备可准确探测行驶车辆的状态、道路的实时状况，为"聪明的车"和"智慧的路"提供数据基础。上述路侧感知设备汇聚融合，形成立体的信息探测、获知系统，可在交通场景中准确采集、获知车与路的实时状态信息数据，供网络云平台分析和决策。

3. 功能性基础设施类设备

功能性基础设施类设备是实现交通体系智能化的关键因素，主要包括信号灯控制机、电子站牌、北斗差分基站等设备。信号灯控制机实现不同流向的交通车流量的动态管理，路侧的探测设备将车流量信息及时地传送到信号灯控制机平台，信号灯控制机根据车流量的大小动态地改变红绿灯的持续时间，从而达到提升城区交通效率的目的。电子站牌则通过 GNSS、地理信息系统技术（Geographic Information System，GIS）、视频短回路传输、云处理以及智能传感器等多种技术的有机结合来构建。北斗差分基站的定位精度可以达到米级甚至亚米级，支撑智慧交通系统提供准确的车辆定位、路线规划、高精度地图匹配下载等服务。

5.3　车路协同融合感知技术

在车路协同系统中，交通目标的精准检测、跟踪和识别是实现交通应用的重要基础。本节将重点介绍基于车路协同系统的数据采集以及车路协同感知数据融合。

5.3.1　基于车路协同系统的数据采集

相较于传统交通系统，V2X 系统中的交通参与者可以直接与道路、中心进行通信，为交通参与者配置的传感器也可以直接采集其他非 V2X 参与者的交通信息。

车路协同系统的交通数据信息来自多方，包括交通系统、V2X 系统、自动驾驶车辆等提供的原始交通数据、感知交通数据和包含语义的交通信息等。

在车路协同系统中，交通数据采集的对象是交通系统中的交通参与者，包含人、车、路和中心，另外还有通过 V2X 系统间接获取到的交通主体的交通数据，如图 5-2 所示。人、车、路和中心都需要获取描述其主体交通状态的数据，中心自身还需要描述其系统状态的参数。此外，路更多的是作为交通承载者，因此，交通流数据也是交通态势感知的采集目标。采集到的原始交通参数数据需要持久化到 F1～F4 四个不同的数据存储中，交通流数据要持久化到 F5 原始交通流数据存储中。交通数据采集过程包含数据清洗、校准、匹配、补全等一系列具体操作。

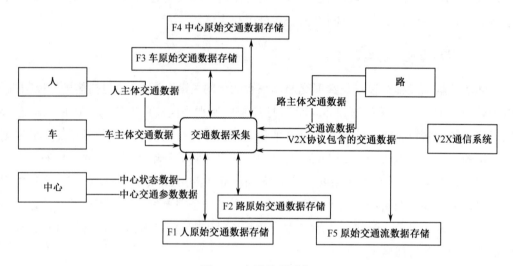

图 5-2　交通数据采集

基于车路协同的交通数据的采集目标为整个交通系统，包括人、车和路等。

车路协同系统对人的感知分为个体和群体两个方面。个体态势方面的描述包括人的时空特性和个体的运动学描述两个方面。人的时空特性描述指的是人在宏观上时间、空间两个维度的变化，如个体的出行链。个体的运动学描述则指的是个体的微观运动状态。群体态势方面的描述包括从时间和空间两个方面描述群体中个体的分布情况。例如，在固定时间点或区间范围内，描述人在地图或路网上的分布情况；在限定的区域空间中，描述人流量随时间的变化等。

车路协同系统对于车辆的感知同样包括个体和群体两个方面。在个体方面，个体车辆的宏观时空特性可以通过行驶路线来描述。从单体不受限的自由行驶运动学模型，以及车队限制的运动学模型两个方面描述车辆在路面上的运动情况。在群体方面，对车辆的时空特性描述与对人的时空分布描述类似。

在道路方面，将道路交通分别作为交通主体及交通载体进行态势感知。

首先，道路交通在作为交通主体时，主要从时间和空间两个方面去描述道路的时空状态，往往采用被动人工记录的方式对时空状态的变化进行更新。

其次，道路交通在作为交通载体时，主要分析各种交通流参数，交通流分为宏观交通流和微观交通流。宏观交通流描述车流整体在路面上的行驶状况，包含平均流量、平均速度、车流密度等。平均流量是指在单位时间范围内，通过断面或区间的车辆数目，单位时间可按照分钟、小时、天等不同粒度划分。平均速度是指在一定时间段内，车流中的车辆通过断面或者区间的速度平均值，具体分为时间平均速度和空间平均速度。时间平均速度通过多辆车速度的算术平均值计算；空间平均速度通过固定长度区间全部车辆车速分布的平均值计算。此外，平均行驶时间是指车辆在起止点之间行程时间的算术平均值，其中包含停车时间。车流密度通过道路占有率来衡量，分为空间占有率和时间占有率，其中，空间占有率是指在固定长度区间内，车辆占有的总长度与路段总长度之比；时间占有率是指在一定时间范围内，车辆通过某观测断面的累计时间与总观测时间之比。微观交通流通过车头时距和车头间距，描述单个车辆在车流中的运行特性，其中，车头时距为相邻车辆通过某一截面的时间差；车头间距为相邻车辆之间的距离。

交通数据采集子模块组成如图 5-3 所示。行人目标分割与检测、车辆目标分割与检测模块与其他所有子模块平行，被上层模块选择和调用。对于路网部分，在解析交通路网数据时，上层模块选择调用交通路网数据解析、中心工作状态解析、道路状态信息解析、交通流统计数据解析模块。

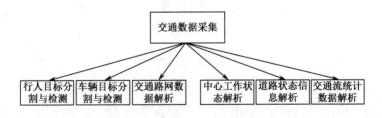

图 5-3　交通数据采集子模块组成

要进行交通数据的采集感知，首先需要进行交通状态识别，我们将交通状态识别视为一个黑盒系统来分析需求。输入的原始数据可以从定点传感器和移动传感器两个途径来获取。定点传感器即架设在道路上的路侧设备，可采集的数据包括所在路口的红绿灯状态、线圈检测器得到的通过断面的交通流量及速度、路面交通图像、雷达数据等。移动传感器跟随交通主体一起移动，可以得到行驶轨迹，包含经纬度、速度、加速度、方向，以及行驶过程中周边环境的图像数据、雷达数据等。终端也可以得到其他交通主体的交通参数。

交通状态识别的主要任务是从原始数据中提取出交通参数，从数据方面可以分为三类，分别为图像识别、雷达数据识别、定位轨迹分析。图像识别的对象包含车辆及行人，主要任务为目标检测、图像分割任务，通过图像识别，我们可以得到目标的运行状态，包含速度、方向等；雷达数据识别结合图像数据，可以得到更加准确的结果；定位轨迹分析在定点检测器布设范围有限的条件下，利用多个路面上交通主体连续定位点构成的轨迹，可以提取出全路网的交通流参数。

目标检测与跟踪如图 5-4 所示。目标检测与跟踪过程是先读取视频及雷达数据，利用目标检测算法对目标进行检测，得到目标标注信息并存储，最终通过目标跟踪算法提取目标轨迹并存储。

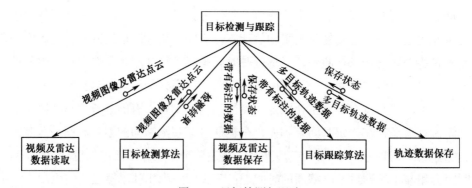

图 5-4　目标检测与跟踪

结构化数据解析如图 5-5 所示。输入特定的数据类别，从检测输入设备获取到结构化数据，并将其保存到相应的持久化存储中。

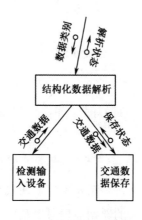

图 5-5　结构化数据解析

轨迹数据解析如图 5-6 所示。首先读取交通路网数据，其次通过轨迹数据清洗将异常轨迹点清除，并通过轨迹校准清洗将轨迹点修正至道路，最后保存轨迹数据。

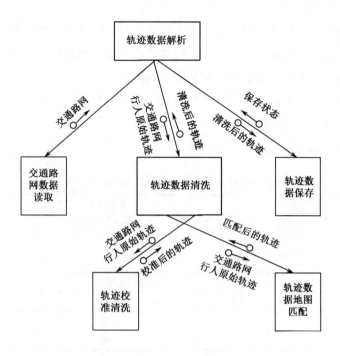

图 5-6　轨迹数据解析

5.3.2　车路协同感知数据融合

在车路协同环境中，多传感器融合感知可以扩展感知能力，优化感知效果，提高感知的可靠性，本节将重点介绍车路协同环境下的多传感器数据融合技术。

在车路协同技术中，交通态势感知与预测及控制策略都是建立在交通信息采集基础之上的，目前国内外学者通过摄像头、地磁、毫米波雷达、V2X 通信等多种传感方式实现对车辆的观测和统计。各种感知手段已经较为成熟，然而单个传感器仍存在固有缺陷，即使有单个传感器的成熟算法，也无法确保在感知中构建最为可靠和稳定的环境。因此采用多传感器协同融合感知的方案，能够提高感知的可靠程度，同类型的多点传感器也能够消除感知盲区。

1．多传感器协同融合感知

多传感器协同融合感知包括多类型传感器的融合感知、同一地点多点同类型传感器的融合感知和多时间尺度的传感器融合感知这三个方面。

1）多类型传感器的融合感知

由表 5-2 可以看出，使用视频数据虽然易于辨别目标类型，但是在检测目标状态和抗干扰能力上不如雷达数据；毫米波雷达数据在求取目标状态上的优势可以弥补视频数据的弱势；激光雷达出色的探测能力与探测精度，也能够更可靠地感知环境。因此采用以视频数据为主导的多传感器融合方式，将雷达信息投射到识别的图像数据上，同时雷达数据提供的候选框也能够增强视频数据的探测能力。

由于雷达探测范围更远，因此雷达检测到的数据有时无法及时用视频进行物体类型检测，对于正在接近检测点的物体，我们可以先进行轨迹跟踪，在视频数据可检测到对应物体后，把该交通体的类型与轨迹相对应，从而扩展感知空间。

表 5-2　多类型数据应用效果对比

数据应用	数据类型		
	视频数据	毫米波雷达数据	激光雷达数据
目标探测	差	差	优
目标识别	优	差	良
精度	差	优	优
探测距离	良	优	良
光照抗干扰	良	优	优
大气抗干扰	差	优	良

2）同一地点多点同类型传感器的融合感知

如图 5-7 所示，同一地点多点同类型传感器虽然在同一观测点能够较好地识别视野范围内的交通参与者，但是在实际场景中，却由于物体相互遮挡而容易形成视野盲区，从而给识别带来困难，且感知的不充分也会带来潜在危险，车路协同环境的多点观测可以较好地解决这一问题。多个传感器彼此配合，进行全域的交通状况观测。

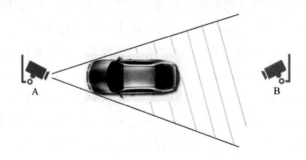

图 5-7　同一地点多点同类型传感器示意图

3）多时间尺度的传感器融合感知

如图 5-8 所示，在一些没有岔路或有极小流量岔路的路段上，虽然传感器没有覆盖全路段的感知范围，但是通过路段两端的过车数据，结合已经过和未经过的车辆信息，就可以在控制中心推算此时的道路车流量，结合过车时间和道路旅行时间，也可以粗略地估计此时的路段车流分布状态，进而对交通信号灯等控制装置进行相应的修改，实现监控范围以外的融合感知。

从感知算法的角度来看，多传感器信息融合技术利用现代计算机技术实现多传感器数据观测和分析，对冗余信息进行排序，并整合互补信息，以不同的感知手段和角度弥补单一感知的不足，进而获得完整、准确、高效的综合信息。

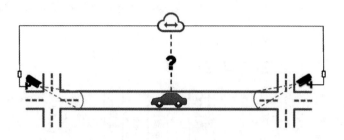

图 5-8　多时间尺度的传感器融合感知

由于车载摄像头和雷达的安装位置以及采集获取的维度信息不同，所以不能将激光雷达、毫米波雷达、车载摄像头这三者数据直接进行融合处理，而是需要先进行预处理，也就是将检测目标在多个传感器的空间位置上相互对应，为此需要建立多个坐标系，分别为激光雷达坐标系、毫米波雷达坐标系、世界坐标系、摄像头坐标系、图像坐标系以及像素坐标系，通过坐标系之间的转化使得三种传感器在空间上彼此对齐。多传感器坐标系转换如图 5-9 所示。

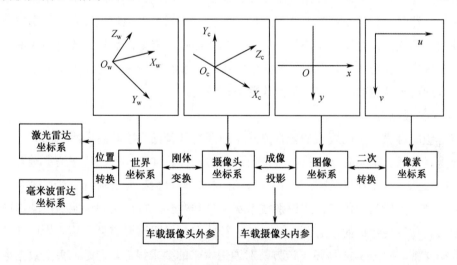

图 5-9　多传感器坐标系转换

2. 多源感知数据融合

多源感知数据融合方法可以根据融合层次的不同分为三个层级，即像素级融合、特征级融合、决策级融合。

1）像素级融合

像素级融合又称为数据层融合，如图 5-10 所示。像素级融合作为最底层的融合方法，主要从传感器获取的原始数据中直接提取特征，并对同一事物的不同特征进行融合。这种方式几乎不处理收集到的同类型数据，而直接对其进行整合研究，保留了更多的初始细节信息。但是过多的信息量会导致系统在计算和处理时占用更多内存且耗时。该方式的实时效果极差，并且由于数据本身具有很大的不稳定性，因此要求处理系统具备很好的容错能力。

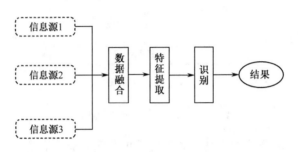

图 5-10　像素级融合

　　像素层常用的融合方法是加权平均法、卡尔曼滤波法、基于金字塔变换的图像融合方法、基于 Ridgelet 变换的图像融合方法等。加权平均法属于最简单直接的信息融合方法，它主要通过对不同传感器提供的数据进行加权平均来得到最后的融合结果，如何选择权值的配比以及具体的计算形式都将视情况而定，这也是该方法的主要难点。卡尔曼滤波法根据测量模型的统计特性进行递归计算。它适用于平稳随机过程，并要求系统具有线性的动态模型，且系统噪声符合高斯分布的白噪声模型，另外还要对错误信息比较敏感。在像素层融合时，传感器接收到的数据间一般存在较大误差，采用卡尔曼滤波法可以有效地减小数据间的误差，从而改善融合效果。

　　2）特征级融合

　　特征级融合属于中间层次的融合方式，但同时具备低层次和高层次的部分优势。它一般分为目标状态信息融合和目标特征信息融合两类。其中，目标状态信息融合适用于对目标的跟踪，主要通过数据配准获取目标的状态与参数；而目标特征信息融合则适用于组合分类，主要基于传统模式识别技术实现分类融合。特征级融合能够自动提取原始数据中具有代表性特征的信息源，并对其进行整合，保留重要信息，从而为后期的决策提供数据支持，如图 5-11 所示。该方法对通信宽带的要求很低，但是，丢失数据会导致相应的准确性降低。

　　特征层常用的融合方法包括聚类分析法、熵法、基于神经网络的算法、K 阶最近邻法以及模糊理论等。聚类分析法的核心思想是根据一定的分类规则，将空间分布的目标划分成确定目标类别的子集。该方法能够对大量数据进行快速提取和分类，并可在特征层融合结构中提高数据特征提取与分类的速度，从而减小融合中心的计算负担，并提高融合的整体性能。熵在物理热力学中表示事物的不确定性程度。当熵最小时，系统的无序程度最低。在特征层融合中，利用该思想对数据进行特征提取有助于提高融合系统中数学建模的速度。基于神经网络的算法是近年来基于神经网络技术不断发展和成熟而建立起来的方法，它利用神经网络的特性，能够较好地解决传感器系统的误差问题。神经网络的基本信息处理单元是神经元。利用不同神经元之间的连接形式选择不同的函数，可以获得不同的学习规则和最终结果，这就丰富了融合算法的多样性。此外，选取的学习数据库间的差异也会导致不同的融合结果产生。模糊理论基于人类的思维模式，根据对客观事物认知的统一特点进行总结、提取、抽象以及概括，最后演变为模糊规则来帮助相应函数进行结果判决。模糊理论可根据具体情况与不同的算法合作，共同解决不确定性的问题。在特征层中，我们需要根据实际情况，选用合适的算法与模糊理论相结合，使其有效提高融合效果。但是模糊理论的难点在于如何构建合理的指标判断规则和隶属函数。

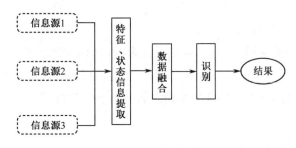

图 5-11　特征级融合

3）决策级融合

决策级融合是图像数据融合的最高层次，该方法要求在每个传感器独立完成检测数据的特征提取和识别任务的同时，整合多个传感器的结果，如图 5-12 所示。它直接面对决策目标，并为最终产生决策结果奠定基础。决策级融合具有灵活性好、抗干扰能力强等特点，即使部分传感器出现故障或失效，仍能给出合理的决策结果。但是该方法会压缩数据，因此进行处理的成本较高，甚至会损失大量细节信息。

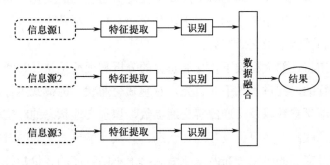

图 5-12　图决策级融合

决策层常用的融合方法包括贝叶斯估计、D-S 证据理论法等。贝叶斯估计的基本思路是首先将每个传感器看作一个贝叶斯估计器，并将每个目标的相关概率分布组合成联合分布函数；其次根据不同的新观测值来更新联合分布似然函数，利用联合分布似然函数的极值完成融合。D-S 证据理论法实际上是广义的贝叶斯推理法，它首先将事物的不确定性描述转换成可用概率分布函数表示的不确定性描述集；其次获得似然函数以描述不同数据对命题结果的支持率，并通过推理获得目标融合结果。该方法的最大优点是能够根据不确定信息的情况，通过信任函数和不信任函数将证据区间分为支持、信任和拒绝三类，并进行快速分类，且在最终的决策层可以很好地进行分类决策以推动最后的结果。

5.4 基于车路协同的交通态势理解及预测

在车路协同的业务应用中，风险监测及预警、交通流监测分析、智能化应急和救援、个性化的出行诱导服务、交通主动管控服务等功能的可靠实现都离不开交通态势的理解和预测，本节将介绍基于车路协同的交通态势理解及预测技术。

5.4.1 交通态势理解及预测分析过程

交通态势理解及预测面向交通系统中的各个参与者，包含人、车、路及中心四个部分，其中人和车是主要部分。态势即状态的变化趋势，故交通态势即交通状态的变化趋势。在传统交通研究中，交通态势理解及预测是指通过指标来对交通状态进行定义。例如，通过道路上车辆的平均通行速度来定义道路在一段时间内的拥堵状况。

交通态势理解及预测分为两个步骤。首先，对交通状态进行理解、分析和描述，我们划分不同的时空单元，在不同的时空尺度下描述交通状态的变化。其次，我们在不同的时空尺度下，定义交通态势指标，用于表征交通态势，再基于先验知识及历史数据分析当前交通态势和预测未来交通态势。

在交通的时空特性的大框架下，交通态势的分析和理解是从其时间序列性、空间分布性两个方面进行的，其过程如下。首先，对感知交通状态的模式进行识别，根据时空分布、个体的运动学参数以及交通流等交通参数，识别交通状态的时空模式，对个体的运动学进行建模，跟踪个体目标及其运动状态。其次，需要对交通的时序及空间变化模式进行分析，通过交通的时空分布及变化情况给出不同粒度的评价指标，进而构建评价体系。交通态势理解将宏观交通态势及其演进过程反馈到全场景态势演进平台中，将自动驾驶需要的目标检测与跟踪、交通态势信息反馈给自动驾驶系统，并通过 V2X 在系统内部实现信息共享。

交通态势理解由交通态势定义、交通态势提取、微观态势演化建模、宏观态势演化建模四个部分组成。交通态势理解首先进行交通态势定义，并从交通状态中提取交通态势，用以构建微观态势演化模型和宏观态势演化模型，如图 5-13 所示。

交通态势预测对未来的交通主体、交通载体状态进行预测，交通态势预测可分为微观态势预测、时空态势预测、交通流态势预测三个部分，其模块组成如图 5-14 所示。

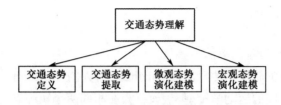

图 5-13　交通态势理解模块组成

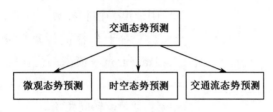

图 5-14　交通态势预测模块组成

交通态势预测基于对交通态势的理解，对未来交通状态变化趋势及其他交通参数，在不同粒度下进行预测。将预测到的交通态势反馈到车辆个体的自动驾驶系统中，可为自动驾驶系统提供个体车辆附近交通主体的交通参数、周边路网的交通状态信息；也可为全场景态势演进平台提供预测数据。交通态势预测如图 5-15 所示。

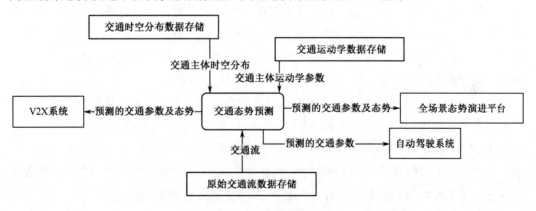

图 5-15　交通态势预测数据流

5.4.2　基于融合感知的交通态势预测模型

基于融合感知的交通态势预测模型可分为轨迹预测模型、交通冲突预警模型及短时交通态势演化分析模型三类。具体的建模方式有多目标多模态轨迹预测模型、基于目标的轨迹预测模型、基于循环神经网络（Recurrent Neural Network，RNN）的模型、条件变分自编码器模型、高斯混合模型（Gaussian Mix Model，GMM）、行人及车辆运动学模型、图神经网络（Graph Neural Network，GNN）模型等，接下来详细介绍。

1. 轨迹预测模型

1）基于目标的轨迹预测算法

本书中基于目标的轨迹预测算法在 Salzmann 等人的 Trajectron++模型的基础上，针对行人和车辆选择不同的运动学模型。假设行人在相邻两个轨迹点之间做匀速直线运动，对于行人的运动学模型，我们选择线性模型，其中速度为控制参数。

对于车辆的运动学模型，我们选用基于 Trajectron++模型的简化的自动驾驶车辆运动学控制模型，如图 5-16 所示，控制参数为车辆的速度 V 及转向角 ϕ。

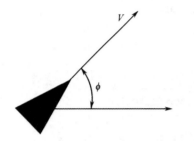

图 5-16　自动驾驶车辆运动学控制模型

车辆控制函数为非线性的，因此我们可以采用扩展卡尔曼滤波，并利用拉格朗日展开的一阶微分代替原控制函数，得到其线性扩展表示。

本书采用 Salzmann 等人基于 C-VAE 的 Trajectron++模型作为基础，构建轨迹预测算法。Trajectron++模型的结构如图 5-17 所示，Trajectron++模型由编码器（左侧）及解码器（右侧）两个部分组成。编码器生成隐变量 Z 的分布函数，进而计算变分隐变量分布之间的 KL 散度。解码器以编码器生成的隐变量的分布函数采样得到的 Z、历史轨迹序列 X、时空不变特征向量 M（场景地图信息等）作为输入，学习得到 $p(Y|Z,X,M)$ 的参数 θ，而后解析得到轨迹。

在图 5-17 中，编码器在训练过程中采用三部分数据，包含结点历史信息、自动驾驶汽车的未来运动规划以及结点未来信息，以此来生成隐变量 Z 的分布 $p(Z|X,M;\theta)$ 以及 $q(Z|Y,X,M;\phi)$。解码器利用变分推断方法生成预测结果 Y 的分布 $p(Y|Z,X,M)$。以 $q(Z|Y,X,M;\phi)$（仅训练过程）或 $p(Z|X,M;\theta)$（验证过程及测试过程）采样的隐含变量 Z 的样本、编码器提取的 X、M 作为输入，以 Y 的分布参数作为输出。

基于各个运动目标轨迹分布的独立性假设，Trajectron++模型考虑了不同类别模型的不同运动特性，例如，车辆速度较快，轨迹趋于平滑，但坐标分布变化幅度较大；行人轨迹较波动，但坐标分布较集中。在 Trajectron++模型中，针对行人和车辆采用了完全分离的两个模型。针对行人模型，在解码器中采用线性运动模型；针对车辆模型，在解码器中采用独轮车运动模型。两个模型分别训练，没有参数共享。唯一有交叉的部分是在通过池化方法提取相邻目标轨迹特征时，互为"邻居"的预测目标会成为对应的空间特征被引入。邻居目标分类算法在 Trajectron++ 模型中的应用如图 5-18 所示。

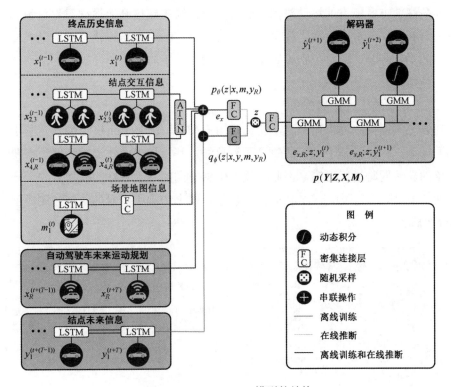

图 5-17 Trajectron++ 模型的结构

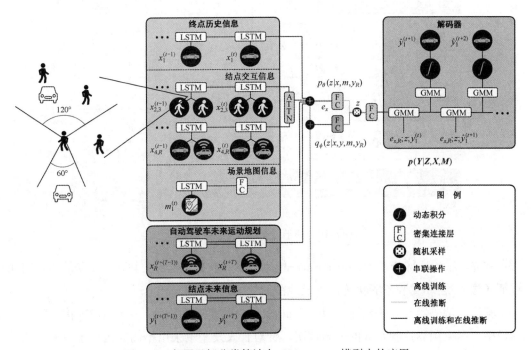

图 5-18 邻居目标分类算法在 Trajectron++ 模型中的应用

行人及车辆在行驶过程中对周围环境的注意力不同。例如，车辆在实际行驶过程中可能更加关注前方及侧方的运动对象。因此在解码器中建模其他运动对象对预测目标的隐含特征分布时，应考虑根据"视角"（超参数）对 Trajectron++模型中的最大池化层进行进一步的类别划分，每个类别设置特定的学习参数矩阵，将不同类别的运动对象的轨迹进行线性组合。

2）基于场景的轨迹预测算法

针对以上不同问题进行建模时，我们采用 GAT 及 Trajectron++模型构建基于场景的轨迹预测模型。相较于基于目标的轨迹预测算法，基于场景的轨迹预测算法需要对各类运动对象的轨迹同时进行建模，因此在模型中将不同的基于目标的模型合并于一个模型中。如图 5-19 所示，类比于 Trajectron++模型，本书中基于场景的轨迹预测模型主要由 3 个部分组成。

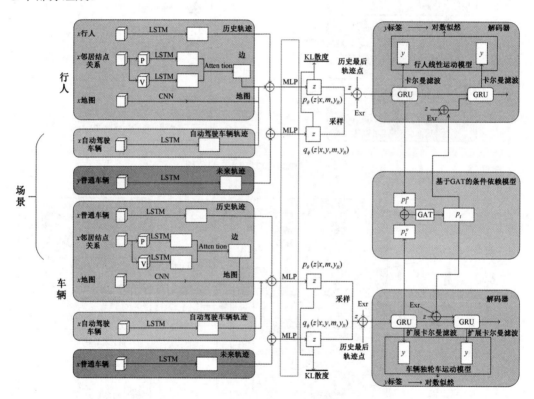

图 5-19　基于场景的轨迹预测模型

首先，编码器部分基于 Trajectron++模型，输入数据包含历史轨迹、未来轨迹、空间特征（边）、自动驾驶车辆轨迹，以及地图的空间特征提取。

其次，解码器部分的设计类似于 Trajectron++模型中的设计，采用 GRU 构建时间序列模型，用来预测控制参数的分布情况，针对行人及车辆采用不同的运动学模型，通过卡尔曼滤波的更新过程输出轨迹坐标的分布参数。

最后，利用 GAT 对于"邻域"运动对象的依赖对场景进行建模。图中 P_t^P、P_t^V 分别表示行人及车辆的"邻域"运动对象在上一个时刻的特征矩阵（不同运动对象特征向量构成的矩阵），这一部分随具体的场景而动态变化：特征矩阵包含的特征向量的数量动态变化；当一个场景内只包含行人时无 P_t^V，只包含车辆时无 P_t^P。不同特征向量之间按照 GAT 中的内积计算加权系数，其中，特征向量有多种不同的构成方式，可以为上一个时刻的轨迹分布及控制参数的采样；或根据真实世界场景，将其替换为轨迹坐标及控制参数的分布参数。

2. 交通冲突预警模型

交通冲突预警模型包括两种模型，分别为基于车辆特征的交通冲突风险分析模型和基于轨迹预测的交通冲突风险分析模型。基于车辆特征的交通冲突风险分析模型分为目标检测、目标特征提取及冲突风险分析与预测 3 个部分。其中目标检测使用 YOLO 算法；目标特征提取使用目标分类神经网络（VGG16）；冲突风险分析与预测则以长短期记忆算法（LSTM）和注意力机制为基本架构进行算法设计，如 5-20 所示。

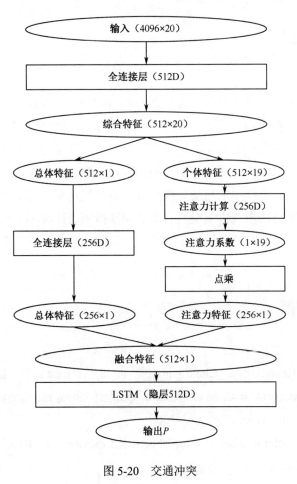

图 5-20　交通冲突

基于轨迹预测的交通冲突风险分析模型采用社群–时空图卷积神经网络（Social-STGCNN），以时空图卷积神经网络作为编码器，以多层次的时空卷积网络（TXP-CNN）作为解码器进行轨迹分析。若轨迹预测得到的目标位置过近，则判断为发生冲突。

3. 短时交通态势演化分析模型

在项目实际应用中，短时交通态势演化分析模型通过交通仿真方法生成数据，通过实地测量统计进行相关参数的标定，最终建立符合实际的、具有实际意义和价值的仿真系统。在实际项目中，针对不同情况下的交通需求进行仿真模拟，获得每个间隔的车流量数据，对车流量变化情况进行研究，根据仿真数据将各路段的车流量按每 5 分钟来划分，采用长短期记忆算法（LSTM）来预测短时交通状态。模型预测包括入场车流量预测和疏散车流量预测。为获取较多样本，提高预测精度，数据测量范围划定为开场前两个小时和离场后两个小时内的交通流变化情况。基于路网结构，对各个路段的车流量数据分别进行预测。

5.5 本章小结

车路协同技术是目前世界交通运输行业的前沿领域和研究应用热点，可向不同用户群体提供多场景多业务应用。其中，各业务场景对通信及网络的要求各不相同，车路协同技术有助于提高道路交通的可靠性、安全性、效率，以及可减少环境污染。

车路协同通过"云—管—端"三层架构实现环境感知、数据融合计算、决策控制。其中，端侧设备在整体系统中的功能和作用可以分为通信类、感知类和功能性基础设施类这三大类。在车路协同系统中，交通目标的精准检测、跟踪和识别是实现交通应用的重要基础。交通态势理解及预测技术在车路协同业务实现中发挥着重要作用。

5.6 参考文献

[1] Salzmann T, Ivanovic B, Chakravarty P, et al. Trajectron++: Dynamically-feasible trajectory forecasting with heterogeneous data[C]//European Conference on Computer Vision. Springer, Cham, 2020: 683-700.

[2] Hochreiter S, Schmidhuber J. Long short-term memory[J]. Neural computation, 1997, 9(8): 1735-1780.

[3]   Chung J, Gulcehre C, Cho K H, et al. Empirical evaluation of gated recurrent neural networks on sequence modeling[J]. arXiv preprint arXiv:1412.3555, 2014.

[4]   张艺, 严翌瑄, 李静. 基于多传感器融合的交通数据采集系统概述[J]. 物联网技术, 2021, 11(2)：15-18.

[5]   赵玲. 多传感器信息融合技术及其应用[J]. 红外, 2021, 42(1)：21-26.

第 6 章

智慧交通云平台

智慧交通云平台是一个以前沿通信技术、大数据技术等为基础的实时、准确、高效的综合管理服务系统，旨在为智慧交通业务应用提供数据高并发接入、融合分析、高精度定位、网络能力开放、边缘计算等基础服务，满足多样化的智慧交通业务应用需求。同时面向政府、行业等用户提供智慧交通监管、决策、调度服务，提升行业管理水平。

6.1 智慧交通云平台系统功能

按照信息的获取方式、传递及使用情况的不同，可以把智慧交通云平台系统划分为3 个主要层次，即基础资源层、数据交互层和业务应用层，如图 6-1 所示。

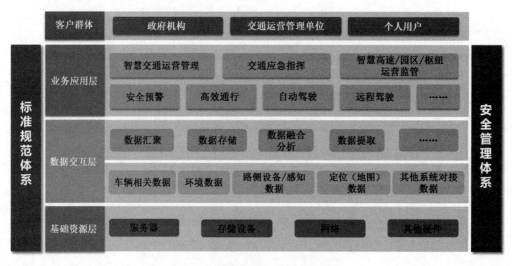

图 6-1　智慧交通云平台功能框架

基础资源层主要为数据的存储管理、计算分析提供基础的软硬件环境；数据交互层主要基于车辆自身和行驶时的状态信息、道路和环境信息、位置信息等进行多维数据的融合分析，建立业务模型；业务应用层主要为政府机构（To G）、行业用户（To B）和个人用户（To C）提供智慧交通业务服务。

6.1.1　基础资源层的主要功能

基础资源层主要为数据的存储管理、计算分析提供基础的硬件环境，以及为各种交通信息的传递建立通信网络。基础资源层要保证获得的交通信息准确可靠，同时保证通信网络能及时、准确地传递交通信息。

交通信息由静态交通信息和动态交通信息组成。静态交通信息是指不随时间变化的道路交通信息，如道路及其附属设施、道路的标志与标线等。道路附近的标志性建筑，如汽车站和火车站等，也是影响局部交通状况的重要因素，这些也要归入静态交通信息。动态交通信息主要是指布设在道路上的交通监测设施所取得的路况信息，包括道路状况、车流量、气象环境、交通事件等。常用的交通状态监测设备主要包括 RSU、摄像头、微波雷达、激光雷达、气象检测设备、红绿灯等。

基础资源层主要通过 5G、C-V2X、有线网络等通信手段与智慧交通基础设施对接，实时采集行车信息、道路状况、天气信息、定位信息等与交通相关的全方位数据，基础资源层数据接入如图 6-2 所示。

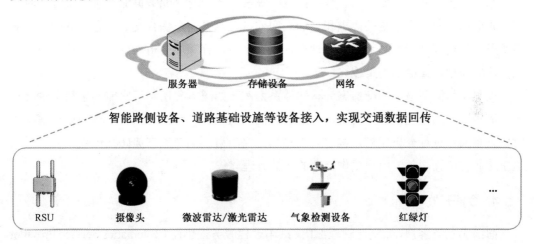

图 6-2　基础资源层数据接入

6.1.2　数据交互层的主要功能

数据是智慧交通系统的核心，如何从海量数据中分析、挖掘所需要的信息和规律，并结合已有经验和数学模型等生成更高层次的决策支持信息,获得各类分析、评价数据,为智慧交通管理提供决策支持,是数据交互层需要完成的任务。

数据交互层的主要功能包括数据汇聚、数据存储、数据融合分析、数据开放、数据安全管理等。

1. 数据汇聚

智慧交通业务数据来自车端和路侧的通信设备、感知设备、气象设备等。面向多源异构数据的汇聚主要是将车辆、RSU、激光雷达、毫米波雷达、摄像头、环境检测设备等多种设备的数据进行汇聚,并根据应用场景对处理时延、传输带宽的具体需求,支持分级、分类的处理功能。

2. 数据存储

数据存储主要包括数据审验、存储管理和数据查询等。数据审验是对数据进行重新审查和校验,删除无效数据,纠正错误数据,保证数据的完整性和正确性;存储管理是通过 Redis、Hbase、HDFS 等多种存储组件,支持数据的多样性使用场景,可以根据实际业务需求进行配置,支持灵活的存储期限和定位清理;数据查询可以提供快速的数据检索功能,为平台用户提供可视化的信息查询。

3. 数据融合分析

基于人工智能、机器学习、数据挖掘等算法技术,对交通数据流、事件进行实时处理,并根据各交通子系统的需求和它们之间的内在联系,在综合交通信息的基础上,对多源渠道、格式不一致的数据进行抽取、集成,并进行深度分析与处理,获得与业务适配的数据模型,并给出决策建议。

以车路协同环境下的交通态势感知体系为例,如图 6-3 所示。它能够采集车辆、行人、道路等交通环境信息,使人们了解当下的交通状况。针对行人、车辆的运动情况和时空分布演化进行分析建模,构建“人—车—路”协同的交通态势感知体系,并基于此给出交通态势预测,为用户提供合理的运营管理建议。

4. 数据开放

面向第三方客户,如交通管理部门、汽车远程服务提供商(Telematics Service Provider,TSP)、图商平台、交通运营公司等,提供大数据开放服务,包括数据的实时查询、历史查询、数据订阅与推送、流量监控等功能。

5. 数据安全管理

对于用户数据,当数据涉及客户隐私或者商业性敏感信息,如手机号、卡号等个人信息时，都需要进行数据脱敏处理，实现敏感隐私数据的可靠保护。对于业务数据，提供漏洞监控、非法进程监控等服务，保证数据不被恶意篡改、盗用，提供数据安全管理和操作系统安全管理功能，对数据库进行基础的安全配置，保证数据库运行安全。对于平台系统，提供加固安全外壳协议、设置控制文件和目录的访问权限、记录操作日志等服务。

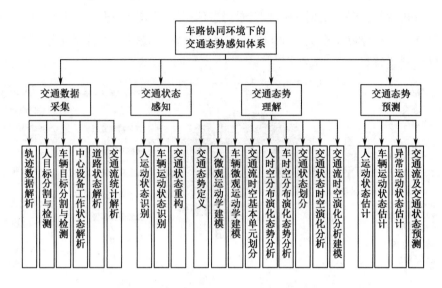

图 6-3　车路协同环境下的交通态势感知体系

6.1.3　业务应用层的主要功能

业务应用层是整个平台的最高层，是系统与出行者和交通管理者实现交互的接口。业务应用层向道路的运营方提供控制方案，向出行者提供路况信息，向交通管理者分配管理任务。同时业务应用层也负责从出行者和交通管理者处接收信息，如交通事故的报警信息、交通管理者提供的路段信息等。业务应用层还可以根据出行者提出的要求来提供最佳的出行方案。通过广播、交通网站、信号灯、诱导大屏等多种方式为出行者提供交通信息，尽可能地保证道路畅通，提高整个交通系统的效率。另外，还可以将实时交通状况、车辆运行状况、交通流量统计、交通突发事件等信息向用户可视化呈现。

1. 智慧交通监管业务平台

智慧交通监管业务平台（见图 6-4）可助力交通运输相关部门实现道路精准监控、交通流量分析、路段环境同步监测、交通事件发布、迅速响应指令的下发和执行等操作，有效规避、减少交通拥堵和事故的发生，保障城市交通的高效顺畅运行。平台通过智能路侧设备对路面积水、路面结冰、雾霾天气、施工维护、隧道实景、车道异物、交通事故等交通路况实施信息采集，再通过 5G、C-V2X 等通信网络技术将信息上传至平台，实现交通总体情况的实时呈现，以便于用户进行分析决策和调度把控。

（1）信息采集：业务平台主要通过各类路侧设备进行实时信息采集，主要包括：高清摄像头实时识别车辆、行人、障碍物；微波雷达感知交通运行状态；路侧设备获取车辆信息及道路基础设施信息；气象检测设备获取温度、湿度、能见度等天气情况。

（2）分析决策：基于实时采集的交通动态信息进行综合分析，实现全域交通运输服务综合监管，维持路网上交通需求与服务能力的平衡，及时处理各类交通事件，制订交通宏观发展战略等。

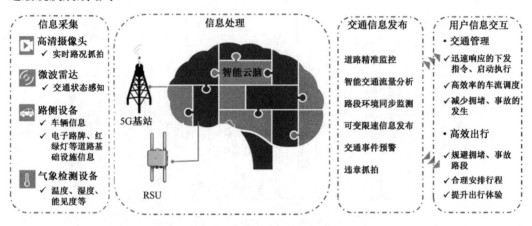

图 6-4　智慧交通监管业务平台

2. 智慧交通运营业务平台

智慧交通业务场景最主要的特点之一就是场景多样化，包括高速公路、城市道路、园区道路、交通枢纽等。针对具体的业务场景，智慧交通运营业务平台需要实现定制化的运营管理能力，如图 6-5 所示。

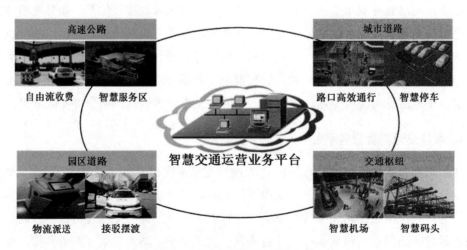

图 6-5　智慧交通运营业务平台

1）高速公路

高速公路包含龙门架、收费站、服务区等特有场景，智慧高速运营平台的主要业务功能包括：基于高速路况监测实现车流统计、交通指引、事件提醒等；收集路网的健康状况、桥梁隧道及路面的信息，提供养护方案；车辆无须减速停车的自由流收费，大幅度提高通行效率；能够提供餐饮、娱乐、加油、维护等服务等。

2）城市道路

城市道路的主要特点是车辆密集、交叉路口繁多。面向城市道路的智慧交通运营业务平台主要通过红绿灯、电子路牌、杆塔资源及智能路侧设备等构建车路协同环境，为车辆提供安全预警、路况提示、高效通行等服务，同时增强城市管理者的交通管控效率，提升其快速响应、协同调度和应急处理的能力，最终提升交通信息的社会化服务能力。

3）园区道路

不同于开放道路，园区道路多为封闭/半封闭环境，交通环境相对简单，通常来说有人员/物资的点对点运输需求。例如，工厂园区道路主要侧重于设备、零部件等物料运输业务；生活社区道路则侧重于人员接驳、流动售货等业务。园区智慧交通管理平台能够实现园区内车辆、人员、物资、设备、基础设施等对象的综合智能管控，帮助园区管理者动态掌握园区交通态势、设备状态、人员流动状况等，实现园区的高效快捷管理。

4）交通枢纽

交通枢纽是集轨道交通、出租车、公共交通、铁路等多种交通方式于一体的立体换乘中心，且旅客流量密集。智慧交通枢纽平台基于交通枢纽的结构、换乘通道、周边交通状况等，建立安全、舒适、快捷的客运环境，提高车流、客流和物流的运转效率，为旅客提供无缝换乘、精准接驳、高效转运等出行便捷的公共服务。服务流程可视化、运营敏捷化和监管数字化，便于运营方提供智能的信息发布和导航指示服务，实现高效协同的管理运营。

3. 智慧交通出行服务平台

出行即服务（Mobility as a Service，MaaS）在多元交通工具（模式）全部整合在统一的服务平台的基础上，运用大数据技术进行资源配置优化、决策，建立无缝衔接的灵活、高效、经济的出行服务。

面向用户的智慧交通出行服务平台（见图 6-6）旨在将公交地铁、自行车、网约车、货车、飞机、火车、客车等交通工具与交通数据整合在一起，提高交通管理者统筹公共交通服务和私营交通服务的能力，用户在一个平台上就可以实现"门到门"无缝衔接，满足市民便捷舒适的出行要求。

智慧交通出行服务平台的主要特点包括以下 4 点。

（1）共享：对乘客而言，他们既是交通服务的受益者，同时也是交通数据的提供者与分享者，并基于数据的挖掘分析使整个出行服务得以优化。

（2）一体化：通过时间、费用、路程等参数，整合多种交通出行方式，完成最优出行方案的动态推荐，并实现支付体系的一体化。

（3）人本：提倡以人为本，主要目标是为民众提供更高效率、更高品质、更具安全的出行服务，以及无缝衔接的出行体验。

（4）绿色：更多地鼓励民众使用公共交通方式出行，提升绿色出行的比例，减少私人机动化的出行，节能减排。

图 6-6　智慧交通出行服务平台

6.2　智慧交通云平台的架构及关键技术

6.2.1　云平台整体架构

智慧交通行业应用种类繁多（见表 6-1），不同的用户对于速率、时延、可靠性等标准存在差异化的需求。例如，面向安全高效出行的辅助驾驶、远程驾驶等业务，对于时延有较高要求；面向交通管控的路网设备管控、行车规划等业务，对于时延的要求有所降低；要完成全局交通流量统计、交通管理规划等，需要大量数据作为支撑，对实时性一般不做过多要求。

表 6-1　智慧交通行业应用种类划分

分类	规划分析等非实时应用	交通监管等弱实时应用	车辆驾驶实时应用
业务场景	驾驶行为与交通事故分析； 道路及交通规划设计； 车险故障分析； 交通动态数据价值提升分析； 全局道路交通态势分析； 车险动态定价分析	智能管控道路设施； 复现交通运行过程； 提升交通动态数据采集质量； 实时感知交通态势； 强化交通指挥调度； 交通诱导，缓解拥堵，降低事故发生可能性	增强车辆感知与提高行驶安全； 提高车辆行驶效率； 降低车辆运行功耗； 协同决策、控制； 自动驾驶； 远程驾驶
云服务	中心云	区域云	边缘云

从业务需求出发，智慧交通云平台可以按照"中心云—区域云—边缘云"的三层架构进行部署，其整体架构如图 6-7 所示。

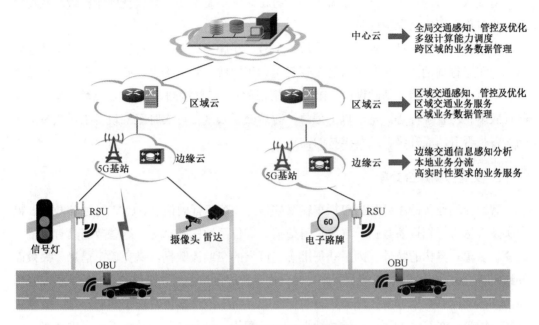

图 6-7 智慧交通云平台整体架构

中心平台主要支撑全网业务，并提供全局管理功能，包括全网业务运营管理、全局交通环境感知及优化、多级计算能力调度、应用多级动态部署、跨区域业务及数据管理等功能。

区域平台主要支撑省/市区域范围内的业务，包括区域业务运营管理、区域交通环境感知及优化、区域数据分析/开放/应用托管、边缘协同计算调度、边缘节点管理等业务，可服务于对时延要求较高的业务场景。

边缘节点主要支撑边缘范围内高实时、高带宽的 V2X 业务，包括边缘范围内边缘数据融合感知、动态全景感知图构建等业务，可服务于高级辅助驾驶和自动驾驶等应用。

6.2.2 云平台核心能力

智慧交通云平台采集车辆信息（车辆自身信息、行驶状态信息、车端感知设备信息、定位信息）及道路环境感知信息（RSU 信息、摄像头和雷达的路况感知数据、气象传感器数据等），并对这些信息进行统一存储、智能分析等管理和应用，基于全方位的数据融合分析，支持多样化的智慧交通业务场景。智慧交通云平台为用户提供车辆及设备认证管理、交通数据融合处理、智慧运营和监管等核心能力。

1. 车辆及设备认证管理

对接入平台的车辆、网络设备等进行身份认证，是实现高效便捷的运营管理及对交通参与对象进行安全保护的基础。

车辆基础信息包括车辆种类、品牌、型号、车牌号、车龄、行驶里程、车主姓名等信息，在运行周期内，平台可通过车辆身份标识完成监管、调度、查询等操作。设备信息主要包括设备类型（基础设施、RSU、感知设备、气象检测设备等）、品牌、型号、软硬件版本、位置坐标等。基于以上信息，智慧交通云平台可实时跟踪设备工作状态，明确设备是否有功能升级、运营维护的需求。

2. 交通数据融合处理

智慧交通业务的主要数据包括车辆基础信息、车辆行驶信息、C-V2X 通信数据、摄像头及雷达等感知设备数据、气象信息数据、定位及地图数据等。这些数据具有海量、时变、多源、异构的特性，为了获得准确、可靠的交通流数据，避免单个信息源失效而导致判断错误，需要建立能够全面满足时效性、智能化和通用性要求的交通数据提取处理能力，包括网联数据与多传感器数据时空对齐、将多维度数据特征空间归一化、数据关联性分析等。在算法方面，采用大数据、人工智能、机器学习等技术手段，构建"车—路"协同环境下全局的算法模型架构，实现交通态势预测，平台基于可靠的数据保障可完成对全域交通环境的实时管控。

3. 智能运营和监管

基于交通数据的融合处理，不同用户可基于自身的实际需求，对数据进行筛选查询，并通过智慧交通云平台，对交通运行状况进行实时跟踪、下发决策建议、推送事件消息等。

政府部门可以调取特定时段内的交通流数据，并基于车流量统计、拥堵次数和时长统计、交通违规事故统计等，对交通状况进行整体调度把控、制定应急预案等；交通管理相关单位可以基于当前的车流统计、道路状况、天气环境等为车辆提供行驶决策，比如为车辆提供最优线路规划，规避拥堵、施工、管制、事故等路段，提升道路通行效率及用户驾驶体验；基于天气、路况、车辆行驶数据以及车辆实时状态等多维度信息，为车辆制定最优车速策略，达到优化车辆工作效率、降低燃料消耗等目的。

另外，对于网络设备和道路基础设施，平台需要监测其工作状态，若有工作异常需要及时反馈，则对处于故障设备覆盖范围内的车辆、人员等发出报警信息，以避免发生危险。

此外，智慧交通云平台在系统组成及通信场景上与传统的系统存在较大差异，需要在通信安全、设备安全、业务安全、数据安全、用户隐私安全等方面保证智慧交通的安全性。

6.2.3 云平台关键技术

面向上述核心能力的实现，智慧交通云平台的关键技术主要包括以下6点。

1. 交通数据接入

（1）与交通相关的政府、企业、事业单位的数据资源：包括城市居民及户籍管理系统数据库、城市规划系统数据库，以及城市管理局、水务局、环保局、气象局等能对交通造成外部条件影响的相应数据库，此外还包括应急救援系统等。

（2）交通管理部门各类业务系统数据库：包括交通管理局及交通运输委员会下辖的出租车管理系统数据库、道路视频监控系统数据库、电子警察设备数据库、交通诱导系统数据库、交通违章及事故处理系统数据库、交通信号控制系统数据库、车牌及驾驶证管理系统数据库、ETC电子不停车收费系统数据库、违法及事故处理系统数据库等。

（3）移动互联网数据信息资源：包括互联网出行平台数据，如滴滴出行、Uber的快车/专车/顺风车的行车轨迹、用户出行路线信息；地图平台数据，如百度、高德的地图数据、实时交通路况信息、实时拥堵报警信息等；以及共享单车系统数据，如青桔、美团等的共享单车相关信息。

（4）车联网数据信息资源：包括车联网监控系统数据库、车辆运行及交互数据库、道路监测数据库、车载终端数据库等。

（5）电信运营商数据：包括用户经纬度信息，用户接入的基站、小区信息，基站、小区的工程参数信息，用户基础信息，用户工作、居住、休闲娱乐所在区域的信息，用户日常运动轨迹等。

2. 交通数据预处理

交通数据预处理主要包括动态交通流数据的有效性检验、缺失数据估计、数据的时间及空间汇集等。以动态交通流数据处理为例，由于固定式车辆检测器受自身工作状态、网络传输状况、道路交通状况及周围环境等不确定性因素的影响，所以其在采集数据时往往存在错误、丢失、时间点漂移、噪声过大等问题。如果对原始数据不加以质量控制而进行直接利用，那么会为数据的进一步分析处理带来潜在的准确性和可靠性风险，造成系统人为干预度较大，但持续性不强、应用领域受限等不良影响。

（1）交通数据抽取：对原始的交通领域多源异构数据进行规范化处理，将所有的结构化交通数据和非结构化交通数据抽取转化为结构化交通数据。

（2）交通数据清洗：过滤不合规的交通数据，删除重复的交通数据，纠正错误数据，完成数据格式转换，并进行数据清洗前后的交通数据一致性检查，保证交通数据结果集的质量,将"无效数据"清洗掉。

3. 多源异构数据融合

实时交通数据往往由不同的途径采集得到,采集来的交通参数的种类和形式均不相同。为了准确可靠地获取特定地点或路段的交通流数据,避免单个信息源失效而导致判断错误,平台利用多源多维交通数据融合技术,为信息平台提供可靠的数据保障。现阶段,比较常用的数据融合方法有表决法、模糊衰退法、贝叶斯汇集技术、BP 神经网络、卡尔曼滤波法、D-S 证据理论等方法。在数据处理过程中,应结合具体的需求指标对指标估计方法等进行评估,不同的指标数据处理模型或算法可能不同。

4. 交通运行状况实时判别

实时、准确的交通运行状况判别是实现城市道路交通状况综合监测功能和交通信息实时发布与诱导功能的关键技术之一,是辅助交通管理者制定拥堵疏导方案、评价道路交通性能的重要基础。同时,交通运行状况实时判别技术对提高道路运行效率、优化交通流在路网空间上的分布、减少出行时间、降低尾气排放有着重要意义。

时间窗口的交通运行状况实时判别方法基于历史交通流数据和实时交通流数据,综合考虑交通流基础数据属性变量的关系,根据不同类型道路交通流运行特点,对交通状况进行合理分类,并进行动态调整,准确判别道路交通流在行人、非机动车、天气等干扰因素影响下的状态,弥补了传统交通运行状况判别算法仅利用单类数据、交通状态分类固定、无法进行实时调整、误判率高的局限性,保证了交通运行状况实时判别的合理性和准确性。

5. 交通运行态势预测

交通运行态势预测是实现智慧交通控制与管理的关键环节,目前的研究成果以交通参数的短时预测为主,如预测 15 分钟时间间隔以内的交通量、行驶速度及行程时间等参数。预测模型的选择与构建是交通参数预测的关键,模型的合理性及可操作性对预测结果的准确性和实时性起决定性作用。现有的交通参数预测模型主要可分为统计模型和人工智能模型两类。其中,统计模型包括支持向量机模型、历史平均模型、卡尔曼滤波模型、时间序列模型等;人工智能模型主要指各类神经网络模型。

6. 交通数据应用发布

交通数据应用发布技术的实现主要依赖:①对各种道路的基本信息及实时采集的动态交通信息进行分析和处理,通过与发布信息知识库进行对比,形成可发布的文字和图形信息;②在系统中建立动态信息分析模型及算法。

从数据流程上来看,对外发布的有效数据信息主要从平台数据库实时获取,然后经过筛选、处理、分类，形成最终的可发布信息，再传递到各种不同的对外接口中。发布数据的对外接口包括交通广播、可变情报板、网站、短信服务系统、交通电视等的接口。系统管理员可以采用非编程方式，自由编辑信息分类和信息条目，以便有效组织信息。同时在显示视频监控设施可用的情况下，对拟发布信息加以验证，以保证发布信息的准确性。

6.3　面向智慧交通的 MEC 云平台

6.3.1　MEC 云平台架构

1. 整体架构

面向智慧交通的 MEC 业务可基于灵活的网络架构实现，总体架构如图 6-8 所示。

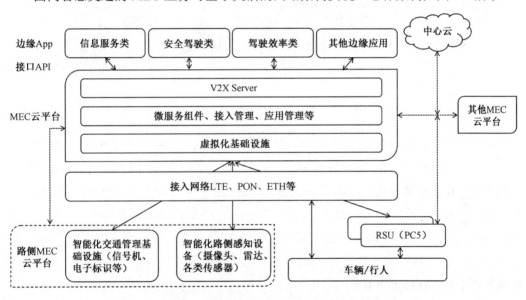

图 6-8　面向智慧交通的 MEC 总体架构

（1）可通过摄像头、雷达、各类传感器等智能化路侧感知设备接入网络或 MEC 云平台，即各类型终端可以选择通过 Uu 接口或 PC5 接口接入 LTE-V2X 网络，进而接入 MEC 云平台，或通过其他合理的接入技术直接接入 MEC 云平台。

（2）可灵活部署 MEC 云平台，即 MEC 云平台可选择部署在 RSU 之后，或部署在 eNB 节点之后，又或部署在其他合理的位置。

（3）可灵活配置网络中 MEC 云平台的层级数目，即网络中可部署多级 MEC 云平台，下级 MEC 云平台可作为上级 MEC 云平台的接入端，且当网络中存在多层级 MEC 云平台时，不限制上下级 MEC 云平台之间的网络连接方式。

（4）MEC 云平台分为三层，第一层包括 V2X Server，第二层包括微服务组件、接入管理、应用管理等，第三层包括虚拟化基础设施。其中，V2X Server 提供统一的 V2X 综合服务及多种其他服务。

2. 部署位置

根据部署位置的不同，MEC 云平台可分为边缘级、区域级和地区级（中心级），如图 6-9 所示。

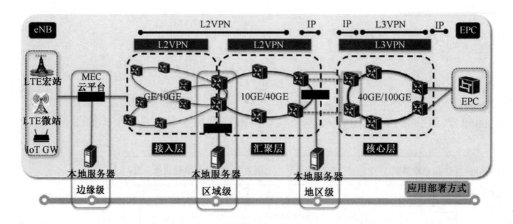

图 6-9　MEC 部署位置

（1）边缘级。当 MEC 部署于基站与回传网络之间时，这种部署贴近基站（宏站、室分站或小型一体化基站），可以部署在站点机房中，也可随 Cloud-BBU 池部署在无线接入机房中。在该部署方式下，MEC 覆盖基站个数较少，对传输的影响较小，回传链路时延最短，比较适合于本地 CASH 和 CDN（Content Delivery Network）类业务。同时这种部署方式的覆盖性能与当前近端的传输相关性较大，需要综合评估覆盖需求与传输状况。在此种场景下，MEC 服务器多采用 L2 组网方式，需要具备 Bypass 能力以保证系统异常时业务不中断，保证高可靠性。

（2）区域级。当 MEC 部署于汇聚层和接入层之间时，需要将 MEC 部署于两层相接的传输设备的用户网络接口（User Network Interface，UNI）中，并将需要进行分流的基站流量疏导经过 MEC。在这种场景下，MEC 可以覆盖 1 个或多个接入层上的基站，并且可以针对层上不同的基站选择性进行分流。这种覆盖方式的覆盖面积较大，时延也较低，但是需要针对待分流基站，在传输设备上配置或者更新虚拟路由转发（Virtual Routing Forwarding，VRF）关系。这类 MEC 比较适用于区域面积相对较大的场馆、厂矿等场景。

（3）地区级。当 MEC 部署于汇聚层和核心层之间时，这种部署方式主要针对大面积分流业务，或者待覆盖范围存在接入层孤岛的情况，这种部署方式与其他两种方式相比时延较高，但是能够解决跨地域传输覆盖的问题。这类 MEC 主要部署在行业性业务或公众性业务中，同时也有利于核心层网络能力的开放。在此种场景下，MEC 服务器多采用 L3 组网方式，需要修改对接网元的传输配置，确保消息能够发送到 MEC 服务器中，当 MEC 服务器不可达时改选其他传输路径。

6.3.2　MEC 云平台关键技术

1. 本地分流

本地分流是实现 5G 网络业务应用本地化、近距离部署等目标的先决条件，也是 MEC 最基本的功能特性之一。MEC 本地分流如图 6-10 所示，其功能可以把一部分业务导向到本地网络（如园区网、企业网等）中，或者分流到 MEC 上部署的应用中，从而极大地缓解核心网的带宽压力，减少传输时延。MEC 上分流功能的发展，将更进一步地适配具体业务场景，以便提供更高效的加速能力，以及更智能的多业务识别能力。此外，要实现多业务适配，还需要更深入地介入移动网络的移动性管理，获取系统的各种参数，并根据业务需要动态调整网络带宽和无线资源。

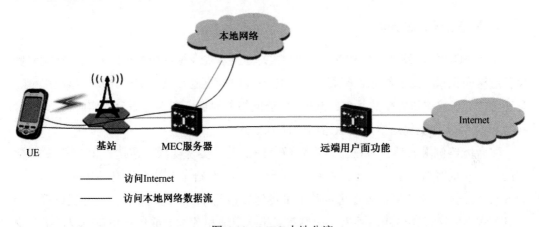

图 6-10　MEC 本地分流

2. 数据缓存和快速访问

MEC 可使业务更加贴近终端用户。在当地机房中部署 MEC 时，访问业务服务器在请求和响应时都不必走主干网络，可以直接从本地获取数据，大大减少了业务访问时延。

例如，将高精度地图、路况信息等数据存储于边缘云服务器上，能够减少访问时延并降低核心网传输的压力。车辆通过 5G、RSU 等通信方式从 MEC 中下载高精度地图，实现路径规划，同时获取实时路况信息，规避施工、事故、管制等路段，提升行驶效率。

数据在缓存时需要根据典型业务场景，以及目前主流的缓存模式（本地 DNS、重定向、透明代理）的工作原理，明确选择合适的缓存模式。

3. 网络信息感知与能力开放

随着通信技术的发展和新需求的不断涌现，网络和应用之间的交互需求也越来越强烈。MEC 在网络边缘的部署为无线网络信息的实时感知和获取提供了便利条件，主要包括无线网络信息、用户面的测量和统计信息、UE 上下文和无线承载信息等，如何通过开放接口将其开放给第三方业务应用，成为优化业务应用、提升用户体验、实现网络和业务深度融合的关键。

3GPP 在 5G 标准中定义了逻辑网元网络开放功能（Network Exposure Function，NEF），用于实现无线网络管道能力开放，包括控制策略能力、网络数据能力、业务功能能力等。由 NEF 进行第三方数据的收集，并统一通过 MEC 云平台完成对应用的能力开放。

基于上述机制，MEC 云平台可以实现网络能力开放和业务能力开放，同时应用也可以发布相关的服务接口，并将这些服务接口提供给网络或其他平台应用，以便更好地利用现有网络资源，为用户提供定制化的服务和通信保障。

6.3.3　MEC 云平台典型应用场景

1. 智慧交通车路协同

基于 5G、智能感知、C-V2X、MEC 等关键技术实现智慧交通车路协同。智能路侧设备对路面积水、路面结冰、雾霾天气、施工维护、隧道实景、车道异物、事故提醒、车速管控交通路况进行信息采集。5G 高性能网络能够保证车端与平台的实时信息交互，并与 C-V2X 实现全局通信与区域通信的优势互补。

将智能路侧融合感知算法部署在边缘 MEC 上，实现视频、雷达、RSU 等多源数据的本地实时处理，再通过 5G 和 C-V2X 将信息下发给车辆，有效支撑车路协同（见图 6-11）。同时，交通管理者还可以基于采集到的路况环境、交通事件、交通流量等各类信息，实现园区道路监测，并为交通参与者推送交通相关消息或出行决策建议，提升交通的整体管理水平和运行效率。

2. 快速精准定位

边缘云 MEC 不仅可以降低端到端传输时延，也能减少网络回传的压力和所需的数据带宽。同时，边缘云 MEC 也可以通过实时获取移动网络信息和更精准的位置信息来提供更加精准的时空服务（见图 6-12）。将时空服务能力部署在边缘计算 MEC 上，利用边缘 MEC 的低时延、本地化特性，可以帮助辅助驾驶车辆、自动驾驶车辆实现快速定位，有效提高定位效率和精度。另外，可将高精度地图信息部署在边缘云上并定期更新，为车辆提供精准定位、轨迹追踪、路径规划等服务。

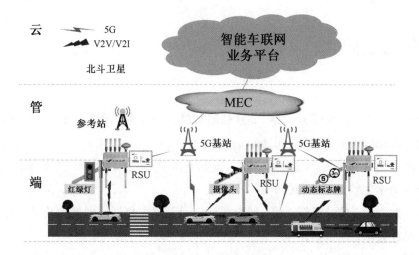

图 6-11　基于 MEC 实现高效车路协同

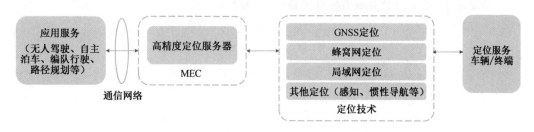

图 6-12　基于 MEC 实现快速精准定位

6.4　本章小结

首先，本章针对智慧交通云平台进行系统功能划分，即基础资源层、数据交互层和业务应用层。基础资源层对接通信网络设备、感知设备、基础设施等，实现多源数据的接入；数据交互层主要负责数据的汇聚、存储、融合分析及开放；业务应用层主要面向政府、行业及个人用户提供智慧交通相关的监管、运营及出行服务。其次，本章根据智慧交通业务的不同需求，阐述了智慧交通云平台的三层部署架构，并从云平台的核心能力出发，重点介绍了云平台的交通数据接入、交通数据预处理、多源异构数据融合、交通运行状况实时判别、交通运行态势预测及交通数据应用发布 6 种关键技术能力。最后，聚焦 MEC 边缘云展开介绍，包括 MEC 的部署位置、关键技术及其在智慧交通领域的典型应用场景。

6.5 参考文献

[1] 于德新，张伟，林赐云，等. 高速公路智能交通信息平台顶层设计与关键技术[M]. 北京：化学工业出版社. 2016.

[2] 中国汽车技术研究中心有限公司·数据资源中心. 智能网联汽车技术[M]. 北京：社会科学文献出版社. 2019.

[3] 徐乐西，栾玉婷，曹越，等. 城市智慧交通管理大数据平台架构及设计探讨[J]. 邮电设计技术，2020(5)：6.

[4] 中国通信标准化协会. 电信网络边缘计算典型应用场景和能力要求：SR 373-2022[S]. 北京：中国通信标准化协会，2022.

第 7 章

车辆高精度定位技术

●●●●●●●●

定位技术是车联网的关键使能技术之一。在车联网应用中，不同的应用场景对定位的要求也不同。例如，辅助驾驶对车的定位精度要求在米级，而自动驾驶业务对定位的精度要求在亚米级。另外，车联网业务也覆盖不同的环境，如开阔道路、地下停车场等。虽然不同的定位技术对定位精度的要求不同，但定位的连续性是车联网安全可靠的必要前提，单一的定位技术无法保证任意环境下的高精度定位，因此需要多种定位手段相辅相成来满足多样化的业务需求，如卫星定位、蜂窝网、感知定位、惯性导航、高精度地图等。

本章旨在研究车辆高精度定位技术，通过分析目前车联网中的定位技术特性及不同应用场景下的定位需求，提出可行的车辆高精度定位系统架构和解决方案，为后续车联网定位技术的标准化及其在智慧交通中的应用提供参考。

7.1 车辆高精度定位需求

定位技术的大规模发展源于全球定位系统（GPS）技术的产生和普及。基于无线网络的定位技术起源于 20 世纪 90 年代中期美国联邦通信委员会（Federal Communications Commission，FCC）提出的"E-911 服务条款"，该条款旨在通过无线网络提供符合要求且准确的定位信息。E-911 服务条款的提出使基于无线通信网络的移动终端定位技术得到了快速发展，其应用范围也不断延伸到人们生活的方方面面。

随着智能化生活需求的不断提升，为满足用户的业务需求，往往需要结合多种无线网络来提供高质量的服务，这也促使无线终端的计算性能得以不断提升。其中，基于位置的服务（Location Based Service，LBS）指的是无线终端利用卫星通信技术、无线蜂窝通信技术、WLAN 等通信网络获取位置信息并为用户提供基于位置信息的个性化服务。

室外场景下的 LBS 应用包括导航追踪、交通管理及旅游服务等。在室外场景下，常用的无线定位技术包括 GPS、辅助 GPS（Assisted GPS，A-GPS），以及基于无线通信蜂窝网络的定位系统，如小区 ID 技术（Cell-ID）。LBS 在室内场景下的应用更加广泛，如商场或超市购物、仓库物品管理等。为满足室内 LBS 定位的性能要求，近年来国内外学者及研究机构利用无线局域网络、射频识别、超宽带、蓝牙等来实现室内移动终端的定位技术，其定位精度达米级，而采用 UWB 技术进行定位可达厘米级精度。LBS 市场的拓展与无线定位技术的发展是相互关联、相互促进的，无线定位技术性能的提高有利于 LBS 服务质量的提升，而 LBS 应用的拓展将进一步加大无线定位技术研究点的深度与研究面的广度。

7.1.1 市场需求分析

高精度定位硬件、软件及位置校正服务是自动驾驶汽车的核心使能要素。在恶劣天气、重复场景、非视距场景和车载传感器不稳定的情况下，高精度定位在自动驾驶中起决定性作用。经调查，我们得到车企对高精度定位的需求如表 7-1 所示。

表 7-1 车企对高精度定位的需求

车企	车企一	车企二	车企三	车企四	车企五	车企六	车企七
自动驾驶何时需要高精度地图	L3 级及以上	L4 级及以上	L3 级及以上	L3 级及以上	L3 级至 L4 级	L3 级及以上	L3 级及以上
自动驾驶预计产业化运用时间	2020 年	2020 年	2021 年	2021 年以后	—	2020 年 6 月前	2020 年
辅助驾驶定位精度要求	<1m	偏转后 1.5m 内	<50cm	<50cm	1m 左右	<1m	1m 左右
自动驾驶定位精度要求	<10cm	<10cm	<20cm	<20cm	<20cm	<10cm	<10cm

目前，ADAS 功能的普及度越来越高，逐渐成为传统汽车的标配，而自动驾驶汽车的量产计划预计也会在未来 3～5 年内实现。高精度定位服务在汽车行业中具有非常广阔的应用前景。

2018 年，中国汽车的产量和销量分别为 2781 万辆和 2808 万辆，其中乘用车共销售 2251 万辆，汽车保有量超 2.4 亿辆。2017 年，我国卫星导航与位置服务市场规模达到 2620 亿元。巨大的汽车市场为车联网的发展奠定了坚实的基础。目前高精度导航设备的成本在 3 万元左右。然而，在星地基增强系统一体化建成及导航终端芯片化集成后，高精度导航设备技术方案必然会明显简化，当其形成明显的规模优势后，成本将降到汽车市场认可的量产价格。

7.1.2　业务场景及定位指标要求

车联网主要涉及三大业务应用，包括交通安全、交通效率和信息服务，对于不同业务应用，有不同的定位性能指标要求。同时，车辆作为移动的实体会经历不同的应用场景，包括高速公路、城市道路、封闭园区及地下车库等。不同的应用场景，对定位技术的要求也各不相同。交通安全类业务的典型场景包括紧急制动预警、交叉路口碰撞预警等；交通效率类业务的典型场景包括车速引导、前方拥堵预警等；信息服务类业务的典型场景包括汽车近场支付、动态地图下载等。车联网业务对不同场景的定位精度要求如表 7-2 所示。

表 7-2　不同场景的定位精度要求

应用场景	典型场景	通信方式	定位精度（m）
交通安全	紧急制动预警	V2V	≤1.5
	交叉路口碰撞预警	V2V，V2I	≤1.5
	路面异常预警	V2I	≤5
	自动驾驶	V2V，V2N	≤1
	远程驾驶	V2N	≤1
交通效率	车速引导	V2I	≤5
	前方拥堵预警	V2V，V2I，V2N	≤5
	紧急车辆让行	V2V	≤5
	错误行车警告	V2I	≤5
信息服务	汽车近场支付	V2I，V2V	1～3
	动态地图下载	V2N	≤10
	Ecall	V2N	≤10
	泊车引导	V2V，V2P，V2I	≤2

同时，自动驾驶作为车联网的典型应用已经逐步渗透到人们的生活中，包括封闭园区或半封闭园区的无人摆渡、无人清扫、无人派送，以及矿区的无人采矿、无人运输等。高精度定位是实现无人驾驶或远程驾驶的基本前提，因此对定位性能的要求也非常严苛，其中 L4/L5 级自动驾驶汽车定位系统指标要求如表 7-3 所示。

表 7-3　L4/L5 级自动驾驶汽车定位系统指标要求

项目	指标	理想值
位置精度	误差均值	＜10cm
位置鲁棒性	最大误差	＜30cm
姿态精度	误差均值	＜0.5 度
姿态鲁棒性	最大误差	＜2.0 度
场景	覆盖场景	全天候

7.2 基于 5G 网络的车辆高精度定位系统架构

根据定位解算执行策略的不同，高精度定位系统架构可分为两种，分别为终端侧定位系统架构和网络侧定位系统架构。

7.2.1 终端侧定位系统架构

终端侧定位系统架构包括终端层、网络层、平台层和应用层，如图 7-1 所示。终端层实现多源数据融合（包含 GNSS 数据、传感器数据、惯性导航数据等），以满足不同业务和场景的定位需求。网络层为终端提供可靠的数据传输，包含 5G 基站、RTK 基站和 RSU。平台层为车辆提供定位功能，包含差分测量信息收集、改正数下发、高精度地图数据库、定位数据管理、位置能力开放等。应用层可提供辅助安全、车道级导航、交通效率和自动驾驶等服务。终端侧定位的信令处理过程如图 7-2 所示。

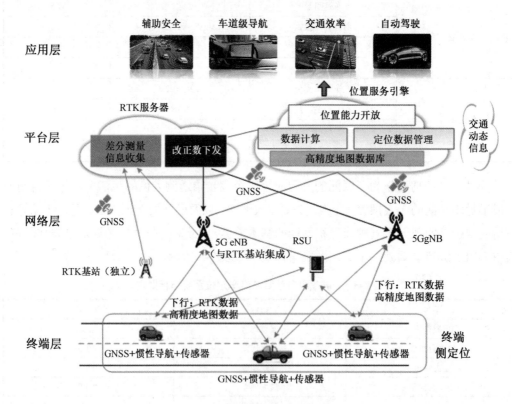

图 7-1 终端侧定位系统架构

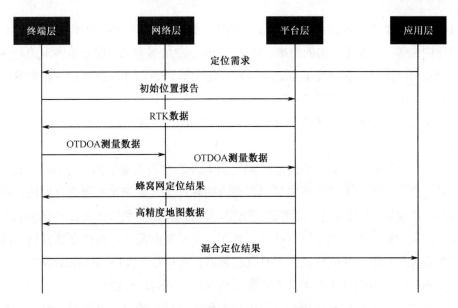

图 7-2　终端侧定位的信令处理过程

终端侧定位系统架构中每一层的功能如下。

1. 终端层

为了满足不同环境下车辆的高精度定位需求，需要在终端层采用多源数据混合的定位方案，包括基于差分数据的 GNSS 定位数据、惯性导航数据、传感器数据、高精度地图数据等。

2. 网络层

网络层主要实现信号测量和信息传输，包括 5G 基站、RTK 基站和 RSU 的部署。5G 作为新一代通信技术，可以保证较高的数据传输速率，满足高精度地图数据实时传输的需求。5G 基站也可完成与终端的信号测量，上报平台完成基于 5G 信号的定位，辅助车辆进行高精度定位。基于 5G 边缘计算，可实现高精度地图数据信息的实时更新，提升高精度地图的实时性和准确性。

地基增强站主要完成 RTK 测量，地基增强站可以与运营商基站共建，大大降低网络部署成本及运维成本。同时可通过 5G 网络实现 RTK 基站测量数据的传输，实现参考站快速灵活部署。

RSU 一方面可实现 RTK 信息播发，避免传统的 RTK 定位中终端初始位置的上报，另一方面可提供局部道路车道级地图和实时动态交通信息广播服务。

3. 平台层

平台层可实现功能模块化，主要包括以下模块。

（1）高精度地图数据库。包含静态高精度地图数据信息，如车道线、车道中心线、车道属性变化等；还包含道路的曲率、坡度、航向、横坡等参数，能让车辆准确地转向、制动、爬坡等；此外还包含交通标志牌、路面标志等道路部件，能够标注出特殊的点，如 GNSS 消失的区域、道路施工状态等。

（2）交通动态信息。如道路拥堵情况、施工情况、交通事故、交通管制、天气情况等动态交通信息。

（3）差分测量信息收集。平台通过 RTK 基站不断接收卫星数据，对电离层误差、对流层误差、轨道误差及多路径效应等误差在内的各种主要系统误差源进行优化分析，建立整网的电离层延迟、对流层延迟等误差模型，并将优化后的空间误差发送给移动车辆。

（4）定位数据管理。如全国行政区划数据、矢量地图数据、基础交通数据、动态应急救援车辆位置数据、导航数据、实时交通数据、兴趣点（Point of Interest，POI）数据等，这里的数据是指通过数据生产工艺进行整合编译后的运行数据。

（5）数据计算。包括路径规划、地图静态数据计算、动态实时数据计算、大数据分析、数据管理等功能。

4. 应用层

在客户端，应用层可以为用户提供地图浏览、规划路线显示、数据监控、数据管理，以及基于位置的其他车联网业务，如辅助安全、自动驾驶等。

7.2.2　网络侧定位系统架构

网络侧定位是指通过网络层收集道路侧和终端侧的所有信息从而完成定位计算，其系统架构如图 7-3 所示。网络层主要用于 GNSS、5G 基站、路侧设备等定位信息的传输。终端层主要用于测量报告和定位结果的接收，其中，定位结果可通过 eNB、gNB、RSU 传输到终端。

与图 7-1 相比，网络侧定位的融合算法部署在网络层上，通过 MEC 实现快速计算。此外，典型的网络侧定位针对的是弱势道路使用者（Vulnerable Road User，VRU）和交通监管场景。网络侧定位的融合算法降低了终端的复杂性，适用于智慧交通中行人和非机动车的高精度定位。网络侧定位的信令处理过程如图 7-4 所示。

网络侧定位系统架构中每一层的功能如下。

1. 终端层

为了完成平台上的位置计算，终端需要向平台发送测量数据，包括 GNSS 数据、传感器数据和惯性导航数据。

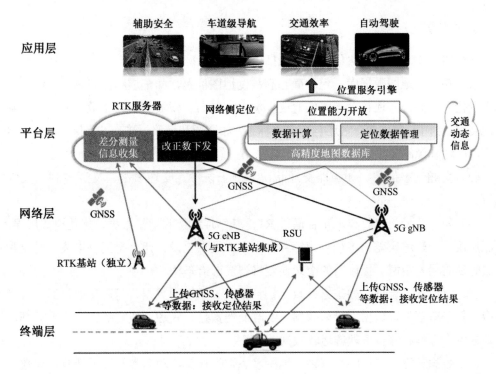

图 7-3　网络侧定位系统架构

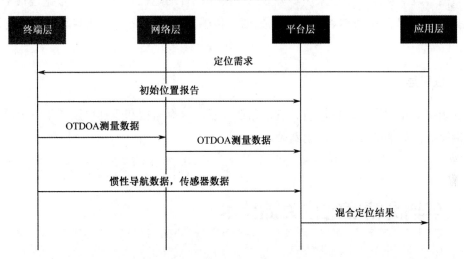

图 7-4　网络侧定位的信令处理过程

2. 网络层

网络层主要实现信号测量和信息传输，包括部署 5G 基站、RTK 基站和 RSU。5G 作为新一代通信技术，保证了高数据传输速率，满足了高精度地图数据实时传输的要求。5G 基站也可以通过终端和报告平台完成信号测量。平台基于 5G 信号计算定位值，辅助车辆进行高精度定位。

3. 平台层

平台层可实现功能模块化，主要包括以下模块。

（1）高精度地图数据库。包含静态高精度地图信息，如车道线、车道中心线、车道属性变化等。此外，还包含道路的弯度、坡度、航向、横坡等道路参数，使车辆能够准确地转弯、刹车、爬坡等。它还包含道路标志，如交通和道路标志，以及特定点，如 GPS 消失的区域和道路建设状态。

（2）交通动态信息。如道路交通状况、施工条件、交通事故、交通控制、天气状况等。

（3）差分测量信息收集。平台通过 RTK 基站连续接收卫星数据，优化电离层误差、对流层误差、轨道误差、多径效应等各种主要系统误差源，建立全网络电离层时延和对流层时延的误差模型。优化后的空间误差将被发送给车辆。

（4）定位数据管理。如国家行政区划数据、矢量地图数据、基础交通数据、海量动态应急救援车辆位置数据、导航数据、实时交通数据、兴趣点数据等。这些数据都是经过数据生产过程和综合整理的运行数据。

（5）数据计算。包括路径规划、地图静态数据计算、动态实时数据计算、大数据分析、数据管理等功能。平台采用多源数据在终端混合的定位方案，多源数据包括基于差分数据的 GNSS 定位数据、惯性导航数据、传感器数据、高精度地图数据、蜂窝网数据等。

4. 应用层

应用层为用户提供地图浏览、规划路线显示、数据监视和管理以及基于位置的其他车联网服务，如辅助安全和自动驾驶。

7.3　车辆高精度定位关键技术

由于场景及定位性能的需求不同，车辆定位方案多种多样。在大多数车联网应用场景中，通常需要通过多种技术融合来实现精准定位，包括 GNSS、无线电（如蜂窝网、局域网等）、惯性测量单元（Inertial Measurement Unit，IMU）、传感器及高精度地图。其中，GNSS 或其差分补偿（RTK）是最基本的定位方法。考虑到 GNSS 技术在遮挡场景、隧道及室内场景中使用时不稳定（或不可用），因此其应用场景局限于室外环境。基于传感器的定位是车辆定位的另一种常见方法，然而高成本和对环境的敏感性也限制了其应用前景。通常，GNSS 或传感器等单一技术难以满足现实复杂环境中车辆高精度定位的要求，无法保证车联网定位的稳定性，因此会联合其他辅助方法，如惯性测量单元、高精度地图等，以满足高精度定位的需求。

7.3.1　卫星定位技术

GNSS 是能在地球表面或近地空间的任何地点为用户提供全天候的三维坐标、速度及时间信息的空基无线电导航定位系统，包括美国的 GPS、俄罗斯的 GLONASS、欧洲的 GALILEO 和中国的北斗系统。

高精度 GNSS 增强技术通过地面差分基准参考站进行卫星观测，形成差分改正数，再通过数据通信链路将差分改正数播发到流动测量站中，流动测量站根据收到的差分改正数进行定位。

1. 高精度 GNSS 差分改正数通过蜂窝网向用户面播发

差分改正数的用户面播发是基于通过互联网进行 RTCM 网络传输协议（Networked Transport of RTCM via Internet Protocol，NTRIP）、国际海运事业无线电技术委员会（Radio Technical Commission for Maritime，RTCM）制定的协议等实现的单播传输方法。高精度 GNSS 差分改正数通过蜂窝网用户面播发的实现步骤如图 7-5 所示。

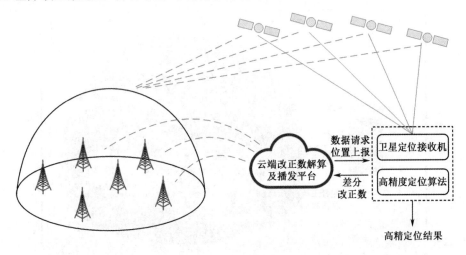

图 7-5　高精度 GNSS 差分改正数通过蜂窝网用户面播发的实现步骤

（1）由地面基准参考站观测卫星数据，将原始卫星观测值传输至云端改正数解算及播发平台。

（2）云端改正数解算及播发平台收到原始卫星观测值后进行实时组网建模解算，形成区域网格化差分改正数。

（3）终端流动站发起高精度改正数请求，并上报当前卫星定位取得的初始位置。

（4）云端改正数解算及播发平台根据终端位置匹配相应差分改正数，通过蜂窝网用户面（互联网）下发至终端。

（5）终端设备根据自身的卫星观测值及接收到的差分改正数进行高精度定位。

在这种播发方式中，移动通信网络仅作为数据通路，差分改正数与单个蜂窝不产生直接关联关系。

2. 高精度 GNSS 差分改正数通过蜂窝网向控制面播发

为了应对不同场景，将高精度 GNSS 引入移动通信网络控制面，支持差分改正数的单播及广播，基于移动通信网络的高精度 GNSS 定位原理如图 7-6 所示，其具体的实现步骤如下。

（1）运营商定位服务器可以从参考站获得观测值，该参考站可以为第三方参考站，也可以为基于蜂窝网中基站进行改造升级的参考站。

（2）在一个小区内，基站的位置可以看作用户的概略位置，运营商定位服务器可以通过部署或者基站上报的方式获得基站的位置信息。

（3）运营商定位服务器基于获得的基站位置信息及参考站的测量值，进行建模并产生差分改正数，根据应用场景的不同，以单播或广播的形式发送给终端。

（4）终端获取差分改正数后进行定位解算。

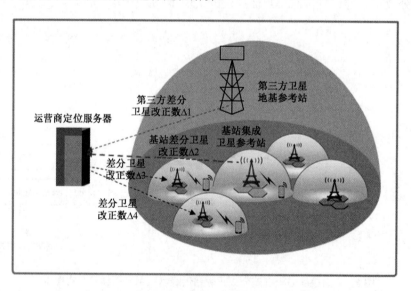

图 7-6　基于移动通信网络的高精度 GNSS 定位原理

高精度 GNSS 在移动通信网络中主要涉及的网元有 UE、eNB、移动管理节点（Mobility Management Entity，MME），以及演进的服务移动位置中心（Evolved Serving Mobile Location Center，E-SMLC）。在单播时，高精度 GNSS 主要涉及 UE 与 E-SMLC 网元。在广播时，定位服务器通过与基站的 LTE 定位附加协议（LTE Positioning Protocol

A，LPPa）将数据发送给基站。

对于高精度 GNSS 在车联网中的应用，我们有 3 点考虑。

（1）可用性。车联网的主要应用场景大多涉及交通效率和交通安全，高精度定位的可用性是至关重要的核心指标。可用性对于基准参考站网的建设、运营、维护，后台数据中心的实时解算能力、服务稳定性，以及通信链路的质量和覆盖率都有较高的要求。

（2）一致性。考虑到车联网的大规模应用必须基于良好的互联互通，并且各接入车联网应用的终端在位置数据上需要统一基准，因此高精度 GNSS 改正数在生成和播发时也需要考虑到数据的一致性。数据不一致主要是由基准点坐标框架不一致、差分基准参考站的基准点坐标不精确或差分改正数解算方法不同造成的。由此，不建议差分基准参考站独立负责该站点周边的差分信息覆盖，而是进行云端组网解算，消除站与站之间及不同数据解算方法之间的差异，并适当考虑进行冗余的基准参考站备份，防止终端定位过程中匹配参考站不一致、运营商不一致等因素带来的定位数据偏差。

（3）合规性。根据相关测绘法规，实时差分服务数据属于受控管理数据，需要采取用户审核注册的方式提供服务。其中，提供优于 1 米精度服务的基准站数据中心管理部门在审核注册后，应向省级以上测绘地理信息行政主管部门报备用户及使用目的等信息，且针对全国范围服务的服务提供商，必须具有大地测量子项"全球导航卫星系统连续运行基准站网位置数据服务"甲级资质。

基于法规考虑，高精度 GNSS 改正数在使用单播方式进行播发时将主要考虑传播链路上各数据商的资质；在使用广播方式进行播发时将关注如何对数据使用者进行管控。

7.3.2 蜂窝网定位技术

蜂窝网对于提高定位性能至关重要，尤其是伴随着 5G 时代的到来，5G 的大带宽、低时延、高可靠的网络性能可支撑 RTK 数据和传感器数据的传输，以及高精度地图的下载和更新等，另外，基于 5G 信号的定位也为车辆高精度定位提供了强有力的支撑。

蜂窝网定位基本流程如图 7-7 所示。一般来说，定位基本过程如下。首先，由定位客户端（LCS Client）发送定位请求给定位服务器；其次，定位服务器（LCS Server）通过配置无线接入节点（RAN Nodes）进行定位目标的测量，或者通过其他手段从定位目标（LCS Target）处获得位置相关信息；最后，计算得出位置信息并和坐标匹配。需要指出的是，定位客户端和定位目标可以合设，即定位目标本身可以发起针对自己的定位请求，也可以由外部发起针对某个定位目标的请求，也就是说定位目标位置的计算可以由定位目标自身完成，也可以由定位服务器计算得出。

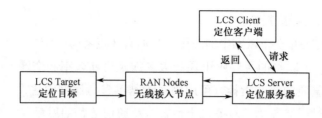

图 7-7 蜂窝网定位基本流程

E-UTRAN 的定位架构如图 7-8 所示，方框代表参与定位的功能实体，连接线代表实体间的通信接口及相关协议。

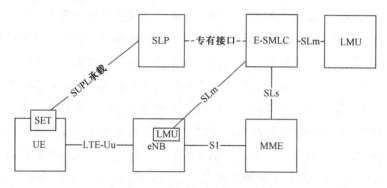

图 7-8 E-UTRAN 的定位架构

（1）E-SMLC：即演进的服务移动位置中心，通常被认为是控制面的定位服务器，可以是逻辑单元或者实体单元，支持 UE-based（基于 UE）和 UE-assisted（辅助 UE）的定位方法，可以提供辅助数据、接收测量结果及进行定位计算等功能。

（2）MME：即移动管理节点，主要负责控制面的定位请求，MME 可以接受其他实体的请求，或者自己发起定位请求。

（3）LMU：即定位测量单元，和 E-SMLC 交互测量信息，常用于上行定位测量，且常与 eNB 合设。

（4）SLP：即 SUPL 定位平台，通常被认为是用户面定位服务器，SUPL（Secure User Plane）定位信息通过 SUPL 定位平台在用户面进行交互和传输。

（5）SET：即用户面的定位目标。

（6）eNB：即演进型基站，用于发送测量结果，对目标 UE 进行测量并发送测量数据给服务器。

（7）UE：即用户设备，用于传输上行定位信号，或者做下行定位参考信号的测量，以及发送测量报告。

UE 与 E-SMLC 实体间信令通过 LTE 定位协议（LTE Positioning Protocol，LPP）通信，eNB 与 E-SMLC 实体间信令通过 LPPa 通信。

基于 4G 的蜂窝网定位受信号带宽、信号同步及网络部署的影响，定位精度一般在几十米左右，而随着 5G 时代的到来，在大带宽、多天线及高精度同步等技术的支撑下，

5G 的定位精度大大提高，目前在仿真/测试场景下，室内定位可达 2～3 米精度，可在室内及隧道环境下弥补卫星定位的不足。

7.3.3　基于 C-V2X 直连通信的定位技术

PC5 接口可以实现 C-V2X 通信链路两端的直连通信，在 PC5 接口中，侧向链路（Sidelink）允许两个设备之间直接通信，而不需要经过基站。由于网络基础设施不涉及用户平面的数据传输，因此 Sidelink 通信可以有效地降低数据包传输延迟。

Sidelink 定位由 Sidelink 定位配置、定位参考信号（Sidelink Positioning Reference Signal，S-PRS）传输测量、位置计算三部分组成。在 Uu 链路定位中，考虑了 UE-based（基于 UE）和 UE-assisted（辅助 UE）的定位架构。首先，将 Sidelink 定位与 Uu 链路定位区别开来，S-PRS 通过 Sidelink 接口在终端之间进行数据传输和数据测量。其次，Sidelink 定位调度和配置可以由参与 Sidelink 定位过程的网络（或位置服务器）或终端本身控制。将定位可控性应用于基于联合导航系统和由联合导航系统辅助的定位体系结构中，可以考虑 4 种 Sidelink 定位体系结构，其既可以应用于绝对 Sidelink 定位，也可以应用于相对 Sidelink 定位。

1. 终端侧的 Sidelink 定位架构

目标 UE 需要知道自身的位置，锚定 UE 作为终端或 RSU 参与 Sidelink 定位，通过发送、接收 S-PRS 并进行相关测量等方式帮助目标 UE 获取自身位置。在该体系结构中，所有 Sidelink 定位操作都由参与 Sidelink 定位过程的目标 UE 或锚定 UE 来完成，如图 7-9（a）所示。终端形成一种 Sidelink 定位组，根据终端测量结果发送、接收 S-PRS，计算目标 UE 位置。Sidelink 定位过程既不涉及 Uu 链路，也不涉及基于网络的位置服务器。这是一种基于定位组的全分布式定位，由车辆、VRU 和 RSU 组成。在这种体系结构的一个使用场景中，锚定 UE（如 RSU）可以充当位置服务器的角色，由道路操作员操作。

2. 网络侧的 Sidelink 定位架构

网络侧的 Sidelink 定位架构与终端侧的 Sidelink 定位架构的主要区别在于，最终的定位计算是由网络或位置服务器完成的。网络侧的 Sidelink 定位架构如图 7-9（b）所示，S-PRS 的发送、接收和测量由 Sidelink 定位组终端完成。但是，参考信号时差（Reference Signal Time Difference，RSTD）、出发角、到达角等定位测量数据被报告给网络后，目标 UE 的最终位置由网络或定位服务器计算。这种架构的优点是将位置计算转移到网络端，并基于网络端强大的处理能力实现超精度和更快的位置计算，其缺点是增加了获取 UE 位置的延迟。

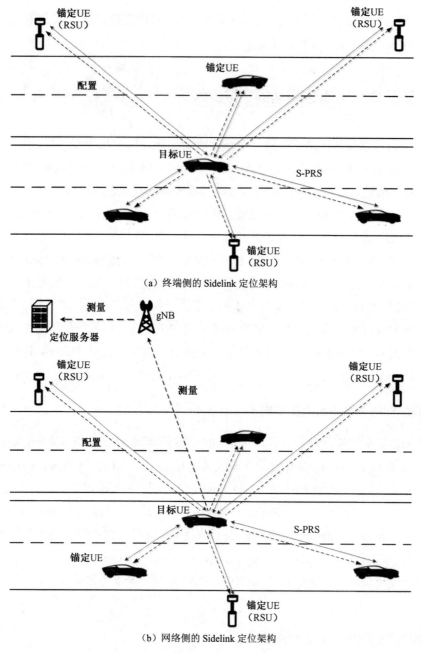

（a）终端侧的 Sidelink 定位架构

（b）网络侧的 Sidelink 定位架构

图 7-9 两种 Sidelink 定位架构

7.3.4 车载传感与高精度地图定位技术

应用于自动驾驶领域的高精度地图相较于传统地图提供了更加丰富的语义信息，除了包含车道模型参数，如车道线、坡度、曲率、航向、车道属性、连通关系等，还包含大量定位对象，即路面、道路两侧或道路上方的各种静态物体，如马路牙、栅栏、交通标牌、交通灯、电线杆、龙门架等，这些元素均包含精确的位置信息，通过激光雷达（LiDAR）、车载摄像头和毫米波雷达可识别出地图上的各类静态地物，然后将这些对象与地图上存储的对象进行匹配，匹配成功后，通过相对姿态和位置关系，即可得到车辆自身的精确位置和姿态，实现无 GPS 条件下的自定位，如图 7-10 所示。

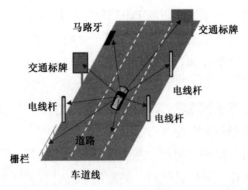

图 7-10　基于语义级的高精度地图匹配定位对象

基于语义级的高精度地图匹配定位原理为采用惯性递推或航位推算获取定位预测值，再通过地图匹配定位与 GNSS 高精度定位，利用融合滤波对预测结果进行校正，从而获得精确定位信息，具体流程如图 7-11 所示。

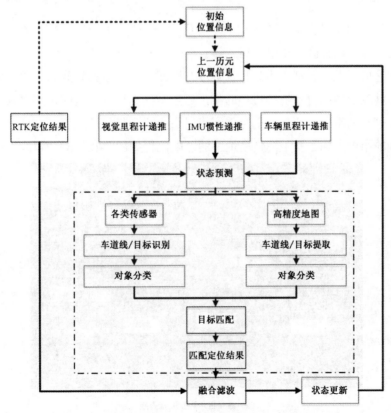

图 7-11　基于语义级的高精度地图匹配定位流程

（1）车身各类传感器（激光雷达、毫米波雷达、车载摄像头）通过标定和授时进行时间同步与空间同步。

（2）使用 RTK 及 IMU 提供初始位置、速度、姿态信息。

（3）在上一历元的状态下，通过视觉里程计递推、IMU 惯性递推、车辆里程计递推，进行下一历元的状态预测（通常情况下取 IMU 惯性递推的输出时间间隔为一历元）。

（4）根据当前预测位置，由高精度地图提取车身周围的高精度地图语义信息，包括车道线、马路牙、栅栏、交通标牌、交通灯、电线杆、龙门架等对象信息，并按目标类别进行分类。

（5）各类传感器结合车辆预测状态，进行车道线/目标识别，并进行对象分类。

（6）通过分类对象进行目标匹配。

（7）目标匹配完成后，根据高精度地图中存储的对象位置、姿态信息，结合传感器测距、测姿结果，反向计算车辆位置信息、姿态信息，并获得匹配定位结果。

（8）将 RTK 定位结果、匹配定位结果及车辆预测状态进行融合滤波，获得最终定位状态，并进行状态更新。

各类传感器的匹配对象及流程如下。

1. 激光雷达

激光雷达识别要素类别如图 7-12（a）所示，主要包括杆、交通标识、栅栏、马路牙、可通行路面、非可通行区、车辆、树木等。

激光雷达的匹配主要基于点云特征提取与匹配。将雷达扫描到的周边环境的点云特征数据与高精度地图的对象特征进行匹配，通过多次迭代使得匹配位点收敛，得到最优结果。若环境不发生较大变化，则总能在点云图中找到最佳匹配位点，该位点对应的坐标即为车辆的相对坐标，基于高精度地图的匹配流程如图 7-12（b）所示。

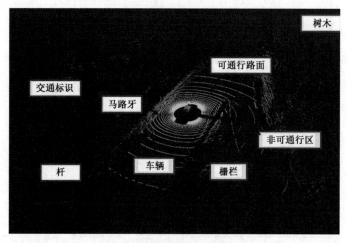

（a）激光雷达识别要素类别

图 7-12　激光雷达

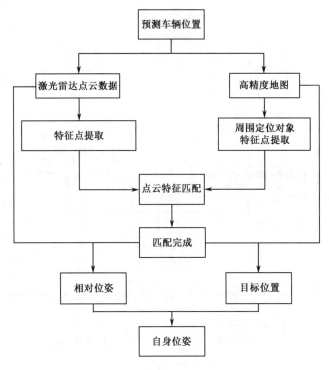

（b）基于高精度地图的匹配流程

图 7-12 激光雷达（续）

2. 毫米波雷达

毫米波雷达识别要素类别主要包括杆、栅栏、龙门架等。毫米波雷达需要进行连续多帧数据的扫描拼接，将动态目标剔除后，再进行静态目标识别，毫米波雷达匹配对象原理如图 7-13（a）所示，基于高精度地图的匹配流程如图 7-13（b）所示。

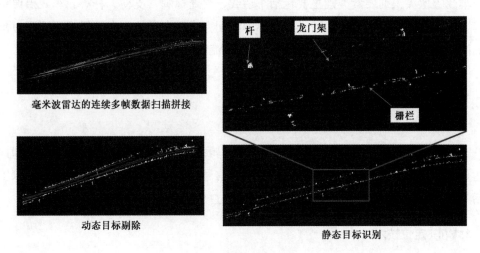

（a）毫米波雷达匹配对象原理

图 7-13 毫米波雷达

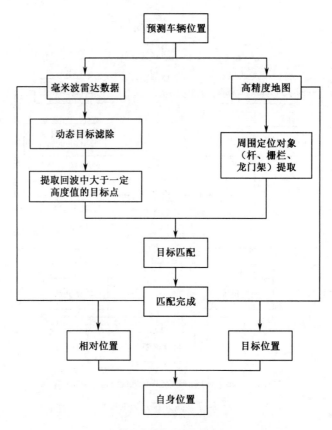

（b）基于高精度地图的匹配流程

图 7-13　毫米波雷达（续）

3. 车载摄像头

车载摄像头识别要素类别主要包括车道线、交通标牌、支柱、杆等。车载摄像头通过车道线检测完成横向定位，通过交通标牌匹配完成纵向定位。车载摄像头匹配对象定位如图 7-14（a）所示，基于高精度地图的匹配流程如图 7-14（b）所示。

7.3.5　局域网定位技术

室内局域网定位技术是通过寻找网络中可以表征位置距离的无线参数，如传播时间、到达角度等，进一步求得位置距离。根据使用信号源的不同，室内局域网定位技术主要包括 WiFi 定位技术、蓝牙定位技术、UWB 定位技术等。

1. WiFi 定位技术

采用 WiFi 进行定位时，终端并不一定要位于 WiFi 的无线接入点（Access Point，AP），只需要终端位于 WiFi 网络覆盖范围内，能够侦听到 AP 广播的服务集标识（Service

Set Identifier，SSID）及每个 AP 的 MAC 地址即可。常用的基于 WiFi 定位的方法是信号强度定位法，其流程如下。

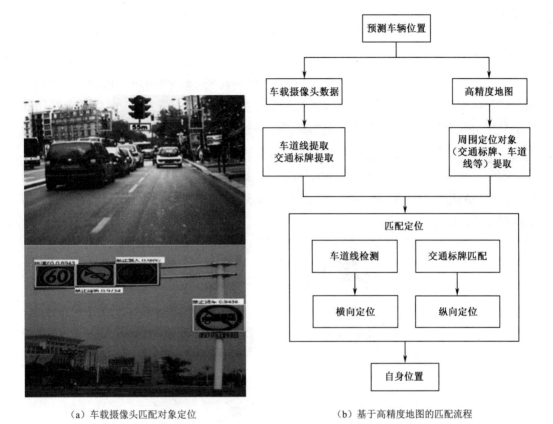

（a）车载摄像头匹配对象定位　　　　　　（b）基于高精度地图的匹配流程

图 7-14　车载摄像头

（1）终端侦听到周围所有 AP 的 MAC 地址和信号强度，并发送到定位服务器中。

（2）定位服务器根据已保存的所有 AP 位置坐标及终端测量的信号强度，通过基于距离测量的定位算法得到终端的具体位置。

另一种基于 WiFi 定位的方法是指纹识别定位法，基于 WiFi 信号的传播特点，将多个 AP 的检测数据组合成指纹信息，通过与参考数据对比来估计移动物体可能的位置。指纹识别定位法的流程如下。

（1）指纹库采集。在需要定位的区域内选取数个采样点，要求采样点坐标已知。每个采样点利用已有的 WiFi 设备检测周围 AP 的信号强度，将获得的信号强度序列保存在数据库中，即生成多组指纹数据。

（2）位置估算。终端向定位服务器发起定位申请，同时发送检测到的所有 AP 的信号强度，这样的一组信号强度即为一组实测指纹数据。服务器将终端的实测指纹数据与数据库中已记录的指纹数据进行匹配，相似度最高的指纹数据对应的位置即为终端的位置坐标。

WiFi 定位技术的实现不需要额外的硬件设备，且 AP 热点分布广泛，可拓展性良好。其缺点是存在 AP 信道间干扰，WiFi 信号不够稳定，不同终端的不同 WiFi 芯片的定位效果差异较大。

2. 蓝牙定位技术

蓝牙定位主要是通过接收信号强度指示（Received Signal Strength Indication，RSSI）来计算目标与蓝牙节点的距离。在实际应用中，蓝牙一般只负责定位功能，不会采用独立的蓝牙组网进行通信。主要原因是蓝牙通信的速率有限，在大规模组网中容易面临通信速率瓶颈，而且蓝牙通信的距离较短，信号穿透能力较弱。

因此，蓝牙定位系统会加入 WiFi、4G、5G 等其他网络通信技术来弥补蓝牙的上述缺点。典型的蓝牙定位系统包括终端、蓝牙 beacon 节点、蓝牙网关、通信网络及后端的定位服务器，如图 7-15 所示。

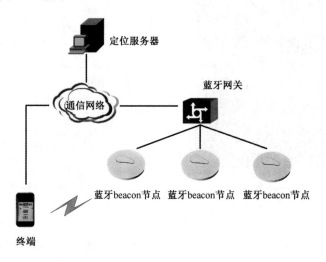

图 7-15　典型的蓝牙定位系统组成

蓝牙定位的具体流程如下。

（1）在室内部署蓝牙 beacon 节点，当终端进入节点的信号覆盖范围时，就能检测出在某个蓝牙 beacon 节点下的 RSSI 数据。

（2）蓝牙 beacon 节点将检测到的 RSSI 数据通过蓝牙网关并经通信网络传送到后端定位服务器中。

（3）服务器对 RSSI 数据进行处理，得到终端的位置信息。

（4）终端通过通信网络获取位置数据，呈现定位结果。

蓝牙定位具有成本较低、实现简单的优点。定位精度与蓝牙信标的铺设密度及发射功率有密切关系。在蓝牙 5.0 版本之后，蓝牙定位的传输速度、有效工作距离及对 AoA 和 AoD 的支持等都得到了增强，能够达到米级定位精度。

3. UWB 定位技术

UWB（超宽带）定位技术是一种无载波通信技术，利用皮秒至纳秒的非正弦脉冲信号传输数据，其信号带宽很宽。UWB 技术主要有以下 4 个特点。

（1）定位精度高。UWB 系统采用纳秒级脉冲发射信号，其带宽在 500MHz 以上，在室内场景中可实现厘米级的精准定位。

（2）多径分辨能力强。多径误差与 UWB 信号的时间分辨率有关，即与系统的带宽有关，由于 UWB 具有很宽的带宽，所以 UWB 信号的多径分辨率极高。

（3）隐蔽性好，抗干扰能力强。相较于传统的窄带信号，谱密度很低的 UWB 信号可以视为宽带白噪声。因此，UWB 系统与传统的窄带系统有着良好的共存性。同时，UWB 信号极低的谱密度也保证了其在通信时良好的隐蔽性。

（4）接收机体积小、功耗低。由于 UWB 信号不需要载波，传输信号即为基带信号，所以不需要复杂的调制/解调电路，系统功耗低，收发器体积小，功耗只有手机的千分之一。

在 UWB 定位系统中，由定位标签发送脉冲数据分组，定位接收机使用高敏感、高速度、短脉冲的监听器测量每个脉冲数据到达定位接收机的精准时间，UWB 信号的超大带宽测量脉冲数据到达的时间可以精确到纳秒级。定位接收机通常部署在定位区域的边缘，如果只有 1 个定位接收机，那么可以将其用于靠近测试；如果有 3 个或 3 个以上的接收机，那么可实现二维定位；如果有 4 个或 4 个以上的接收机，那么可以实现三维定位。定位方法基本上也是通过 ToA、TDOA 及 AoA 等方式实现的。由于定位标签发送的时间极短，且每个定位标签不同时发送，所以测量的数据信号发生碰撞的概率非常低，UWB 定位系统可以容纳几百甚至上千个定位标签。

局域网无线定位技术对比如表 7-4 所示。

表 7-4　局域网无线定位技术对比

定位技术	优点	缺点	定位精度
UWB	1. 定位精度高； 2. 抗多径能力强	1. 设备成本较高； 2. 市场成熟度较低	15～30cm
WiFi	1. 网络已经广泛部署，产品成熟度高； 2. 不需要额外设备，成本低； 3. 使用方便	1. 射频信号易受环境干扰； 2. 具有较强的时变特性； 3. 数据采集比较多	2～50m
蓝牙	1. 低功耗； 2. 定位精度较高	1. 蓝牙基站不普及； 2. 会受到射频干扰	2～10m

7.3.6　混合定位技术

在复杂的电磁环境（非视距传播、多径衰落和阴影效应）和特殊的应用场景下，现有的单一系统和技术的精度与鲁棒性表现不佳。为了克服这一缺点，中国联通提出了一种多源（如 GPS、惯性导航、蜂窝网、传感器、高精度地图等）融合高精度定位技术，以提高 C-V2X 的定位性能，如图 7-16 所示。混合定位技术将 GNSS 定位、惯性导航解算、激光雷达（LiDAR）以及高精度地图等不同来源的数据融合起来，最终的定位结果在某种意义上比单独使用某一种数据得到的定位结果更准确、更完整、更可靠，可助力实现车辆精准定位。

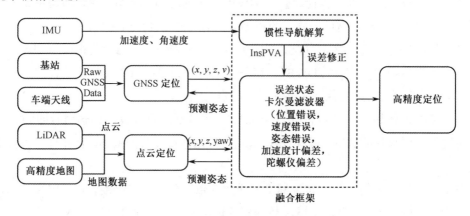

图 7-16　基于卡尔曼滤波的混合数据融合定位方法

在首钢冬奥园区中，中国联通部署了基于"5G+UWB"的高精度定位系统，实现了地下车库的智慧泊车，基于"5G+UWB"的智慧泊车系统如图 7-17 所示。

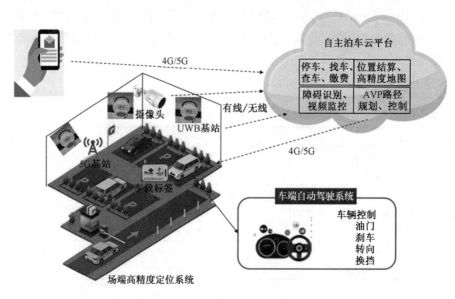

图 7-17　基于"5G+UWB"的智慧泊车系统

该系统包括自主泊车云平台、车端自动驾驶系统、场端高精度定位系统三个部分。利用 5G 网络和 UWB 高精度定位网络可实现整套系统的数据连接，5G 高速率、低时延的特性可以满足客户端及场端摄像头与平台的数据传输；场端部署的 UWB 高精度定位系统能够实现室内厘米级、连续无间断、超低时延的精准定位；搭载了室内高精度定位结算能力的自主泊车云平台可与停车场管理系统无缝对接，实现商业运营，泊车自主云平台可提供面向停车场运营的车位规划、应急管理、热度分析等应用。

7.4　本章小结

定位技术是车联网的基础要素之一。多样化的业务场景对定位精度提出了不同的需求，因此，要实现车联网业务应用的定位，必然需要多种定位技术的融合。

本章从定位技术、车辆产业及业务场景等方面对车辆定位需求进行了分析。从定位的解算位置来看，车辆高精度定位系统架构主要分为终端侧定位系统架构和网络侧定位系统架构两种，前者是在终端侧融合多元定位数据，实现车辆定位服务；后者是在网络层收集道路侧和终端侧的数据，从而完成定位解算。车辆高精度定位的实现通常需要多种技术手段的配合，主要包括卫星定位、蜂窝网定位、基于 C-V2X 直连通信的定位、车载传感与高精度地图定位等，为了满足车辆在不同驾驶环境和业务场景下的定位需求，需要融合使用多种定位技术手段。

7.5　参考文献

[1]　IMT-2020 推进组. 车辆高精度定位白皮书[EB/OL]. http://www.caict.ac.cn/kxyj/ qwfb/bps/201911/P020200911551988189402.pdf, 2019-10/2021-09-27.

[2]　Liu Q, Liang P, Xia J, et al. A Highly Accurate Positioning Solution for C-V2X Systems[J]. Sensors, 2021, 21(4): 1175.

[3]　Cai H, Hu Z, Huang G, et al. Integration of GPS, monocular vision, and high definition (HD) map for accurate vehicle localization[J]. Sensors, 2018, 18(10): 3270.

[4]　刘琪，宋蒙，邱佳慧，等. C-V2X 高精度定位[C]//第四届云技术与通信工程国际年会论文集，成都，2020.

[5]　Kuutti S, Fallah S, Katsaros K, et al. A Survey of the State-of-the-Art Localization Techniques and Their Potentials for Autonomous Vehicle Applications[J]. IEEE Internet of Things Journal, 2018: 829-846.

[6]   Abu-Shaban Z, Zhou X, Abhayapala T, et al. Error bounds for uplink and downlink 3D localization in 5G millimeter wave systems[J]. IEEE Transactions on Wireless Communications, 2018, 17(8): 4939-4954.

[7]   5GAA. System Architecture and Solution Development; High-Accuracy Positioning for C-V2X: A-180327[S]. 5GAA, 2018.

[8]   3GPP. Study on Positioning Use Cases: TR 22.872 [S/OL]. [2018-09-21]. https://www. 3gpp.org/ftp/Specs/archive/22_series/22.872/22872-g10.zip.

[9]   中国汽车工程学会. 合作式智能运输系统 车用通信系统应用层及应用数据交互标准：T/CSAE 53-2017 [S]. 北京：中国汽车工程学会，2017.

[10] Chen S, Hu J, Yan S, et al. LTE-V: A TD-LTE-Based V2X Solution for Future Vehicular Network[J]. IEEE Internet of Things Journal, 2017, 3(6): 997-1005.

[11] Molina-Masegosa R, Gozalvez J. LTE-V for Sidelink 5G V2X Vehicular Communications: A New 5G Technology for Short-Range Vehicle-to-Everything Communications[J]. IEEE Vehicular Technology Magazine, 2017, 12(4): 30-39.

第 8 章

智慧交通安全技术

智慧交通具有新的设备种类、新的系统组成及多样化的业务场景，这些为系统安全性及用户隐私保护方面带来了新的需求与挑战。为了应对这些挑战，智慧交通系统需要对来自网络、设备、车辆等海量的消息数据进行保护，防止非法访问、非法篡改、用户隐私泄露等风险，保证智慧交通业务平稳、高效运行，以及用户的个人信息财产安全。

本章从智慧交通面临的安全隐患入手，详细梳理智慧交通核心的安全需求，并介绍智慧交通安全相关的标准技术研究、安全系统架构及机制，以及关键技术。

8.1 智慧交通安全需求分析

智慧交通系统与传统网络系统相比，在系统组成及通信场景上都有较大的差异。这也给智慧交通的系统安全性及用户隐私保护带来了新的需求与挑战。

车载单元（OBU）和路侧单元（RSU）是智慧交通系统中最主要的组成部分。OBU主要集成通信、定位导航、车辆控制等功能，并且配有多个物理访问接口和无线连接访问接口，使得 OBU 面临比传统终端更大的安全风险，如访问控制风险、权限滥用风险、系统漏洞风险、数据篡改和泄露风险等。对于 RSU 来说，由于它部署于开放式的公共环境下，且关系车辆、行人和道路交通的整体安全，所以它面临的安全风险主要包括非法接入、运行环境风险、设备漏洞、远程升级风险和部署维护风险。

从网络的角度来看，车联网技术包括蜂窝网通信场景和短距离直连通信场景的通信技术。在蜂窝网通信场景下，车联网面临假冒终端、假冒网络、信令/数据的窃听和篡改等传统蜂窝网已有的安全风险。在短距离直连通信场景下，除上述安全风险外，车联网还面临虚假信息、信息篡改/重放和隐私泄露等针对用户层面的安全风险。另外，由于车内系统通过车内网络（如 CAN、车载以太网等）与 OBU 相连，使整个车内系统暴露在不安全的外部环境中，所以车内系统面临假冒节点、接口恶意调用和指令窃听、篡改、重放等风险。

总体来看，智慧交通系统中的数据具有来源广泛、种类众多的特点，各种类型的数据在生成、传输、存储、使用、丢弃或销毁等各阶段，在终端、网络、业务平台等各层面均面临安全风险。

智慧交通系统中的安全需求应该从网络通信，业务应用、OBU 和 RSU、车内系统、系统数据及用户隐私 6 个方面来满足。

1. 网络通信

智慧交通系统网络通信安全包含蜂窝网通信及直连通信两个方面，在系统设计时应满足如下安全需求。

（1）对于蜂窝网，须支持终端与认证网关之间的双向认证，确保用户身份的合法性。在通信过程中，需要对相关的网络信令进行鉴权加密和完整性保护，对用户数据进行加密，确保传输过程中信息不被窃听、伪造、篡改、重放。

（2）对于直连通信，系统应对业务消息的来源进行认证，保证业务数据的合法性；应支持对消息的机密性、完整性及抗重放等的保护，避免消息传输时被窃听、伪造、篡改和重放。此外，系统应对用户的真实身份标识及位置信息进行隐藏，防止其隐私泄露。

2. 业务应用

基于云平台的业务应用需要确保业务接入者及服务者身份的真实性，业务内容访问的合法性，数据存储、传输的机密性及完整性，平台操作维护管理的有效性，并做好日志审计，确保业务内容的可追溯性。

基于直连通信的业务应用在通信时延、带宽等方面具有新的特征，尤其是安全驾驶类业务对实时性要求较高，因此安全附加信息应尽量精简，运算处理时间应尽量压缩，以满足车联网业务快速响应的特点。在业务消息的传输过程中，系统还应具备以下特性。

（1）进行数据源的合法性认证，防止终端被假冒或数据信息被伪造。

（2）应支持对消息的完整性保护及抗重放保护，防止消息被篡改、重放，以及保护消息在传输时不被窃听，防止用户私密信息泄露。

（3）对终端真实身份标识及位置信息的隐私进行隐藏，保护用户隐私。

3. 车载单元（OBU）和路侧单元（RSU）

OBU 和 RSU 具有很多共同的安全需求，其内容涉及设备硬件、系统权限管理、运行环境安全、资源安全管理等方面，主要需求包括以下 6 点。

（1）有线/无线接口的安全防护。设备应具有完备的接入用户权限管理体系，对登录用户进行可信验证，并合理分配用户权限。另外，关键芯片的型号、具体管脚功能、敏感数据的通信线路应尽量隐蔽。

（2）支持设备启动验证功能、固件升级验证功能、程序更新和完整性验证功能及环境自检功能，确保运行环境的安全。

（3）支持访问控制和权限管理功能，确保系统接口、应用程序、数据不被越权访问和调用。

（4）具有安全信息采集能力和基于云端的安全管理能力。设备可通过安全信息采集与分析发现漏洞及潜在威胁，同时上报云端，由云端平台修补相应漏洞，并通知其他终端，防止威胁扩散。

（5）具有入侵检测和防御能力。设备可通过分析车内应用的特点制订检测和防御规则，检测和隔离恶意消息。对于可能的恶意消息，可进一步上报给云端平台进行分析和处理。

（6）具备对敏感数据的存储和运算进行隔离的能力。

除上述共同的安全需求外，RSU 还应具有物理安全防护能力、防拆卸或拆卸报警能力、部署位置变动的报警能力等。

4. 车内系统

车内系统主要涉及车内系统节点间、车内系统节点与 OBU 间的交互。为了确保双方交互的安全性，车内系统在设计时应结合车载电控产品的成本和性能限制，采取适当机制满足如下安全需求。

（1）应支持对车内系统接口的访问控制管理，防止车内系统接口被非法访问及恶意调用。

（2）应支持数据源的合法性认证，防止对指令及消息的假冒、伪造。

（3）应支持对车内系统节点之间、车内系统节点与 OBU 之间交互数据的机密性、完整性保护，防止对指令及消息的窃听、篡改、重放。

（4）应加强车内系统总线的调度管理，防止总线拥塞。

5. 系统数据

为了确保不同类型数据在全生命周期中各阶段的安全，对于智慧交通系统数据应满足以下需求。

（1）针对智慧交通系统中各种业务应用编制数据安全需求说明书，并针对不同类型的数据进行差异化的安全保护。

（2）在智慧交通系统中，在数据流转的每个环节，应提供全面的数据安全防护体系，使其具备数据机密性、完整性、可信性、可用性、隐私性、可溯源性等方面的安全防护能力，确保系统数据能够抵御由系统内部、外部入侵或其他异常情况造成的安全威胁。

6. 用户隐私

在智慧交通系统下，最主要的隐私需求是保持用户的不可链接性和匿名性。主要包括以下 5 点。

（1）消息最低限度的公开。用户在通信中披露的信息量应该保持在最低限度，也就是说，不要超过 V2X 应用程序正常功能所需的信息量。

（2）有条件的匿名性。消息的发送者在一组潜在发送者（消息的匿名集）中应该是匿名的。由于相关法律要求，需要对驾驶员进行身份识别，因此在车辆网络中只能有条件匿名。

（3）不可链接性。不可链接性要求两个或多个项目之间不能建立相关的链接。

（4）分布式解析权限。身份解析的能力应该分布在多个权限实体之间，这样就需要多个不同的权限实体进行合作，才能将匿名凭证链接到个人。

（5）完美隐私转发。在对一个身份证书进行解析时，不应该泄露任何降低同一用户其他证书不可链接性的信息。

总而言之，智慧交通系统下主要的隐私要求是有条件的匿名性、不可链接性和消息最低限度的公开，这些需求都在某种程度上相互支持。分布式解析权限和完美隐私转发并没有否认问责制，但它们将其限制到了一个适当的水平，二者都支持最低限度的披露，确保在身份解析时不会披露超过追责所需的信息。完美隐私转发还通过限制从身份解析中获得的链接信息的范围来支持不可链接性。

8.2　智慧交通安全标准

8.2.1　国际标准

目前，国际上各大标准组织均设立了专门的安全工作组，积极开展智慧交通安全领域的研究和标准化研制工作，为智慧交通安全的发展提供必要的理论依据。

国际标准化组织（ISO）下属的道路车辆技术委员会（TC22）成立 SC32/WG11 Cybersecurity 信息安全工作组，联合美国汽车工程师学会（Society of Automotive Engineers，SAE）共同开展信息安全国际标准 ISO 21434 的制定工作。该标准旨在定义整个车联网产业链中使用的通用术语，明确车联网中关键网络安全问题，设定车辆网络安全工程的最低标准，并为相关监管机构提供参考。在信息安全、网络空间安全和隐私保护分技术委员会（ISO/IEC JTC1 SC27）的安全评估、测试和规范工作组（WG3）中，开展了《基于 ISO/IEC 15408 的网联汽车信息安全测评准则》标准研究项目，旨在基于 ISO/IEC 15408 标准，分析网联汽车面临的安全威胁和安全目标，提出安全要求并定义安全功能组件。

国际电信联盟电信标准局（Telecommunication Standardization Sector of the International Telecommunications Union，ITU-T）SG17 工作组开展了对智慧交通及联网汽车安全的研究工作。标准项目包括软件升级、安全威胁、异常检测、数据分类、V2X 通信安全、边缘计算、车内以太网安全等 12 个领域。目前，已经正式发布的标准有 X.1373 等，通过定义一系列安全控制措施，为远程更新服务器和车辆之间提供软件安全的更新方案，并且定义安全更新的流程和内容建议，该标准正在修订中。目前，ITU-T 正在撰写的标准主要围绕 V2X 面临的安全威胁和安全需求，提出相应的安全指南。

3GPP SA3 在 R14 阶段开始进行 LTE-V2X 安全的研究和标准化工作，形成了 3GPP TS 33.185 标准规范，规定了 LTE-V2X 的安全架构及安全机制。目前 3GPP SA3 从 R17 阶段开始主要围绕 NR-V2X 的安全需求和安全关键问题展开研究。

欧洲电信标准化协会（ETSI）中的 ITS 技术委员会也制定了相应的安全保护技术规范，主要包括安全架构、安全服务、安全管理、隐私保护等方面，有 ETSI TS 102940、ETSI TS 102731 等技术规范。

SAE 中的汽车电子系统安全委员会负责汽车电子系统网络安全方面的标准化工作，制定了全球第一个关于汽车电子系统网络安全的指南性文件 J3061。该文件定义了完整的生命周期过程框架，将网络安全贯穿了从概念阶段到生产、运营、服务和退役的全部生命周期，为开发具有网络安全要求的汽车电子系统提供了重要的依据。该文件为车辆系统提供了网络安全的基本指导原则，为后续车联网安全的标准化工作奠定了基础。

8.2.2　国内标准

为了适应智慧交通系统的发展，国内标准组织也纷纷设立车联网安全相关的工作组，包括全国汽车标准化技术委员会（以下简称"汽标委"）下属的智能网联汽车分技术委员会（TC114）、全国信息安全标准化技术委员会（TC260）和中国通信标准化协会（CCSA）等，多聚焦在车联网无线通信安全和数据安全方面。

TC114 负责归口管理我国智能网联汽车领域的国家标准和行业标准，成立了高级驾驶辅助系统（ADAS）标准工作组，以及信息安全、自动驾驶等工作组。2017 年，汽标委正式成立汽车信息安全标准工作组，制定了包括《汽车信息安全通用技术要求》《汽车网关信息安全技术要求及试验方法》《车载信息交互系统信息安全技术要求及试验方法》3 项汽车信息安全基础标准，完成了业内急需标准《电动汽车远程管理与服务系统信息安全技术要求及试验方法》《电动汽车充电系统信息安全技术要求及试验方法》的预研工作，并向国家标准化管理委员会提交了推荐性国家标准立项申请。

TC260 是我国国家标准化管理委员会的直属标准化技术委员会。2017 年 7 月，TC260 立项了与车联网安全相关的强制性国家标准项目《信息安全技术 网络产品和服务安全通用要求》。

CCSA 长期致力于车联网系列标准的制定，研制的车联网安全相关标准涵盖车联网安全的各个领域。目前，CCSA 已经完成了《基于 LTE 的车联网通信安全技术要求》《车联网信息服务数据安全技术要求》《车联网无线通信安全技术指南》《车联网信息服务用户个人信息保护要求》《车联网信息服务平台安全防护检测要求》等行业标准的制定，在研的车联网安全相关标准有《基于 LTE 的车联网无线通信技术安全证书管理系统技术要求》《基于 LTE 的车联网无线通信技术安全认证测试方法》等。

8.3　智慧交通安全系统架构及机制

8.3.1　安全系统整体架构

车联网环境下的安全架构主要分为两类，一种是蜂窝通信场景下的安全架构，如图 8-1 所示；另一种是直连通信场景下的安全架构，如图 8-2 所示。

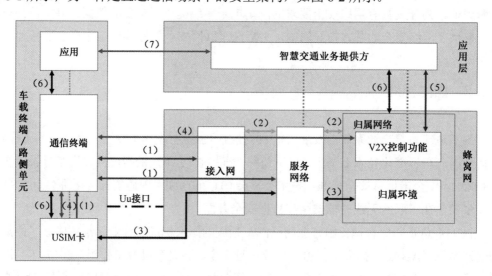

图 8-1　蜂窝通信场景下的安全架构

蜂窝通信场景下的安全架构中的主要安全能力包括以下 7 点。

（1）网络接入安全，即车联网终端接入蜂窝网的信令及数据安全，包括接入层安全和非接入层安全。

（2）网络域安全，即蜂窝网系统网元之间的信令及数据交互的安全，包括蜂窝接入网与服务网络之间、服务网络与归属网络之间的安全交互。

（3）认证及密钥管理，即车联网终端与蜂窝网的接入认证及密钥管理。

（4）车联业务接入安全，即车联网终端与 V2X 控制功能之间的安全。

（5）车联业务能力开放安全，即 V2X 控制功能与网络业务提供方之间的安全。

（6）网络安全能力开放，即蜂窝系统向应用层开放网络层安全能力，提供双向身份认证及密钥协商服务。

（7）应用层安全，即车联网终端应用和网络业务提供方在应用层提供的数据通信安全和用户隐私安全。

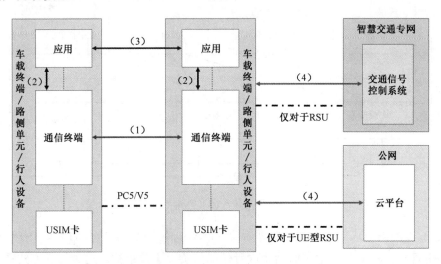

图 8-2　直连通信场景下的安全架构

直连通信场景下的安全架构中的主要安全能力包括以下 4 点。

（1）网络层安全，即车联网终端在网络层提供的数据通信安全和用户隐私安全。

（2）安全能力支撑，即网络层向应用层提供的安全能力支撑，保护用户隐私信息。

（3）应用层安全，即车联网终端在应用层提供的数据通信安全和用户隐私安全。

（4）外部网络域安全，即 RSU 与其他网络域设备之间的接入安全及数据交互安全，是蜂窝车联网与其他系统之间的安全边界。

除通信场景的区别外，证书颁发机构（Certificate Authority，CA）的部署也分为集中式部署和分布式部署两种，分别如图 8-3 和图 8-4 所示。

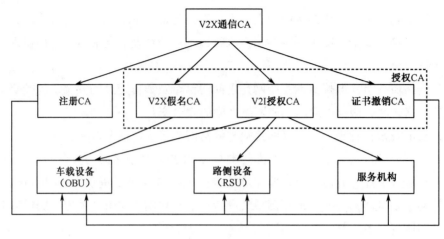

图 8-3　CA 集中式部署

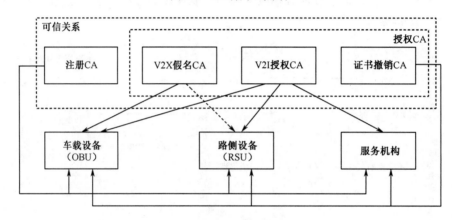

图 8-4　CA 分布式部署

其中，CA 集中式部署方案需要部署统一的 CA 体系结构，所有的子 CA 都在同一个根 CA 下管理。根 CA 可由车联网管理责任部门负责运营维护。这种部署方式适用于对车联网有明确主管责任的部门进行统一管理的场景。集中式部署的优点是所有的证书由统一的根 CA 管理，管理比较简单，缺点是不能重用现有的 CA 系统，需要重新建立新的 CA 体系。CA 分布式部署方案不需要有共同的根 CA，不同的业务可以设置不同的根 CA，但需要在不同的根 CA 之间建立互信关系。这种部署方式适用于多部门对车联网进行共同管理和维护的场景。这种方式的优点是容易对接现有的管理机制，在现有的 CA 系统中增加相应的功能即可，缺点是需要执行交叉认证，增加了消息长度和消息处理时延。

8.3.2　设备层安全机制

车联网设备主要包括 OBU 和 RSU，其安全是智慧交通系统安全的关键环节。对 OBU 的攻击轻则可能导致车辆故障或者车辆被盗，致使用户财产受损，重则可能导致车毁人亡的重大交通事故。对 RSU 的攻击轻则会对车联网系统整体造成影响,重则可能造成交通系统混乱。

针对 OBU 和 RSU 的共同点,可以从接口层面和设备层面两个方面保证其安全性。

1. 接口层面安全机制

OBU 和 RSU 的关键芯片要尽量采用无管脚暴露的封装形式,商用产品要禁用调试接口。

OBU 和 RSU 需要进行访问控制,检查访问者是否具备合法的令牌、口令或证书,提升攻击者攻击车联网系统的难度。同时进一步设置合适和统一的安全策略,如访问密码复杂度、对关键资源访问采用双重认证等,进一步提升防御非法攻击者获取访问入口的能力。

除此之外,RSU 存在与其他网络域设备的外部接口,如图 8-2 中的(4)所示。这些接口是 RSU 与交通信号控制系统、业务云平台之间交互的通道,是车联网与其他系统间的安全边界。为了防止网络跨安全域的攻击,可以在接口上采取互联网安全协议(Internet Protocol Security,IPSec)、安全传输层协议(Transport Layer Security,TLS)等安全措施,实现双向认证、数据机密性、完整性及防重放保护。

2. 设备层面安全机制

(1)系统隔离机制。以芯片、硬件、固件安全为基础,采用硬件隔离和安全域隔离的方式,将具有高安全要求特征的核心驾驶系统和驾驶辅助应用与具有低安全要求特征的车载娱乐系统和娱乐应用进行隔离,以保护敏感数据和敏感操作。例如,仅在安全处理器(Secure Processing Unit,SPU)、可信执行环境(Trusted Execution Environment,TEE)、安全单元(Secure Element,SE)中进行密码运算及敏感操作。

(2)安全启动和安全升级机制。采用对软件包进行数字签名的技术,通过校验系统和应用软件的数字签名确定软件包是否合法,从而保证系统只能引导合法的系统和应用。

(3)安全存储和传输机制。为上层应用提供基于软件或硬件的加解密服务,保护敏感数据;提供加密和签名服务,保证发送消息的机密性和完整性。

另外,RSU 还需要具备保证部署环境安全的机制,如对位置和工作状态进行监控,预警部署环境威胁,对设备外壳进行防拆解改造,通过防拆解电路报警机制加强其抵御物理攻击的能力。

8.3.3 网络层安全机制

网络层安全机制主要适用于蜂窝通信及直连通信两种通信场景。

蜂窝通信场景下对应的安全机制负责网络接入、数据传输的安全及对外的安全能力开放。目前，蜂窝通信场景下网络层采取的安全机制如下。

（1）网络接入安全。继承蜂窝网络现有的安全机制，采用接入层（Access Stratum，AS）和非接入层（Non-Access Stratum，NAS）两层安全体系保障传输安全。接入层安全负责终端与 eNB 之间的安全，包括对接入层控制面信令的机密性和完整性安全保护，以及对用户面数据的机密性安全保护。非接入层安全负责车联网终端与 MME 之间的安全，包括非接入层控制面信令的机密性和完整性安全保护。

（2）网络域安全。继承蜂窝网络现有的安全机制，将网络划分为不同的安全域，使用 NDS/IP 的方式——"网络密钥交换协议（Internet Key Exchange，IKE）+Ipsec"保护网络域的安全，在网元之间提供双向身份认证、机密性、完整性和抗重放保护。它使用 NDS/AF 定义的机制实现证书管理。

（3）认证及密钥管理。继承蜂窝网络现有的安全机制，在终端与核心网间基于运营商安全凭据（如根密钥 K）实现双向认证（Evolved Packet System-Authentication and Key Agreement，EPS-AKA），保证终端和网络身份的合法性。同时，基于 LTE 分层密钥架构体系，生成接入层和非接入层会话密钥，保证接入层和非接入层的数据传输安全。终端及核心网从密钥 K 衍生出中间密钥 Kasme，再由中间密钥 Kasme 衍生出接入层和非接入层的完整性保护密钥及加密密钥，用于对信令和数据的完整性保护及加密。

（4）网联业务安全。车联网系统新增的安全域可对 V2X 通信进行集中式管理，对于核心网而言属于应用层安全。它在终端与其归属网络的 V2X 控制功能之间提供双向认证，对终端身份提供机密性保护；在终端与 V2X 控制功能之间对配置数据提供传输时的完整性保护、机密性保护和抗重放保护。

（5）网络能力开放安全。继承 LTE 蜂窝网现有的通用认证机制（General Bootstrapping Architecture，GBA），GBA Push 等安全机制利用蜂窝网在终端侧全球用户识别卡（Universal Subscriber Identity Module，USIM）及核心网中已有的密钥信息对终端进行身份认证，并为应用层协商会话密钥。蜂窝车联网业务提供方可利用网络层开放的安全能力在应用层建立安全的通信通道，保证业务数据传输的安全，降低对于应用层安全机制的依赖。

直连通信场景下对应的安全机制负责基于 PC5 接口数据传输的安全及对上层应用的安全能力支撑。目前，直连通信场景下网络层采取的安全机制如下。

（1）网络层安全。根据 3GPP 组织的定义，终端在网络层不采取任何机制对 PC5 接口上广播发送的直连通信数据进行安全保护，数据的传输安全完全由应用层 V5 接口来保障。网络层仅提供标识更新机制对用户隐私进行保护。终端通过随机动态改变源端用户层二标识和源 IP 地址，防止用户身份标识信息在 PC5 广播通信的过程中遭到泄露，从而被攻击者跟踪。

（2）安全能力支撑。网络层向应用层提供安全能力支撑，采取用户标识跨层同步机制确保源端用户层二标识、源 IP 地址与应用层标识同步更新，防止网络层与应用层用户身份标识更新不同步导致用户标识关联信息被攻击者获取，用户隐私信息遭到泄露。

（3）外部网络域安全。采取类似网络域安全的方法来保证接入安全和业务数据安全。在 RSU 设备与其他网络域设备之间通过物理隔离防护的方法保证传输链路的物理安全，或者通过建立 IPSec、TLS 等安全通信通道的方法，为跨网络域数据及信息交互提供双向认证、加密、完整性保护和抗重放的安全保障。

8.3.4　应用层安全机制

车联网业务应用安全包含基于云平台的车联网业务和基于直连通信的车联网业务两个部分。基于云平台的车联网业务应用与传统移动互联网业务应用类似，可采取现有安全机制在软件、硬件、系统等方面做好防护，同时可将应用层安全机制作为蜂窝通信场景的附加安全解决方案，确保业务数据传输时的安全。蜂窝车联网系统使用基于公钥证书（Public Key Infrastructure，PKI）的机制确保设备间的安全认证和安全通信，采用数字签名等技术手段实现 V2V、V2I、V2P 直连通信安全。密码算法应采用国家密码管理局批准的国密算法，数字证书应符合国家标准或者行业标准的技术要求。

下面以 V2I 通信为例给出典型的 V5 接口安全通信过程，如图 8-5 所示。

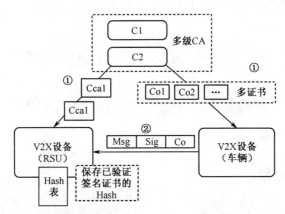

图 8-5　V5 接口安全通信过程

（1）CA 证书管理系统以安全的方式向 OBU 终端颁发公钥证书（安全消息证书 Co1、Co2 等），用于签发 PC5/V5 直连通信消息，向 RSU 下发 CA 公钥证书（Cca1、Cca2），用于验证 OBU 公钥证书的真实性。为了保护用户隐私，CA 管理系统可以一次下发多个采用假名方式标识的公钥证书供 OBU 终端随机使用。

（2）OBU 终端使用公钥证书对应的私钥对业务消息内容进行数字签名，之后将业务消息内容、消息签名值及所使用的公钥证书/证书链组建成完整的 PC5/V5 直连通信消息在空口上广播发送。

（3）接收到 PC5/V5 直连通信消息后，RSU 使用 CA 公钥证书（Cca1、Cca2）验证消息中携带的 OBU 公钥证书或证书链，然后利用 OBU 公钥证书里的公钥验证消息签名，以检查消息的完整性。

（4）成功验证 OBU 公钥证书后，RSU 可将该证书的 Hash 值保存在本地，后续可通过 Hash 值验证该证书，从而减少验证证书所需的密码运算开销。

8.3.5 安全运营管理体系

智慧交通系统安全运营及管理体系是一套完整的系统安全解决方案，其基本结构如图 8-6 所示。它从采集、检测、发现、评估、调查和响应 6 个环节对相应的安全事件进行全生命周期的监测和管理。智慧交通系统安全运营及管理体系能够收集和存储来自每个节点的安全事件和安全问题，并且通过对安全事件的高级分析，关联解析出单个节点无法分析出的安全威胁，提升安全威胁事件预警的准确率，并以可视化的方式呈现，从而综合提升整个系统的安全管控能力。

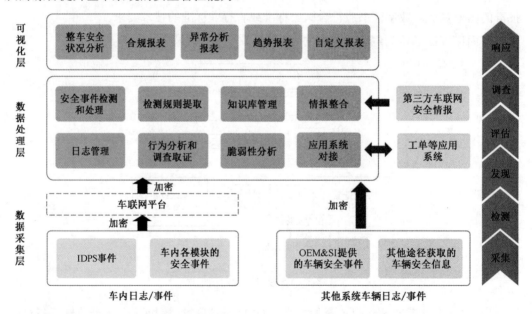

图 8-6　智慧交通系统安全运营及管理体系的基本结构

智慧交通系统安全运营及管理体系包含以下 3 个层次。

（1）数据采集层。数据采集层主要负责车联网安全事件及相关应用异常行为的采集。该层收集各类安全事件，包括入侵检测和防御（Intrusion Detection and Prevention Systems，

IDPS）事件、车内各模块的安全事件、原始设备生产商和系统集成商（Original Equipment Manufacturer & System Integration，OEM & SI）提供的车辆安全事件，以及其他途径获取的车辆安全事件，并将这些安全事件上报到安全运营管理平台。该平台将收集、存储和上报大量信息安全相关信息。

（2）数据处理层。数据处理层主要负责车联网安全事件的分析和处理。除从数据采集层收集信息外，该层还会从第三方收集车联网安全情报，然后进行分析、去重，并结合历史威胁及威胁情报降低事件的误报率，通过安全事件处理机制，派发工单，对安全事件进行处理。

（3）可视化层。可视化层主要负责车联网威胁和风险的可视化呈现，这部分为运营人员呈现出一个威胁可读、可视、可感知的平台，对历史安全事件进行留存，便于事件调查、分析和取证。

8.4 智慧交通安全的关键技术

8.4.1 认证与鉴权

智慧交通系统从"云—管—端"三层架构来梳理安全风险，凝练安全架构和核心关键环节，加快安全技术研发和安全测试验证。在云端充分利用成熟云计算技术和云平台集中管控能力构建可信云控平台。建立远程监控服务，完善适配固件和应用软件的远程更新、身份认证。完善车联网网络安全防护架构，采用 HTTPS 应用层和安全套接字层（Secure Sockets Layer，SSL）、TLS 传输层的分层加密协议，网络边界采取访问控制、网络隔离等措施。OBU 构建以硬件安全防护为主，以软件安全服务为补充的防护体系。确保相关数据在采集、处理、存储和传输中的机密性、完整性及可用性，制定车联网数据分类分级标准和规范，对敏感数据进行加密。

建立基于 PKI 的 C-V2X 安全身份认证机制，如图 8-7 所示，为各类 C-V2X 通信设备和系统颁发数字证书，综合采用安全证书、数字签名、匿名化等技术手段保障 OBU、RSU 等 C-V2X 通信节点的身份合法性、通信消息完整性和隐私保护，如图 8-8 所示。其中，可信根证书列表可实现跨域认证，一个认证域中的设备需要通过可信根证书列表获取另一个认证域签发证书的 CA 证书或证书链；根证书是一个 PKI 系统的信任锚点，可签发子 CA 证书，如注册 CA 证书、假名 CA 证书、应用 CA 证书等。注册 CA 负责签发注册证书，可用于申请实际用于生成 V2X 安全消息的 V2X 通信证书。假名 CA 负责向 OBU 签发身份证书，向 RSU 等车联网设备签发应用证书。认证授权机构负责 OBU、

RSU 和初始身份认证及授权，根据应用场景的不同，可基于设备配置管理（Device Configuration Manager，DCM）服务系统、GBA 或 OAuth（Open Authorization）授权服务系统等多种方式实现。

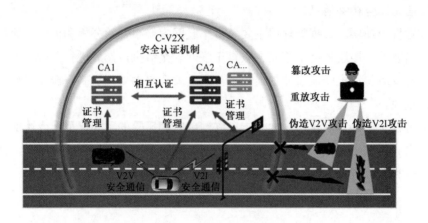

图 8-7　基于 PKI 的 C-V2X 安全身份认证机制

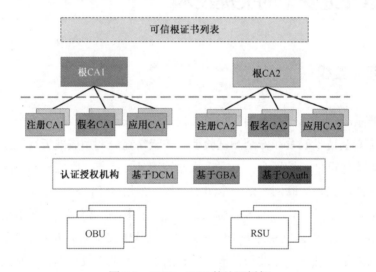

图 8-8　OBU、RSU 的认证授权

8.4.2　信息安全

确保信息安全是车联网应用中最基本的要求之一。智慧交通系统中的信息安全主要表现在两个方面，即感知数据的真实性和收发数据的不可篡改性。其中，感知数据的真实性是指车辆传感器采集和交付的数据（如车辆位置、加速度、刹车信号等）是真实、可靠的，没有被攻击者伪造或因系统故障而产生虚假数据。收发数据的不可篡改性是指车辆节点发送和接收到的数据是真实的，车辆节点没有发送和接收到虚假或错误数据。

数据验证技术可以及时验证感知和收发数据的真实性，并及时发现并排除错误、虚假和恶意数据。

1. 数据验证的实现方式

数据验证技术是对输入数据的正确性进行判断的一种技术，是验证数据有效性的一种方法。在智慧交通应用中，同一数据在不同的处理阶段对其质量要求不尽相同。根据对数据处理粒度的不同，数据验证的实现方法可分为粗验证和精验证两种类型。其中，粗验证仅对数据类型、数值范围、数据许可值等限制性参数进行有效性验证；而精验证是运用相对复杂的逻辑处理方式和算法，通过相应的验证规则对提取出的数据进行细粒度的处理，为用户或应用程序提供有效的数据服务。

Valang（Vlidate Laguge）是一种专门用于设计数据验证规则的语言，其中 Spring-Module 提供了对 Valang 语言的支持，在 Spring MVC（Module View Control）架构中使用 Valang 试验数据验证功能。Valang 的验证器（Validator）包含一条或一组验证规则，每条验证规则的具体实现方式虽然多样，但都起到对数据进行相应约束的功能。另外，拦截器（Interceptor）可以截获用户的登录页面，并对页面提交的表单信息进行验证，通过验证后再将结果提交给服务器端的 Valang Validator 进行进一步处理（包括进一步验证）。

2. 数据验证技术在智慧交通系统中的应用特点

在智慧交通系统中，攻击者发送各类涉及车辆身份或与环境、位置相关的虚假信息，以此来扰乱或破坏正常的交通秩序，甚至导致交通事故的发生。避免此类安全事件发生的重要手段之一是采用数据验证技术，使参与通信的各节点能够有效验证接收和发送的数据。

就车辆位置的信息验证而言，借助位置感知和定位技术的实现方法，可以分为基于测距（Rang-based）技术的验证和采用非测距（Rang-free）技术的验证两种方法。其中，基于测距技术的验证方法可以借助城市道路的红绿灯、RFID 读写器、视频摄像头等 RSU 已有的精准位置信息，将其作为可信的验证源节点，并建立与周围环境密切相关的位置指纹（Location Fingerprint，LF）数据库。移动中的车辆节点在利用无线测距技术（如三角测量法、三边测量法、极大似然估计法等）获得自身的位置信息后，再与数据库中的记录进行比对，验证其真实性。此方法可有效避免虚假 RSU 数据产生的攻击，如 Sybil 攻击。利用非测距技术的验证是通过测量同一区域内不同车辆节点之间的相对位置，再借助车载 GPS、电子地图等工具，验证从相邻车辆节点接收到的数据的真实性。此方法可有效弥补 RSU 资源缺乏或位置分布不合理带来的不足，充分利用车载电子设备提供的无线信号传播特性，对车辆位置信息的真实性进行估计，进而对数据实现一致性验证。

8.4.3　通信安全

智慧交通系统中的通信安全形态以"云—管—端"为主。目前，智慧交通系统中的通信安全防护主要以"车—云"防护为主，以加强认证、加强访问控制、异常流量监测为辅，主要分为以下 3 个部分。

（1）加强车载端访问控制，实施分域管理，降低安全风险，包括进行网络隔离、形成车辆控制域和信息服务域之间的网络隔离域；针对车内系统进行隔离，对车内网的控制单元和非控制单元进行安全隔离及数据隔离。

（2）基于 PKI 和通信加密，构建可信的"车—云"通信，包括采用基于证书的车载端身份认证及基于证书的传输加密，协商密钥采用 HTTPS 应用层加密或者 SSL、TLS 传输层加密，以及私有通信加密。

（3）网络侧进行异常流量监测，提升车联网网络安全防护能力，包括监测预警，对安全事件进行探测，提供流量监控优化、异常流量告警及网络控制功能，定义受保护的 IP 地址和范围，阻止点对点通信，借助防火墙和入侵监测系统中断异常 IP 通信。

8.4.4　隐私保护

智慧交通系统的用户隐私保护主要通过使用假名机制来实现，涉及的具体操作行为包括假名发布、假名使用和假名更改 3 种。

1. 假名发布

几乎所有车辆通信的假名认证方案都假定车辆有唯一的数字标识符。这个车辆 ID（VID）可以看作一个签名证书，它允许对车辆进行身份验证。与制造商印在车辆底盘上的车辆识别号（Vehicle Identification Number，VIN）类似，VID 是一种预先安装在车辆 OBU 上的长期标识符。VID 可以与车辆登记和牌照一起由车辆登记机构，如机动车管理部（The Department of Motor Vehicles，DMV）颁发。因此，VID 也被称为电子牌照（Electronic License Plate，ELP）。

在假名发放过程中，使用唯一 VID 作为实际车辆的 OBU 进行认证，以确保只有有效的车辆才能获得假名，从而参与车辆通信。假名发行主要有第三方发行和自我发行两种发行方式。前者通过发行机构创建，后者由车辆自动发行和生成。

大多数发行方式属于第三方发行，根据方案的不同，该实体还可能包含多个子实体，这些子实体由各种名称引用，如 CA、假名提供者（Pseudonym Provider，PP）或仅受信任的颁发机构（Trusted Authority，TA）。假名签发机构的角色通常分配给基于基础设施的实体（CA、PP）或路侧设备等。在这两种情况下，假名颁发机构用其 VID 对车辆进行身份验证，验证车辆是否有资格获得假名（车辆 VID 是有效的，没有被撤销），然后颁发一些假名证书。根据方案的不同，我们可以使用请求—应答模式来颁发认证凭据，或联合计算凭据。

假名通常被指定一个有效期限。有效期限限制了在任何给定时间内一辆汽车可用的假名的数量，以防止女巫攻击（Sybil Attack）。假名的不可链接性使接收者无法知道这些消息来自单个节点，从而无须执行额外的合理性检查。

由于假名在更改及到期后不可重用，因此 OBU 最终需要新的假名。有些方法倾向于预加载大量假名，这些假名足够用几年，假名填充的频率取决于假名变化率和假名有效期。

2. 假名使用

车辆一旦获得了假名，就可以与其他车辆或基础设施节点进行车辆通信。使用假名需要两个步骤，分别为发送消息的身份验证（签名）和接收消息的验证。

车辆自身消息的身份验证允许其他节点使用有效凭证将发送者身份验证为车辆。必须保证消息的完整性，以防止在传输过程中消息被修改。消息身份验证方案还必须提供重放保护。发送方身份验证、消息完整性和重放保护从本质上证实了接收信息的可靠性，这些信息可以用于安全关键决策。需要注意的是，有效的车辆仍然能够报告错误的数据，因此一个能够验证数据一致性的补充安全机制是必要的。

通常，假名身份验证方案使用非对称签名或消息身份验证码。对于接收方，在对发送方身份进行验证时需要验证所使用假名的有效性。假名必须是由可信的权威机构或由可验证的自我发行的，并且不能过期或被撤销。由于与路边基础设施的连接断断续续、带宽限制及协同安全应用的实时性要求，在后端服务支持下的在线有效性验证是不可行的，因此，所有必需的验证信息必须在本地可用。例如，基于非对称密码学的方案需要在消息上附加假名证书，以使接收者能够进行签名验证。与此同时，安全功能的通信开销必须尽可能低，以促进无线媒体的高效和可扩展使用。

使用假名的另一个挑战是为传出消息创建身份验证信息和验证接收消息之间固有的不对称性。通常，车辆必须验证比它发送的消息多得多的消息。例如，在周期信标中，车辆可以发送频率为 r Hz 的信标消息。假设接收范围内有 n 辆相邻车辆，那么车辆必须验证的消息为 $n \times r$ msg/s。因此，消息和假名凭证的验证必须非常高效，以支持具有实时需求的应用程序。

只有当相关的密钥材料安全地存储在车辆 OBU 中，并且不能轻易提取或转移到其他节点时，假名才能成为有意义的凭证。为此，有人提出在 OBU 中集成硬件安全模块（Hardware Security Module，HSM）或防篡改设备（Tamper Proof Devices，TPD），以实现密钥的安全存储和管理。硬件证书保护也被视为防止女巫攻击的一种方法，通过抗篡改的 HSM 使有限的一组假名证书可供并行使用。

3. 假名更改

由于假名的上述特性，在一个假名下执行的操作可以相互链接，因此，为了防止这种关联性带来安全隐患，车辆操作必须在不同的假名下执行，也就是说，车辆必须随着时间的推移改变假名。这样，对手只能链接有限数量的消息。为了保证证书的有效，假名的改变必须覆盖所有的网络层。当车载单元（OBU）更改为新的假名身份验证凭据时，必须同时更改应用程序、协议和网络标识符（如 IP 或 MAC 地址），以避免新旧假名之间的琐碎链接。另外，在执行假名更改时需要使用相邻的工具。

假名改变的频率取决于所需的隐私水平，车辆隐私保护等级越高，假名变更的频率也就越高。为了防止攻击者获得车辆信息，我们需要根据实际需求制定假名变更策略，目前主要研究方向聚焦在假名应该如何、在何处及在何种情况下被有效地改变。假名的改变不能干扰安全应用，但必须有效防止基于信标信息或无线电指纹的车辆轨迹和坐标的跟踪。

8.5　智慧交通安全技术展望

1. C-V2X 安全

随着蜂窝通信技术的不断发展，LTE-V2X 车联网也将向 NR-V2X 技术方向演进。NR-V2X 车联网业务具有不同的安全等级和安全需求，如编队驾驶场景中的车联网消息将只在编队中传播，编队外的车辆不应收到处理编队的消息，在这种场景下车联网系统应该考虑支持机密性。因此，NR-V2X 车联网安全除继承了 5G 网络的安全风险和挑战外，还面临着新的安全需求。

NR-V2X 车联网为了支持更多的车联网业务和场景，在 PC5 接口上引入了单播和组播模式，因此需要相应的安全机制来保证车联网消息的完整性、机密性和抗重放攻击，同时也需要研究相应的隐私保护机制来保证 5G 车联网的安全。

2. 边缘计算安全

边缘计算是 5G 网络中实现低时延业务的使能技术之一，可以满足智慧交通业务高速、低时延的处理及响应需要。但是边缘计算的数据处理实时性、数据多源异构性、终端资源受限性和接入设备复杂性，使得传统云计算环境的安全机制不再适用于对边缘设备产生的海量数据进行安全防护，边缘计算的数据存储安全、共享安全、计算安全、传输和隐私保护等问题成为边缘计算模型必须面对的安全挑战。

智慧交通系统与边缘计算融合的体系架构需要针对数据安全、身份认证、隐私保护和访问控制提出相应的安全机制，保证车联网业务的安全开展。传统网络与业务的信任模型不能适应新的业务模式，如边缘计算与车联网应用之间的信任关系缺失会导致攻击者接管用户服务，因此需要研究车联网业务与边缘计算之间新的信任模式，满足边缘计算系统与车联网系统共生融合的部署方式。

3. 可信计算安全

车联网安全威胁主要来源于 3 个方面，分别为车载单元安全、车联网通信安全及车联网运营安全。车联网被攻击的核心是通过各种方式入侵车辆总线系统来实现对车辆的控制，因此车联网安全技术应从车载单元、通信及运营 3 个层面进行安全布局。

可信计算能够保证智慧交通系统体系结构、资源配置、操作行为、数据存储可信，因此将可信计算体系结构引入相关的安全架构可以从计算平台体系结构上解决其安全性问题。可信计算体系结构以密码体系为基础，以可信主板为平台，以可信软件为核心，以可信网络连接为纽带，为计算体系提供度量和控制服务，保障信息和网络环境的整体安全。引入可信计算体系结构可以从根本上解决车联网安全问题。

4. 区块链安全

首先，在智慧交通系统中引入区块链技术能够保证数据的隐私性，链式的数据存储方式能够保证数据不可篡改，防止数据被他人利用。其次，区块链技术能够将智慧交通系统应用中的车与人的消费行为进行客观记录，建立可信的消费环境，完善服务品质。区块链可以接入包括车主、汽车制造商、4S 店、车联网企业、保险公司、车辆管理所在内的所有数据提供者，从而产生数据价值。

区块链与智慧交通系统的优势主要包括：①利用区块链分布式存储不可篡改数据的特征解决车辆数据的诚信问题；②记录车辆制造、租赁、保险、维修等完整生命线；③通过区块链技术保障数据信息安全，提高驾驶安全和管理效率；④促使数据产生价值，让用户获利。

区块链与智慧交通系统结合的兴趣点如表 8-1 所示。

表 8-1　区块链与智慧交通系统结合的兴趣点

	供应链	金融	产品与服务
效率与精准度强化	· 智能制造/回收 · 精准召回	· 基于使用 　√ 保险 　√ 租赁 　√ 数据交易 · 基于 V2X 的智能合约 　√ 智能停车付款 　√ 智能充电付款	· 可信数据分享 　√ 车路协同数据 　√ 导航数据 　√ 第三方数据 · 基于使用 　√ 出行服务 　√ 汽车保养维护 　√ 智能充电

续表

信任强化	供应链	金融	产品与服务
	· 原材料来源追溯 · 环保回收追溯 · 原产配件证明	· 可信记账薄 √ 可信里程表&维护记录 （二手车交易）	· 身份管理 · 证书管理

8.6　本章小结

　　本章首先从设备和网络两个方面分析了智慧交通安全需求；其次介绍了国内外智慧交通安全相关标准的研究情况，国外主要标准组织 ISO、ITU、ETSI、3GPP 及国内的全国信息安全标准化技术委员会（TC260）、中国通信标准化协会（CCSA）等标准组织都针对智慧交通和网联汽车安全展开研究，形成安全技术规范；再次介绍了智慧交通安全系统整体架构，阐述了设备层（OBU 和 RSU）、网络层和应用层的安全机制，梳理了智慧交通系统安全运营及管理体系；然后重点介绍了安全关键技术，包括认证与鉴权、信息安全、通信安全和隐私保护；最后简要介绍了未来智慧交通主要安全技术的发展。

8.7　参考文献

[1]　Chun B G, Ihm S, Maniatis P, et al. Clonecloud: elastic execution between mobile device and cloud[C]//Proceedings of the sixth conference on Computer systems. 2011: 301-314.

[2]　Hubaux J P, Capkun S, Luo J. The security and privacy of smart vehicles[J]. IEEE Security & Privacy, 2004, 2(3): 49-55.

[3]　ETSI TC ITS. Intelligent Transport Systems (ITS); Security; Security Services and Architecture: ETSI TS 102 731 v1.1.1[S/OL]. https://www.etsi.org/deliver/etsi_ts/ 102700_102799/102731/01.01.01_60/ts_102731v010101p.pdf.

[4]　Aijaz A, Bochow B, Dötzer F, et al. Attacks on inter vehicle communication systems-an analysis[J]. Proc. WIT, 2006, 20: 189-194.

[5]　Parno B, Perrig A. Challenges in securing vehicular networks[C]//Workshop on hot topics in networks (HotNets-IV). 2005: 1-6.

[6]　Fehr W. Security Credential Management System Design—Security system design for

cooperative vehicle-to-vehicle crash avoidance applications using 5.9 GHz Dedicated Short Range Communications (DSRC) wireless communications[J]. RITA Intelligent Transportation Systems Joint Program Office, 2012.

[7] Bißmeyer N, Stübing H, Schoch E, et al. A generic public key infrastructure for securing car-to-x communication[C]//18th ITS World Congress, Orlando, USA. 2011:14.

[8] Schaub F, Ma Z, Kargl F. Privacy requirements in vehicular communication systems[C]// 2009 International Conference on Computational Science and Engineering. IEEE, 2009, 3: 139-145.

[9] Leinmuller T, Schoch E, Kargl F. Position verification approaches for vehicular ad hoc networks[J]. IEEE Wireless Communications, 2006, 13(5): 16-21.

[10] Song J, Zhuang Y, Pan J, et al. Certificateless secure upload for drive-thru internet[C]// 2011 IEEE International Conference on Communications (ICC). IEEE, 2011: 1-6.

[11] Petit J, Mammeri Z. Authentication and consensus overhead in vehicular ad hoc networks[J]. Telecommunication systems, 2013, 52(4): 2699-2712.

[12] Kargl F, Schoch E, Wiedersheim B, et al. Secure and efficient beaconing for vehicular networks[C]//Proceedings of the fifth ACM international workshop on VehiculAr Inter-NETworking. 2008: 82-83.

[13] Schoch E, Kargl F. On the efficiency of secure beaconing in vanets[C]//Proceedings of the third ACM conference on Wireless network security. 2010: 111-116.

[14] Wolf M, Gendrullis T. Design, implementation, and evaluation of a vehicular hardware security module[C]//International Conference on Information Security and Cryptology. Springer, Berlin, Heidelberg, 2011: 302-318.

[15] Fonseca E, Festag A, Baldessari R, et al. Support of anonymity in vanets-putting pseudonymity into practice[C]//2007 IEEE Wireless Communications and Networking Conference. IEEE, 2007: 3400-3405.

[16] Buttyán L, Holczer T, Vajda I. On the effectiveness of changing pseudonyms to provide location privacy in VANETs[C]//European Workshop on Security in Ad-hoc and Sensor Networks. Springer, Berlin, Heidelberg, 2007: 129-141.

[17] Lefevre S, Petit J, Bajcsy R, et al. Impact of v2x privacy strategies on intersection collision avoidance systems[C]//2013 IEEE Vehicular Networking Conference. IEEE, 2013: 71-78.

[18] Wiedersheim B, Ma Z, Kargl F, et al. Privacy in inter-vehicular networks: Why simple pseudonym change is not enough[C]//2010 Seventh international conference on wireless on-demand network systems and services (WONS). IEEE, 2010: 176-183.

[19]   Gerlach M, Guttler F. Privacy in vanets using changing pseudonyms-ideal and real[C]// 2007 IEEE 65th Vehicular Technology Conference-VTC2007-Spring. IEEE, 2007: 2521- 2525.

[20]   中国通信学会. 车联网安全技术与标准发展态势前沿报告（2019）[EB/OL]. [2019-12]. https://www.china-cic.cn/upload/201911/30/3964d4b353b049d5922ecf7e2a4dd727.pdf.

第9章

智慧交通产业应用

· · · · · · · ·

在前面的章节中，我们已经介绍了 5G、C-V2X、无人驾驶、智慧交通云平台、高精度定位、安全技术等智慧交通领域的关键技术。本章将在前面内容的基础上，对智慧交通产业应用的发展情况展开介绍。首先，从智慧交通的研究和推广情况入手，介绍全球各国家和地区智慧交通相关的试验场地建设发展现状。其次，将从业务应用、基础能力和资源 3 个方面针对智慧交通产品体系给出分析意见。最后，本章将总结一些典型的智慧交通业务场景和示范案例。

9.1 智慧交通产业发展概述

党的十九大报告提出要建设交通强国。交通运输部未来希望在基础设施、运输装备及运输服务等领域全面实现信息化和智能化，建设智慧交通网络，从而实现交通大国向交通强国的迈进。从市场规模角度分析，我国 2017 年智慧交通行业市场规模为 500 多亿元，预计 2023 年市场规模有望超过 1400 亿元。

目前，智慧交通各产业链均已成熟，涉及通信芯片、通信模组、终端设备、整车制造、平台与运营、前期与测试，以及高精度定位和地图等，在各方面都已形成一定规模的竞争与合作共存态势。在产业化道路上，国家各部委积极推动 C-V2X 商业化，提出"车联网先导区"概念，鼓励开展城市级智慧交通应用落地。同时，通信企业、主机厂、互联网企业均推出智慧交通相关产品，目前已完成多种安全、效率及信息类应用的开展，形成相关的芯片、终端、平台及应用。

9.2 智慧交通业务示范区建设

9.2.1 全球智慧交通试验基地

目前，各国家和地区正在加速智慧交通的研究与推广。美国、欧盟、亚洲等国家和地区均出台了相关政策鼓励自动驾驶技术的研发，并建设了一系列测试场地，开展自动驾驶、智慧道路的相关研究，以促进自动驾驶汽车与现有交通系统的融合。

1. 美国

在过去 20 年里，美国交通部通过与汽车产业和各州/地方政府建立合作，已经为网联汽车技术的研发投入了 7 亿美元资金。根据美国交通部 2020 年 10 月的统计数据，由美国交通部、地方政府和组织支持的网联汽车部署项目，已运行的超过 50 个。

（1）GoMentum Station 测试场。

GoMentum Station 测试场的前身是第二次世界大战期间的康科德海军武器站，康特拉科斯塔交通管理局租用了其中的 2100 英亩（1 英亩≈4046.86 平方米），并将其开发成为美国最大的网联自动驾驶测试场。该测试场最大的特点就是充分利用海军武器站已有的大量真实道路和交通设施，测试环境非常贴近真实交通环境。目前，该测试场已经包括城市道路、高速公路、环路、ADAS 和自动驾驶性能测试区、V2X 实验室等测试区，丰田、本田、Uber、Waymo、百度北美研发中心等都在该测试场开展过测试。

（2）SUNTRAX 封闭试验场。

SUNTRAX 封闭试验场由佛罗里达州交通部下属的佛罗里达州收费公路公司和佛罗里达理工学院共同建设，位于坦帕市和奥兰多市中间的波尔克郡，占地面积 400 英亩，是截至目前美国资金最充裕的网联自动驾驶封闭试验场，由 FTE 全额投资 1 亿美元。试验场地分三期建设：一期为全长 2.25 英里（1 英里≈1609.34 米）的椭圆形高速车道，包括 1 英里可独立使用的 5 车道直线跑道、4 座电子收费龙门架，供收费设备和软件进行测试；二期为复杂城市中心（城市环境区）、郊区环境模拟测试区（郊区环境区）；城市环境区模拟各类城市交叉路口的布局和复杂的照明、标识、交通信号条件，郊区环境区模拟大型多车道交通干线在城市郊区的过渡路段、多条街道等大型交叉路口的复杂布局，于 2021 年完工；三期是将于 2023 年施工的环境测试舱，可以制造降雨、风、雾、尘土等，能够再现佛罗里达州的各种天气状况。

（3）坦帕市的 THEA。

坦帕市是美国交通部 3 个网联汽车技术试点地区之一，获得了累计 4500 万美元的拨款，用于部署一系列针对当地特殊交通需求定制的网联汽车应用和技术，通过这些可发现网联汽车技术在使用时面临的问题，总结经验教训，并为其他地区网联汽车技术的早期部署提供参考。坦帕市的希尔斯伯勒高速公路管理局（Tampa-Hillsborough Expressway Authority，THEA）是坦帕试点项目的运营主体。该试点项目将借助手机 App，利用 DSRC 实现在 1600 辆汽车、10 辆公交汽车、500 名行人及沿城市街道部署的约 40 处 RSU 之间进行的信息传输，改善坦帕市中心的安全状况和交通状况。

2. 欧盟

欧盟于 2019 年出台了新规，计划在欧洲道路上全面部署协同式智慧交通系统。目前，欧盟多个国家正在建设智慧交通业务试点。

（1）德国。

目前，大众已经开始在德国汉堡市启动 L4 自动驾驶汽车的测试，大众集团和汉堡市政府正合作在市中心打造一条长 9 千米的测试环线。参与测试的 5 辆新能源汽车搭载了先进的自动驾驶技术（激光扫描仪、雷达及摄像头）。另外，道路的其他配套改善措施包括安装智能信号灯，该信号灯可以与测试车辆进行双向通信。

（2）挪威。

2018 年 1 月，挪威出台法律，允许在公共道路上进行自动驾驶汽车测试，目前有多个城市开始了自动驾驶巴士的测试。在奥斯陆，公共交通出行公司 Ruter 与 Autonomobility 合作测试自动驾驶汽车，他们组建了一个含有 50 多辆汽车的车队。2021 年，有 50 多辆自动驾驶公共汽车上路。此外，国家公路管理局还在挪威北部进行了自动驾驶卡车列队行驶测试，并在 2019 年开始试运行自动驾驶出租车。

（3）瑞典。

AstaZero 是位于瑞典哥德堡附近的大型测试区域。AstaZero 主要研究如何通过主动安全技术来避免事故，其采用政府和社会合作模式，由政府、行业学会及企业共同出资 7000 万美金建设，由瑞典 SP 技术研究院和查尔姆斯理工大学共同所有，而沃尔沃公司是 AstaZero 的主要投资方和使用方。AstaZero 测试场地占地面积约为 200 万平方米，能够支持几乎任何实际交通场景的测试，测试重点为自动驾驶技术和刹车技术，并对驾驶人注意力分散情况进行研究。

3. 亚洲

（1）日本。

2019 年，日本福井县永平寺町和产业技术综合研究所等在永平寺町约 6 千米长的公路上启动了用自动驾驶汽车运载居民和游客等的实证试验。此次试验为期约半年，主要目标是确认自动驾驶作为商业项目能否盈利。测试中使用的车辆有 2 种，均由高尔夫球车改装而成，可运载 6～7 人，最高时速达 12 千米/小时。2019 年 8 月，在神奈川县政府的授权下，对由小田急电铁与软银旗下的自动驾驶子公司 SB Drive 共同开发的自动驾驶汽车进行了道路测试。此外，日本还聚焦自动驾驶出租车服务，如日产汽车和 DeNa 科技公司在港口城市横滨 4.5 千米的路线中测试了自动驾驶出租车。

在 2021 年 8 月的东京奥运会上，丰田为奥运会提供了 3340 辆车，其中 90%以上是新能源汽车。在奥运村附近，由丰田配备的 e-Palette 自动驾驶小巴汽车沿指定路线以大约 20 千米/小时的速度为运动员、教练、球队经理等后勤人员提供往返于赛事场地和住处的出行服务。e-Palette 是丰田专门为东京奥运会和残奥会研发设计的车型，最多可容纳 20 名站立乘客，搭载了丰田最新版本的安全感知技术，可在摄像头、激光雷达、高精度地图的帮助下，实现 L4 级低速自动驾驶。

（2）韩国。

2018 年，韩国在京畿道华城建设的自动驾驶汽车测试场 K-City 投入使用。K-City 专用于测试自动驾驶汽车的通信、传感器、人工智能和行驶安全性，能够模拟汽车专用公路、市中心公路等不同道路环境。

2020 年 11 月，韩国国土交通部宣布，将首尔、忠清北道、世宗、光州、大邱和济州 6 个地区指定为自动驾驶试点地区，支持民间企业在上述地区开展自动驾驶验证项目，加速实现自动驾驶公共交通和送货服务。

首尔将试点运行往返于岩洞 DMC 站、商业区和住宅区的自动驾驶区间车；忠清北道和世宗将试点运行往返于五松站和世宗客运站之间 22 千米的自动驾驶快速公共汽车；光州将试点运行自动驾驶路面清扫车和废物回收车；大邱和济州将分别试点运行自动驾驶出租车和机场大巴。民间企业在获得政府批准的前提下，可在上述地区试点运行旅客及货物运输收费服务等收费项目。

（3）新加坡。

2017 年，由新加坡陆路交通管理局（Land Transport Authority）、新加坡南洋理工大学（Nanyang Technological University）和新加坡裕廊集团（JTC）共同建设的 CETRAN 智能车测试中心正式开放，这是东南亚地区第一个自动驾驶测试中心，包括交通路口、公共汽车站和斑马线。它还可以模拟热带降雨和洪水情况，反映了新加坡及周边地区的气候。目前，已有十余个本地公司和外国公司在新加坡进行自动驾驶试验。

新加坡在 2016 年开启全球首个面向公众的 Robotaxi 试运营。在 6 千米的测试道路上，公众可通过打车软件预约 6 辆 Robotaxi。此后，新加坡的自动驾驶区域不断扩大。截至 2019 年，新加坡将西部超 1000 千米的所有公共道路用于测试自动驾驶汽车，道路里程占其总里程的 1/10。2021 年，新加坡首次开启无人小巴汽车公开道路的商业化试运营，并在 2022 年前在榜鹅、登加及裕廊创新区 3 个新城镇实现无人驾驶公共汽车的常态化商业化运营。

9.2.2 中国智慧交通试验基地

为了加速我国智慧交通产业的规模化商用,我国正在大力建设车联网先导区,主要目的是推动智慧交通领域的核心技术研发迭代、相关产品的成熟度及跨行业的协作融合,探索产业发展和商用部署途径。

目前,已揭牌的国家级车联网先导区主要包括国家级江苏(无锡)车联网先导区、天津(西青)国家级车联网先导区、湖南(长沙)国家级车联网先导区及重庆(两江新区)国家级车联网先导区 4 个。

1. 国家级江苏(无锡)车联网先导区

国家级江苏(无锡)车联网先导区是由江苏省工业和信息化厅牵头,由无锡市政府组织中国信息通信研究院、公安部交通管理科学研究所、中国移动、华为公司、无锡智慧城市发展有限公司等诸多单位共同参与建设的。国家级江苏(无锡)车联网先导区于 2019 年正式揭牌,是全国首个国家级车联网先导区示范区,初期完成了包括 280 千米道路、240 个交通信号路口的数字化改造,2020 年完成 600 个路口的基础设施改造升级,占地面积 300 多平方千米。

该先导区的主要任务是实现 C-V2X、RSU 的规模部署,装配一定规模的车载终端,完成重点区域交通设施车联网功能改造和核心系统能力提升,丰富车联网应用场景。此外,还将进一步明确车联网运营主体和职责,建立车联网测试验证、安全管理、通信认证鉴权体系,以及互联互通的云端服务平台。

2. 天津(西青)国家级车联网先导区

2020 年 6 月,天津(西青)国家级车联网先导区正式揭牌,由中国汽车技术研究中心有限公司作为牵头单位,联合华为、大唐、星云互联等企业共同参与建设实施。先导区主要聚焦蜂窝车联网(C-V2X)的规模化部署,完成重点区域交通设施车联网功能改造和核心系统能力提升,明确车联网通信终端安装方案,建立互联互通的云端服务平台。同时,积极探索跨行业标准化工作新模式,加快行业关键急需标准的制定和验证,加强"虚拟测试—封闭测试—开放道路"三级测试评价体系建设。

目前,该先导区已基本完成了车路协同全息感知环境一期工程建设,包括 60 个路口的升级改造,部署边缘计算服务器、激光雷达等路侧设备,能够实现在行人穿越马路、特殊车辆经过、前方车辆刹车等十余种场景下的辅助信息提示。未来,该先导区将在基础设施、数据服务、标准支撑和应用推广等方面进一步加大建设力度。

3. 湖南（长沙）国家级车联网先导区

湖南（长沙）国家级车联网先导区于 2020 年 11 月正式揭牌，由湖南湘江智能科技创新中心有限公司担任先导区的规划、建设及运营单位。该先导区的主要任务是在重点高速公路、城市道路规模部署 C-V2X，结合 5G 和智慧城市建设，完成重点区域交通设施车联网功能改造和核心系统能力提升，带动全路网规模部署。

目前，该先导区完成了 170 余个路口的路侧管控及通信设施改造，覆盖面积 250 平方千米，完成了全市 73 条公交线路的智能化、网联化升级。

4. 重庆（两江新区）国家级车联网先导区

2021 年 1 月，重庆（两江新区）由工业和信息化部批准创建国家级车联网先导区，这也是西部地区第一个国家级车联网先导区。

目前，重庆（两江新区）拥有丰富的车联网先导区示范应用场景，已建成 i-VISTA 智能汽车集成试验区、空港工业园区智慧物流 5G 自动驾驶一期等项目，建有礼嘉智慧公园、两江协同创新区等先导示范区域。

未来，两江新区将加快车联网补链成群，着力构建车联网生态圈，建设高水平汽车产业研发生产制造基地。目前，重庆（两江新区）国家级车联网先导区正加快相关基础设施建设，力争于 2023 年年底前，车联网应用覆盖两江新区全域。

工业和信息化部、交通运输部、住房和城乡建设部、国家发展和改革委员会等均在积极推进城市级智能网联测试示范区工作。除上述 4 家先导区外，截至 2021 年 10 月，工业和信息化部授权测试示范区 10 家；交通运输部授权 4 家；工业和信息化部与交通运输部联合授权 3 家；住房和城乡建设部授权 6 家；工业和信息化部与住房和城乡建设部联合授权 6 家；国家发展和改革委员会授权 1 家（见表 9-1）。此外，还有超过 40 个城市级及企业级测试示范点，遍布我国华东、华中、华北、东北、华南、西南、西北地区。

表 9-1 国家部委推进的智能网联测试示范区汇总表

部委推进	省份	城市	名称
工业和信息化部	吉林	长春	国家智能网联汽车应用（北方）示范区
	北京、河北	北京、河北各地市	国家智能汽车与智慧交通（京冀）示范区
	上海	上海	国家智能网联汽车（上海）试点示范区
	江苏	无锡	国家智能交通综合测试基地（无锡）
	浙江	杭州、嘉兴	浙江 5G 车联网应用示范区
	湖北	武汉	国家智能网联汽车（武汉）测试示范区
	湖南	长沙	国家智能网联汽车（长沙）测试区
	广东	广州	广州智能网联汽车与智慧交通应用示范区
	四川	成都	中德合作智能网联汽车车联网四川试验基地
	重庆	重庆	国家智能汽车集成系统实验区（i-VISTA）
	江苏	无锡	国家级江苏（无锡）车联网先导区

部委推进	省份	城市	名称
工业和信息化部	天津	天津	天津（西青）国家级车联网先导区
	湖南	长沙	湖南（长沙）国家级车联网先导区
	重庆	重庆	重庆（两江新区）国家级车联网先导区
交通运输部	北京	北京	北京通州国家运营车辆自动驾驶与车路协同测试基地
	重庆	重庆	重庆车检院自动驾驶测试应用示范基地
	陕西	西安	长安大学车联网与智能汽车试验场
工业和信息化部与交通运输部联合	北京	北京	国家智能汽车与智慧交通（京冀）示范区自动驾驶亦庄基地
	江苏	泰兴	自动驾驶封闭场地测试基地（泰兴）
	上海	上海	上海临港智能网联汽车综合测试示范区
	湖北	襄阳	襄阳市智能网联汽车道路测试封闭试验场
住房和城乡建设部	浙江	宁波	宁波城市智慧汽车基础设施和机制建设试点
	福建	泉州	泉州城市智慧汽车基础设施和机制建设试点
	福建	莆田	莆田城市智慧汽车基础设施和机制建设试点
	湖北	武汉	武汉城市智慧汽车基础设施和机制建设试点
	浙江	德清	德清城市智慧汽车基础设施和机制建设试点
	广东	广州	广州城市智慧汽车基础设施和机制建设试点
工业和信息化部与住房和城乡建设部联合	北京	北京	北京智慧城市基础设施与智能网联汽车协同发展试点
	上海	上海	上海智慧城市基础设施与智能网联汽车协同发展试点
	广东	广州	广州智慧城市基础设施与智能网联汽车协同发展试点
	湖北	武汉	武汉智慧城市基础设施与智能网联汽车协同发展试点
	湖南	长沙	长沙智慧城市基础设施与智能网联汽车协同发展试点
	江苏	无锡	无锡智慧城市基础设施与智能网联汽车协同发展试点
国家发展和改革委员会	上海	上海	上海基于智能汽车云控基础平台的"车路网云一体化"综合示范

9.3　智慧交通新型产品体系

　　智慧交通产品体系主要包括面向客户的业务应用产品体系，以及保障业务实现的基础能力产品体系和智慧交通资源池，如图 9-1 所示。

1. 业务应用产品体系

　　业务应用产品体系主要面向智慧交通领域不同客户的多样化需求，提供包括监控、指挥、评测、调度等业务服务。面向政府客户（To G），主要提供交通运行监测、管理、决策辅助等服务；面向企业客户（To B），主要提供城市道路、高速公路、园区等场景的运营管理服务；面向个人用户（To C），主要提供便捷、舒适的出行服务体验。业务应用的实现依靠通信网络、定位、安全等基础能力，以及实现智慧交通数据采集的资源池。

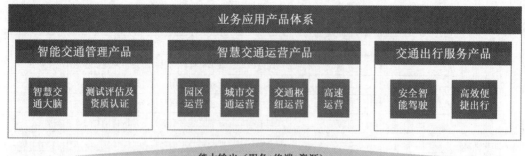

图 9-1　智慧交通产品体系

2. 基础能力产品体系

基础能力产品体系主要通过 5G、C-V2X、高精度定位、大数据、人工智能等前沿技术实现交通数据可靠、快速地回传，并完成实时高效的处理分析，从而实现智慧交通参与者的互连互通、数据共享，构建"车—路—云"协同的智慧交通整体架构。

3. 智慧交通资源池

智慧交通资源池是实现上层业务的基础要素，为业务应用系统提供统一的数据采集、存储和管理等能力。基于通信网络、感知设备、基础设施信息化等手段实现城市道路、高速公路、园区等场景的交通信息汇集，构建面向智慧交通体系的资源集。

9.3.1　业务应用产品体系

智慧交通领域的下游客户主要可以划分为三大类，即政府客户、行业客户和个人用户。政府客户主要包括交通领域的政府机关或部门，负责交通运输的监督、调度、管控等综合管理职能；行业客户主要包括交通运营相关的企业客户，旨在通过交通大数据分析提升企业的运营、调度等能力；个人用户主要聚焦多元化、高品质的出行服务，旨在获得安全高效的出行细分场景服务。业务应用产品体系如图 9-2 所示。

（1）面向政府客户的智慧交通管理。通过交通指挥大脑，实现城市综合交通运行监测与管理、协调联动、决策辅助、应急管理等，帮助政府实现高效的交通治理。搭建资质认证体系，开展智能汽车、路侧设备、高精度定位、道路基础设施等一系列测试验证，协助交通管理部门构建智慧交通测试评估体系。

图 9-2 业务应用产品体系

（2）面向企业客户的智慧交通运营。面向行业相关企业客户，通过交通大数据分析提升企业的调度管理等能力，实现精细化运营。面向园区环境，基于园区综合管理运营平台实现对园区内车辆、物资、人员的综合调度，实现园区的高效快捷管理；在城市道路上，通过智慧停车管理平台、无人出租运营平台、智慧公交运营管理平台等，构建智慧的城市出行体验；在机场、港口、车站、物流转运站等人流/物资密集的交通枢纽场所，通过构建大数据管理平台系统，实现全域交通态势的感知预测，为车辆、人员提供高效的出行服务；在高速公路上，实现车流监控和统计、智慧服务、通信收费、路面养护等一些列高速运营管理能力。

（3）面向个人用户的交通出行服务。主要为民众提供精准实时、安全高效、流畅愉悦的交通出行服务体验。在高效便捷出行方面，平台打通出行信息全链路，实现地铁、公交、网约车、单车等多种出行模式的无缝接驳；同时，向用户推送汽车养护、金融保险、商场/餐厅等兴趣点提醒，以及车载娱乐等车载信息服务。在安全智能驾驶方面，平台汇总实时交通信息并下发给车辆，通过交叉路口应道、绿波通行、路况提醒、各类防碰撞预警等业务场景，增强用户的安全高效驾驶体验。

目前，通信运营商、设备商、互联网巨头等领域的企业纷纷发力智慧交通平台解决方案，并开展了相关的示范验证。

（1）百度。百度阿波罗（Apollo）是百度发布的面向汽车行业及自动驾驶领域的合作伙伴提供的软件平台（见图9-3），旨在向汽车行业及自动驾驶领域的合作伙伴提供一个开放、完整、安全的软件平台，帮助其结合车辆和硬件系统，快速搭建一套属于自己的完整的自动驾驶系统。

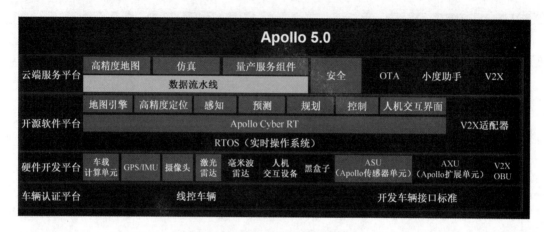

图 9-3　百度阿波罗自动驾驶平台

2018 年以来，百度阿波罗陆续发布了自主泊车（Valet Parking）、无人作业小车（MicroCar）、自动接驳巴士（MiniBus）3 套自动驾驶解决方案。依托百度阿波罗自动驾驶平台，百度已发展了 200 多个合作伙伴，智能网联车型超过 500 款；在全国 7 个城市运营 robotaxi，测试车队超过 500 辆，总测试里程超过 600 万千米，累计服务乘客超 10 万人次。

（2）阿里巴巴。2018 年 6 月，阿里云联手高德地图发布了城市大脑·智慧交通战略。阿里巴巴的城市大脑·智慧交通公共服务版（见图9-4）首次亮相，能够通过视频识别交通事故、拥堵状况，融合互联网数据及海量多元数据，进行规模化处理与实时分析，构建

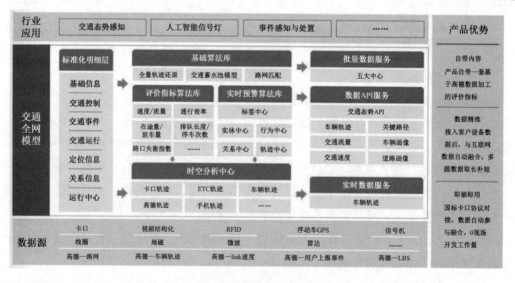

图 9-4　城市大脑·智慧交通公共服务版

即时全面的城市交通数据底盘。未来，城市大脑·智慧交通公共服务版将在交通监控、出行服务、交通指挥、应急处置等功能中充分发挥事前预测、事中管理和事后评估的智慧化决策的支持作用，为破解城市交通难题提供新动能和新变量。目前，城市大脑·智慧交通公共服务版已覆盖杭州主城区、余杭区、萧山区共 420 平方千米；已经接管 1300 个路口信号灯，接入 4500 个视频，通过七大生命体征全面感知城市交通，已经具备信号灯优化、交通事件实时识别、应急车辆优先调度、重点车辆管控、社会治理和公共安全保障等功能。

9.3.2 基础能力产品体系

智慧交通基础能力产品体系的主要功能是实现来自智慧交通资源池的数据信息的实时传输和高效处理，并向业务应用平台提供有力的支撑，是打造智慧交通业务体系的能力基座，如图 9-5 所示。

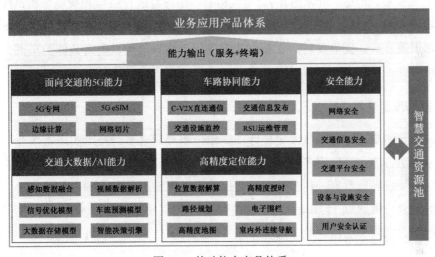

图 9-5 基础能力产品体系

5G 与 C-V2X 能力相辅相成，构建全局与区域通信互补的融合通信网络，实现车辆、道路等相关数据的采集和实时上传，配合高精度定位能力，为智慧交通业务提供有力支撑。在此基础上，开展交通大数据的综合处理分析，针对典型业务场景完成业务建模，打造智能决策引擎，为智慧交通业务保驾护航。此外，"云—管—端"的安全能力为用户、交通设施、通信网络及数据提供全流程安全防护。

1. 面向交通的 5G 能力

智慧交通业务场景往往伴随海量数据的产生，需要高性能网络将数据上传到业务平台侧。"5G 新空口+MEC"可以为智慧交通业务提供高数据速率、低时延的通信服务，再配合网络切片划分专用网络资源,可以进一步保障数据的高速率和低时延,同时提高通信可靠性和安全性。通过 5G 基础能力,能够实现"车—路—云"的实时信息交互,有效支撑车路协同及交通态势预测,满足用户的智能驾驶需求。

2. 车路协同能力

C-V2X 是车路协同的核心技术,通过 RSU、OBU 之间的直连通信搭建车路协同体系。RSU 通过与路侧基础设施资源(信号灯、电子屏等)对接,将交通信息广播给车辆并回传至平台侧,OBU 则在实现车车之间安全防碰撞的同时,将车辆行驶信息上传至业务平台,该平台能够实现对车辆和路侧设施的管理。车路协同能力与上述的 5G 能力共同构建了全域智慧交通网络覆盖能力。

3. 交通大数据/AI 能力

通过大数据、智能学习等技术手段对车辆自身和行驶的状态信息、道路环境消息(包括 RSU、摄像头、雷达、气象感知)、定位信息、地图等进行融合和智能分析,打造能够主动感知、预测、分析,并快速做出正确处理的业务模型。通过建模可以实现车辆的日常监测和调度管控,提供及时、合理的决策建议。用户也可以查询具体的车辆、路侧设备、基站等的工作状态,便于运营维护。

4. 高精度定位能力

面向不同的交通业务场景及定位性能需求,需要通过多种技术实现室内外一体化综合时空位置服务能力。采用多源时空数据融合的定位方案,包括基于差分数据的 GNSS 定位数据、惯性导航数据、传感器数据、高精度地图数据、蜂窝网数据等。通过多源时空数据的融合分析解算,为车辆提供位置数据解算、高精度授时、路径规划、电子围栏、高精度地图、室内外连续导航等服务。

5. 安全能力

智慧交通系统中的数据来源广泛、在"端—网—云"各个层面均需要安全能力来保证相关业务平稳安全运行。安全能力是指在用户隐私、设备设施、通信网络、业务平台等多个方面提供全方位的安全保障机制,保护用户信息的隐私性和用户访问的合理性,保障设备接口的安全访问和系统的安全升级,以及业务流程中信令和数据不被窃听或篡改。

9.3.3 智慧交通资源池

智慧交通的实现需要采集海量数据并进行高效处理,采集的对象主要包括城市交通、高速公路、交通枢纽、园区等重点交通场景的交通基础设施资源。智慧交通资源池体系如图 9-6 所示。

图 9-6　智慧交通资源池体系

1. 通用资源

通用资源主要是指在各类交通场景中常用的能够实现数据采集、汇总、存储等功能的设备资源，主要包括以下 4 个方面。

（1）感知设备资源。摄像头、微波雷达、激光雷达等设备，以视频、图片、点云数据等形式完成车、路、人、环境等交通信息的采集。

（2）路侧通信资源。通信基站、RSU、路侧边缘计算设备等，通过与信号灯、路牌等道路基础设施的对接，将道路信息读取后下发至车辆及回传平台，是构建车路协同环境的纽带。

（3）交通指示资源。为保障交通系统的安全正常运营提供通信信号、道路状况提醒等必要信息的道路基础设施，如信号灯、电子交通指示牌、智能显示屏等。

（4）交通路网结构资源。交通路网结构资源是指城市道路、高速公路等公开环境下的路网结构，以及交通枢纽、园区等封闭/半封闭环境下的道路分布情况。交通路网结构资源是智慧交通资源，决定了上述感知、路侧设备和基础设施的部署分布。另外，基于路网结构资源采集的高精度地图也是智慧交通的关键基础要素之一。

2. 差异化资源

差异化资源来自实际发生的交通业务场景的不同需求。

（1）城市交通场景的主要特点是连接大小规模的人类活动场所，因为交叉路口繁多，所以必须依靠交通灯和路侧杆塔等设施完成车流管控，保障交通的安全平稳运行。

（2）在高速公路场景中，主要通过龙门架、收费站等特有场景来满足车流监管统计、收费等运营服务；服务区主要提供休息、餐饮、娱乐等大众服务。

（3）在交通枢纽场景中，交通枢纽主要是车站、机场等人流量密集的场所，需要建设满足乘客识别、行李中转、客流统计管理等场端需求，保证交通枢纽正常有序的运作。

（4）在园区场景中，园区道路多为封闭/半封闭道路，车速较城市道路更低，通常有点对点的接驳运输需求。因此，除信号灯、杆塔等道路设施外，还需要配备园区的运营监管能力。

9.4 基于 5G 与 C–V2X 的智慧交通业务示范

9.4.1 辅助驾驶

辅助驾驶是指车辆通过获取周围环境信息，通过语音或屏幕显示等方式提醒驾驶员需要注意的事项，达到保障车辆行驶安全、提高行驶效率的目的。典型的辅助驾驶业务包括紧急制动预警、交叉路口高效通行、行人碰撞预警等。

2017 年，中国联通联合一汽等合作伙伴在上海嘉定汽车城开展了辅助驾驶业务演示。通过部署"人—车—路—云"一体化协同网络，实现了行人防碰撞、车辆防碰撞等多种业务场景。通过车与路边基础设施及云的连接，实现交叉路口防碰撞场景；通过"车—人—云"协同，车辆通过网络得到行人信息，实现行人防碰撞场景。

以行人防碰撞业务为例，主要流程为：行人状态信息通过终端上传给基站，业务服务器将行人状态信息有线传递给 RSU，RSU 广播行人状态信息给路口车辆。车辆基于来自 RSU 的信息及自身行驶状态信息判断是否需要发出碰撞预警。行人防碰撞业务及流程如图 9-7 所示。

9.4.2 远程驾驶

基于 5G 的远程驾驶系统主要包括驾车控制组件、远程车体、服务器及显示屏。显示屏采用多块屏拼接而成，模拟驾驶员正前方的视野，通过 5G 网络与停在室外的汽车进行远程连接，使得驾驶员坐在模拟驾驶设备上就能对汽车进行远程操控。

（1）车端。通过摄像头、激光雷达、车载控制器等基础设施，实现车辆周边交通环境感知。

（2）网络。基于 V2X 和 5G 构建车辆与控制中心的信息传输。5G 包括 5G 基站、MEC 等，实现控制数据、状态数据的传输，V2X 主要实现车—车、车—路之间的感知信息传输。

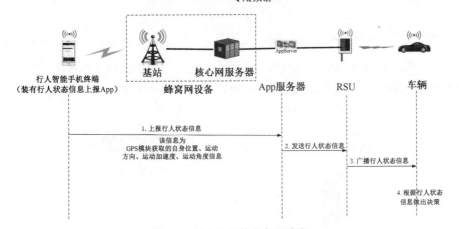

图 9-7　行人防碰撞业务及流程

（3）平台。云平台实现感知信息的采集与融合分析，同时面向不同的应用场景提供联合决策和协同控制，实现编队、远程驾驶、自动驾驶等业务管理。

2018 年，中国联通与业内伙伴联合进行了国内首个 5G 超远程智能驾驶实车示范。外场演示的网络环境位于北京市房山区，依托 5G 网络的超高传输速率和极低时延，实现了车辆与云端之间的远程监控数据传输。调度员在上海展馆基于全方位视频图像进行云端操控，可实现对北京车辆的远程驾驶及车队调度，两地之间跨越了 1300 千米的超长距离，如图 9-8 所示。

图 9-8　5G 超远程智能驾驶实车示范

9.4.3　自动驾驶

自动驾驶是智慧交通行业的发展趋势之一，现阶段主要应用于智慧园区场景。智慧园区需要高效率地完成园区内人员、物资的集散运输，并实现可视化管理。通过 5G、C-V2X、高精度定位及车辆/路侧感知等技术，实时获取自动驾驶车辆自身和周边的交通环境信息，通过自动驾驶业务平台的综合分析，提供控制决策服务，确保车辆安全高效行驶。

2021 年，中国联通在首钢冬奥园区搭建基于"5G+北斗+C-V2X"的智能车联网系统（见图 9-9），配合智能车联网自动驾驶业务平台，自动驾驶车辆将交通环境信息与车载传感器感知信息相结合，实现基于融合感知的驾驶行为实时决策。

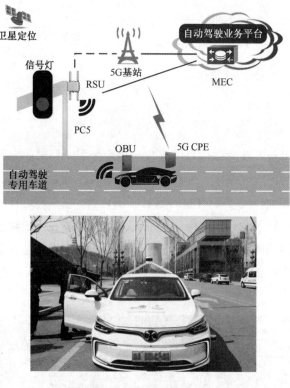

图 9-9　自动驾驶系统及示范

9.4.4　编队行驶

车辆编队行驶主要是通过 5G、V2X、高精度定位等技术实现车辆按照一定的秩序和规则行驶。车辆通过车载摄像头、雷达采集车辆周边环境，RSU 和 OBU 实现车—车及车—路的信息交互，5G 网络将采集的感知信息及车辆状态信息实时上传，平台基于这些上传的信息做出决策，并将决策指令下发，帮助车辆识别路况、变换行驶速度和方向。

2019 年，中国联通在顺义奥运水上公园进行无人驾驶车辆的编队行驶试验，如图 9-10 所示。首车是人工驾驶车辆，紧随其后的 4 辆车为无人驾驶车辆。通过车载雷达和云端监控技术，无人车可跟随领航车实现自动驾驶，队列自动驾驶可应用在救灾巡查、旅游观光等多种场景中。测试场景包括加速、减速、停车、转弯、外部车辆编导插队、紧急情况下切换人工驾驶模式。

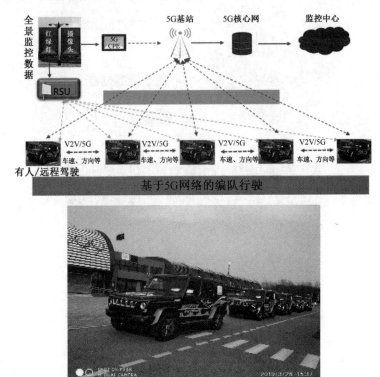

图 9-10　编队行驶业务系统及示范

9.4.5　智慧泊车

中国联通智能城市研究院联合首钢冬奥园区、北汽等合作伙伴，在首钢冬奥园区地下停车场部署了基于"5G+UWB+视觉定位"的高精度定位系统，为自动驾驶车辆提供厘米级高精度定位服务，实现车辆在停车场的自动泊入和驶出，并在 2022 年北京冬奥会期间进行业务示范，如图 9-11 所示。

该智慧泊车业务方案包括自主泊车云平台、车端自动驾驶系统、场端高精度定位系统 3 个部分。5G 网络和 UWB 高精度定位网络完成整套系统的数据连接。其中，5G 高速率低时延可以满足客户端及场端摄像头与平台的数据传输；场端部署的 UWB 高精度定位系统能够实现室内外连续无间断的、厘米级、超低时延的精准定位；搭载了室内高精度定位结算能力的自主泊车云平台可与停车场管理系统无缝对接，实现商业运营，自主泊车云平台可提供面向停车场运营的车位规划、应急管理、热度分析等应用。

图 9-11　智慧泊车业务

9.5　本章小结

　　本章首先介绍了美国、欧盟、亚洲智慧交通试验基地的建设情况，以及中国国家级车联网先导区、城市级智能网联测试示范区的发展；其次梳理了智慧交通产品体系，并阐述了业务应用产品体系、基础能力产品体系和智慧交通资源池 3 个组成部分的关系及各自的主要能力；最后介绍了基于 5G 和 C-V2X 的业务示范场景，主要对辅助驾驶、远程驾驶、自动驾驶、车辆编队行驶等场景进行概述，并介绍其典型案例。

9.6　参考文献

[1]　腾讯. 腾讯未来交通白皮书[EB/OL].（2020-09）[2022-01-08]. https://docs.qq.com/pdf/DSk5qRnVFTE9lZGFU.

[2]　工业和信息化部. 工业和信息化部支持创建江苏（无锡）车联网先导区[EB/OL].（2019-05-01）[2022-01-08]. https://www.miit.gov.cn/jgsj/kjs/gzdt/art/2020/art_06ccd2a550744758b376324c8f7f2c56.html.

[3]　工业和信息化部. 工业和信息化部支持天津（西青）创建国家级车联网先导区[EB/OL].（2019-12-20）[2022-01-10]. https://www.miit.gov.cn/jgsj/kjs/gzdt/art/2020/art_2ec64e8a18d14337bcda9674daab9fc8.html.

[4]　工业和信息化部. 工业和信息化部支持湖南（长沙）创建国家级车联网先导区[EB/OL].（2020-10-13）[2022-01-10]. https://www.miit.gov.cn/jgsj/kjs/gzdt/art/2020/art_e2a50af3c60146ea87aba32eb16e2286.html.

[5]　工业和信息化部. 工业和信息化部支持重庆（两江新区）创建国家级车联网先导区[EB/OL].（2021-01-07）[2022-01-12]. https://www.miit.gov.cn/jgsj/kjs/jscx/art/2021/art_4570dba1438b405d93abee5bbfdef733.html.

[6]　人民日报. 自动驾驶研发应用 展现新的发展前景[EB/OL].（2020-08-06）[2022-01-11]. http://gz.people.com.cn/n2/2020/0806/c194864-34209326.html.

第 10 章

5G 智慧交通业务应用案例

· · · · · · · ·

智慧交通业务应用的实现需要 5G、C-V2X 等通信网络、高精度定位、车路协同、智能驾驶、业务平台和安全防护等技术的综合运用。

在前面的章节中我们已经就上述技术进行了深入的探讨,本章将分别从园区场景、高速公路和城市道路三个不同场景出发,介绍智慧交通相关的业务应用案例。针对具体案例,本章将围绕案例背景、关键技术、业务需求分析、业务系统建设、业务应用示范等方面展开叙述。

10.1 科技冬奥园区智能车联网应用案例

科技推动奥运的发展,5G 是实现科技奥运的核心力量。伴随着科技的进步,奥运会不仅仅是全球体育爱好者的顶级盛会,也成为各东道国展示科技实力的文化盛宴。我国作为 "5G+智慧交通" 技术领先的国家,在冬奥会期间展示了 5G 智能车联网的创新技术及业务示范,以此为契机打造了 5G 智慧交通行业标杆案例,可以有效引领智慧交通的产业创新,促进全球智慧交通产业更好更快发展。

科技冬奥 5G 智能车联网项目针对冬奥会期间物资、设备、人员高效安全的运输和出行需求,打造了一套基于 "5G+C-V2X+北斗" 的智能车联网系统,实现了 "5G+C-V2X" 融合组网解决方案、室内外多源融合高精度定位、"人工智能+网联" 的 L4 自动驾驶技术创新、智能车联网创新业务平台等技术突破,实现了在首钢冬奥园区超过 100 万平方米的部署应用和面向冬奥出行场景的业务示范。在北京冬奥会期间,该项目实现了 4 种车型、10 种业务场景的示范应用,包括 L4 级别的无人接驳、自主泊车、无人零售、无人配送等，为北京冬奥会和冬残奥会提供安全、绿色的出行系统。基于"5G+智能车联网"，将该项目打造成冬奥会的一张名片，推动国内智慧交通产业的发展和商业化落地，支撑国家的网络强国战略。

10.1.1　案例背景

首钢冬奥园区是北京 2022 年冬奥会和冬残奥会组织委员会驻地，也是北京 2022 年冬奥会正式比赛项目单板滑雪大跳台的比赛所在地，还是短道速滑、花样滑冰等国家级训练场馆所在地，共占地 2.91 平方千米。作为 2022 年北京冬奥会唯一官方通信服务合作伙伴，中国联通的 5G 网络为北京冬奥会带来了超大带宽、超低时延、超大连接的极致体验。2018 年 10 月，中国联通和首钢集团签约成为战略合作伙伴，在建设 5G 产业园区、推动智慧园区规划设计和示范应用、自动驾驶等方面展开战略合作。

2019 年 10 月起，中国联通牵头并携手首钢、大唐、北汽等单位，联合承担了科技部 2019 年国家重点研发计划"科技冬奥"重点专项"面向冬奥的高效、智能车联网技术研究及示范"。项目主要任务如图 10-1 所示，该项目针对冬奥会期间物资、设备、人员在复杂交通环境下的高效安全运输需求，打造了一套基于"5G+C-V2X+北斗"的智能车联网系统，可提供多场景下的"车—路—云—网"智慧交通服务，实现 L4 自动驾驶车辆的防碰撞、路径规划、自主泊车等典型业务功能，将在 2022 年北京冬奥会滑雪大跳台正式比赛期间进行整体应用。

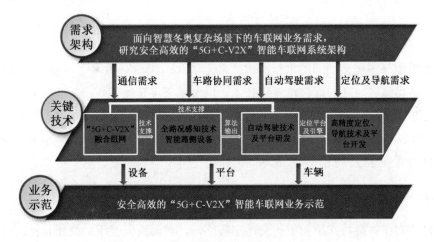

图 10-1　科技冬奥智能车联网项目主要任务

10.1.2　关键技术

科技冬奥 5G 智能车联网项目主要围绕 5G 与 C-V2X 融合组网、车路协同全域感知技术、多源融合高精度定位、L4 级别自动驾驶技术等领域开展创新技术研究，构建安全高效的 5G 智能车联网系统。

1. 基于 5G 与 C-V2X 的融合组网技术

5G 网络的大带宽特性保障了视频数据的实时上传，可有效支撑车路协同及交通态势预测。基于 MEC 的边缘计算技术实现了时延小于 10ms 的空口时延，实现了业务信息的实时交互。此外，针对当前车联网异构网络分立、资源难以协同的问题，提出"5G+C-V2X"融合组网方案，构建全局与区域通信优势互补、低成本、安全高效的智能车联网。

2. 面向车路协同的全域路况感知技术

车载传感只能感知车辆周边近程的环境情况，且感知算法存在感知信息不全、计算量大、实时性不够等问题。项目基于"5G+C-V2X"车路协同系统架构，研发了全域路况感知融合算法，构建车—路协同环境下全域交通态势感知融合体系，实现了路侧多源全域交通感知数据的实时提取、分析、下发，助力车辆实时获取全域交通动态信息。

3. 基于"5G+北斗"的室内外高精度定位技术

项目针对遮挡环境下卫星高精度定位难以实现的问题，提出了 5G、北斗、车辆传感等多种技术融合定位方案，研发车辆高精度定位设备与平台，实现了在首钢冬奥园区遮挡环境下 0.1 米定位精度的技术突破，并且为园区无人驾驶车辆提供无缝的室内外高精度定位及路径导航。

4. 基于智能网联的 L4 级别自动驾驶技术

项目组围绕冬奥会期间的出行需求，基于"5G+C-V2X+北斗"的智能车联网环境，开展首钢冬奥园区内 L4 级自动驾驶技术，以及地下停车场等场景下的代客泊车技术的研究。通过"人工智能+网联"的技术应用，自动驾驶车辆将交通环境信息与车载传感器感知信息相结合，实现基于融合感知的驾驶行为实时决策，打破了单纯依赖车身感知实现车辆自动驾驶导致的视距窄、成本高、存在安全风险等局限。

5. 面向冬奥严寒天气的创新技术增强研究

项目针对冬奥会特殊场景下的交通态势感知，对雨雪天气下的交通目标感知及跟踪算法进行了增强研究。通过雷达数据获得交通参与者的先验位置，并使用视频数据进行精确识别和跟踪，通过数据融合的方式解决感知缺失问题，实现了雨雪恶劣天气下的交通目标感知。此外，基于"5G+C-V2X"的全域路侧感知增强系统，可以改善自动驾驶车辆在雨雪天气下车载感知能力受限的问题，提高自动驾驶的安全性。与此同时，也提出采用自适应主被动耦合热管理的方法对 5G 通信基站、车路协同路侧设备进行抗寒能力增强，保障系统平稳运行。

本项目的创新成果包括 5G 与 C-V2X 融合组网技术、车路协同全域路况感知技术、融合定位技术等，这些技术将为智能汽车产业带来巨大变革，促进真正意义上的汽车智能化，并促进自动驾驶技术的发展进入快车道，并产生新的商业生态模式。依托此项目，中国联通在 3GPP、5GAA、CCSA 等国内外主流标准组织的牵头下立项了 20 余项标准，引领了下一代车联网技术标准的制定；申请专利、软件著作权等共计 20 余项，形成了自主知识产权体系；发表了多篇科技论文及行业白皮书。此外，项目在技术攻关过程中，还将国内自主研发的芯片、终端、平台、应用等车联网产业链关键要素构成闭环系统，实现整体应用与示范，为规模商用奠定了基础。

10.1.3　业务系统建设

科技冬奥 5G 智能车联网项目围绕冬奥会期间首钢冬奥园区安全、高效的出行业务需求，搭建了一套 5G 智能车联网系统，包括一套平台、两套网络、四种车型，并支撑冬奥会期间十大业务场景的整体应用和示范。科技冬奥 5G 智能车联网系统架构如图 10-2 所示。

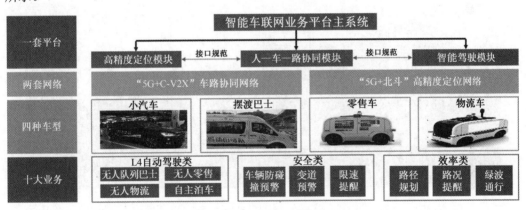

图 10-2　科技冬奥 5G 智能车联网系统架构

1. 基于 5G+C-V2X 融合组网的车路协同网络部署

项目组在首钢冬奥园区打造了全域交通态势感知车路协同系统。5G 网络的大带宽、低时延特性，能够实现车端、路端和平台之间的实时信息交互，有效支撑车路协同及交通态势预测。5G 与 C-V2X 的融合组网，通过全局与区域通信的优势互补，构建安全高效的车路协同系统，如图 10-3 所示。

目前，首钢冬奥园区已完成 17 个 5G 基站、14 个车路协同点位部署，覆盖面积超过 100 万平方米。车路协同点位主要设置在园区主干道及关键路口，包括 RSU、摄像头、雷达、路侧计算单元等。通过部署摄像头、雷达等感知设备，可实现全域交通路况信息采集；RSU 含有 5G 和 LTE-V 通信模块，可为自动驾驶车辆提供路侧高精度定位信息播发和高精度地图下载功能，助力车辆构建"场端+车端"的全域协同感知和定位导航体系。首钢冬奥园区通信网络部署如图 10-4 所示。

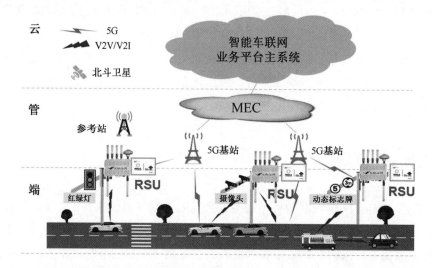

图 10-3　基于 5G 和 C-V2X 融合组网的车路协同系统

（a）5G 基站　　　　　　　　　　（b）路侧设备

图 10-4　首钢冬奥园区通信网络部署

　　此外，为了提高路侧全域交通信息的处理效率，项目还研发了基于感知的多源异构融合感知算法，并部署于路侧计算单元内，可对视频、雷达、RSU 等多源数据实现本地实时处理，构建全域交通态势感知车路协同。首钢冬奥园区车路协同多源异构融合感知体系如图 10-5 所示。多源异构融合感知算法已针对冬奥场景进行了算法研究与优化，可实现大雪、多雾等天气下的交通视频检测及跟踪。

2. 基于"5G+北斗"的多源融合高精度定位网络部署

　　通过部署 5G 基站、北斗地基增强站、高精度定位服务平台以及搭载了定位能力的智能路侧设备,构建起基于"5G+北斗"的多源融合高精度定位系统,如图 10-6 所示。整套系统通过高精度位置服务平台实现统一协同,为园区内的 L4 级别自动驾驶小汽车、无人巴士及无人零售车提供厘米级精准定位、实时轨迹跟踪、动态路径规划等业务。针对地下停车场卫星定位信号弱等问题,在秀池停车场部署了基于"5G+UWB"的室内外一体化高精度定位系统,打造了自主泊车示范区,助力自动驾驶车辆实现车位的快速寻找、驶入驶出及精准停靠等功能。

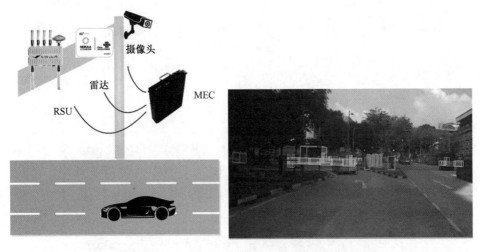

图 10-5　首钢冬奥园区车路协同多源异构融合感知体系

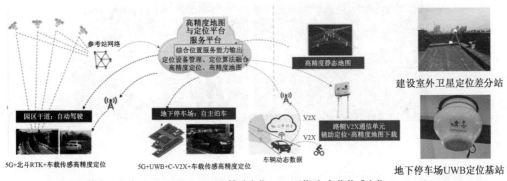

图 10-6　基于"5G+北斗"的多源融合高精度定位系统

3. L4 级别自动驾驶车辆测试验证

目前,基于 4 种自动驾驶车辆、10 种冬奥业务场景的开发与测试已完成,实现车辆防碰撞预警、变道预警、限速提醒、路径规划、绿波通行、路况提醒、自主泊车、无人接驳摆渡、无人零售、无人物流功能。自 2020 年上半年起,自主泊车场景累计进行道路测试 300 余次,测试表现较稳定;8 辆无人接驳摆渡巴士长期在首钢冬奥园区内开展业务运营;L4 级别自动驾驶车辆 robotaxi 累计进行为期 3 个月的道路自动驾驶测试,测试表现较稳定。无人零售车于 2020 年 9 月开始进入园区测试与示范，累计完成近 6 个月的运营及示范。L4 级别自动驾驶业务架构与示范如图 10-7 所示。

图 10-7　L4 级别自动驾驶业务架构与示范

4. 智能车联网综合业务平台部署

项目组研发智能车联网综合业务平台，实现对整套 5G 车联网系统的协同管理。该平台包括车辆智能驾驶、人—车—路—环境协同服务、高精度定位 3 个子模块，可支撑园区智慧交通业务协同运营，如图 10-8 所示。车辆智能驾驶模块对接多种自动驾驶车辆，可实现对车辆的环境信息、控制信息的下发等，实现云端对车辆的智能调度、路径规划等功能。人—车—路—环境协同服务模块通过"5G+V2X"网络实现对 RSU、路侧感知单元（摄像头、雷达等）、OBU、路侧 MEC 云平台的信息交互与运维管理，可实现对全域道路信息的感知、预测、分析，以及基础设施故障监控等业务。高精度定位模块能够汇聚路端、车端动态数据，并在云端结合高静态地图数据，完成动态信息的清洗、分类、计算，以及静态地图数据的匹配计算，为自动驾驶车辆提供动态交通信息服务、高精度位置服务、动态信息态势服务及高精度地图发布服务。

智能车联网综合业务平台采用集群式部署设计，业务与业务流之间采用低耦合方式连接，可支撑后续多层业务的接入，实现逻辑之间的多层解耦。系统可提供多措施、多点位的中间件消息传输服务。该平台采用了数据存储先操作缓存（redis 等服务）、再操作系统数据库的策略，可应对高并发和大流量的业务冲击，体现系统的低耦合、高可用、高并发、高容灾的特点。平台具备不少于 5 万辆车的动态信息接入能力，峰值处理能力不低于 5 万次/秒，支撑不少于 10 种出行业务在冬奥会期间的示范运营。

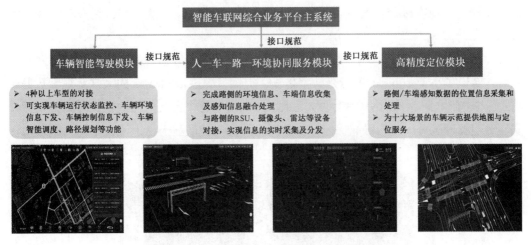

图 10-8　智能车联网综合业务平台主系统

10.1.4　业务应用示范

首钢冬奥园区作为北京 2022 年冬奥会比赛场地和国家级运动队训练基地，会有大量的工作人员、运动员、观众等不同冬奥人群的出行及接驳需求，以及在园区生活期间的日用品采购及运输需求。园区人流、车流、物流呈现高流量、高密度及潮汐特征。项目组根据不同的业务需求和出行特点，制定了无人接驳、无人零售等示范应用方案，并开展了多项业务示范。

从 2020 年下半年至冬奥会赛事开幕，中国联通总体牵头，陆续在首钢冬奥园区举办多场景创新成果业务示范，演示了冬奥会期间如何为冬奥参与者提供平稳、安全、高效的无人驾驶出行体验，实现人员、车辆、物资的灵活调度及运输，满足首钢冬奥园区的全天候便捷出行需求，获得了中央电视台、北京卫视、人民日报等主流媒体的采访和报道。冬奥会 5G 智能车联网项目创新业务示范如图 10-9 所示。

图 10-9　冬奥会 5G 智能车联网项目创新业务示范

1. 5G 无人车火炬接力

2022 年 2 月 2 日，在北京冬奥会火炬接力活动中，5G 无人车在首钢冬奥园区内平稳地完成了火炬交接，如图 10-10 所示。这是奥运历史上首次基于 5G 无人车实现火炬接力。

此次冬奥会无人车火炬接力，正是依托在首钢冬奥园区部署的 5G 智能车联网业务系统，实现了小于 10ms 的低时延数据传输，提供了超过 100Mbps 的大带宽视频数据通信。通过中国联通 5G 网络切片专网，无人车与云端监管平台之间可进行实时数据交互，实现云端驾驶舱对车辆的可靠操控，保障奥运历史上首次基于 5G 无人车的火炬接力活动圆满成功。

图 10-10　首钢冬奥园区 5G 无人车火炬接力

2. 5G 无人清扫

北京冬奥村的"电力/物流/清废/值机"区域，作为物资中转的关键纽带，是冬奥村安全高效运行的重要保障。针对该区域人车混杂、清洁面积大、日夜不间断的路面清扫需求，中国联通将"5G+感知+定位"的三大核心"绿科技"赋能无人清扫车，如图 10-11 所示。5G 无人清扫业务可实现零距离路沿清扫，保证清洁质量，避免二次扬尘污染，可有效降低人工成本，并减少人员与污物的接触，降低疫情传播风险，助力打造"5G+"智慧冬奥村。

图 10-11　北京冬奥村 5G 无人清扫车

3. 其他 5G 智能车联网业务

除了 5G 无人车火炬接力、5G 无人清扫之外，在首钢冬奥园区还开展了多项 5G 智能车联网创新业务，包括无人接驳、无人零售、无人配送、自主泊车等创新示范应用。

（1）无人接驳。

为满足冬奥会期间复杂环境下人员安全高效的出行需求，项目组在首钢冬奥园区开展了无人接驳出租车和无人接驳巴士业务示范，用于比赛志愿者团队及非注册媒体记者的短途接驳和嘉宾的公务接待等。首钢冬奥园区无人接驳业务示范如图 10-12 所示，基于 5G 的智能车联网系统，通过与路侧交通基础设施、信号灯对接，可为 L4 无人接驳车辆提供全域交通路况感知与提醒服务，实现绿波通行、防碰撞提醒、特殊车辆优先等功能，提高 L4 级别自动驾驶车辆的运行效率。

（2）无人零售。

无人零售业务依托具备 L4 级别自动驾驶能力的无人流动零售车，在首钢奥运园区干道和场馆周围等人流密集区域实现无人巡航售卖，支持招手即停、扫码购物，满足园区

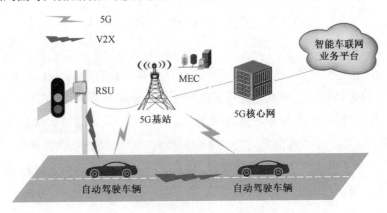

图 10-12　首钢冬奥园区无人接驳业务示范

无人接驳巴士

图 10-12　首钢冬奥园区无人接驳业务示范（续）

游客、运动员、工作人员对日用品（饮料、小食品、纪念品）的随机采购需求。首钢冬奥园区无人零售业务示范如图 10-13 所示。基于车载感知设备和 5G 通信网络，无人零售车具有自主决策、自动避障、危险预警、紧急制动等功能，支持人工接管及远程控制，在园区实现自动驾驶。

图 10-13　首钢冬奥园区无人零售业务示范

（3）无人配送。

基于"5G+北斗"高精度定位技术的 5G 配送终端，具有全局路径规划、360°全向避障、自主乘梯等功能，其精准配送服务能最大限度地减少人员接触，提高运营工作效率。首钢冬奥园区精准配送业务示范如图 10-14 所示。配送终端可实现运行区域视频的实时上传、分析，并通过联通精准配送云平台实现实时轨迹监管及任务调度。与此同时，5G 配送终端搭载了高清视频信息采集模块，依托云平台的视频分析及目标识别技术实现安全巡检功能，可支撑冬奥场馆运营团队及时了解场馆动态，发现安全隐患。

图 10-14　首钢冬奥园区精准配送业务示范

（4）自主泊车。

为了改善园区停车场周围的交通环境、提高泊车效率，项目组在首钢冬奥园区秀池停车场打造基于"5G+北斗+UWB"的室内外一体化高精度定位自主泊车系统，如图 10-15 所示。在终端层，部署在车身的定位标签，通过与部署在场区的 UWB 基站进行同步计算，将同步数据传输给云平台形成定位结果数据，场端的感知设备实时采集停车场动态视频信息，识别障碍物；在网络层，部署 5G 室分基站，可满足客户端及场端摄像头与平台的数据传输；在平台层，自主泊车云系统实现 App 后台管理、高精度定位、感知识别模块和泊车控制。该系统可以辅助自动驾驶车辆实现厘米级的精准定位，能够实现车位预定、路线引导、泊车入库等业务。

图 10-15　首钢冬奥园区自主泊车业务示范

10.2　智慧高速应用案例

10.2.1　案例背景

延崇高速公路位于北京市西北部，为河北省张家口市与北京市连通的一条重要道路，也是 2022 年北京冬奥会的重要赛场联络线。道路起点南接兴延高速公路，终点位于崇礼区太子城赛场，主线段全长约 114.752 千米，其中北京段全长约 33.2 千米，河北段全长约 81.552 千米。

延崇智慧高速公路（北京段）工程区位于北京市延庆区，线路途经八达岭镇、康庄镇、延庆镇、张山营镇，全长约 33.2 千米，其中平原段全长为 15.2 千米，山区段全长为 18.0 千米。延崇智慧高速公路（北京段）设计速度为 80 千米/小时，横断面布置为双向四车道。全线设互通式立交 5 座、桥梁 10 座（其中，特大桥 4 座）、隧道 6 座，桥隧比为 92%；附属设施全线设置管理养护区 1 处、服务区 1 处、隧道管理所 2 处、路段管理中心 1 处、泵站 2 处，主线收费站在延崇智慧高速公路河北段统一设置，北京界内不设置主线收费站。

延崇智慧高速公路是 2019 年世园会园区道路和 2022 年冬奥会赛场联络通道，为世园会和冬奥会的顺利召开提供重要的交通保障。同时，作为京津冀一体化西北高速通道之一，延崇智慧高速公路是连接北京城区、延庆新城与河北张北县的快速交通干道，对于疏解西北通道京藏 G6、京新 G7 的客货车交通压力，提高道路通行能力和保障行车安全都具有重要意义。

10.2.2　业务需求分析

1. 总体目标

以兼顾冬奥会和日常管理与服务需求为原则，运用"互联网+"、人工智能等先进适用技术，构建冬奥会通道智慧高速公路系统工程，实现高速公路的精细化管理和差异化信息服务，让出行者、驾驶员和管理者都能感受到智慧高速公路带来的便利，将延崇智慧高速公路打造为一条"安全、高效、绿色"的奥运通道，建成智慧高速公路的示范和样板。

（1）打造全要素的基础设施数字化。

利用高速公路精准感知技术和基础设施数字化技术，实现基础设施的全要素感知和数字化管理，提升交通基础设施资产动态管理能力，为精细化的高速公路管理和信息服务提供基础数据支撑，进一步提升延崇智慧高速公路基础设施数字化管理与服务水平。

（2）打造支持"自动驾驶与车路协同"的创新示范路。

通过建设自动驾驶和车路协同支撑系统，加快技术应用落地，重点以客货运输营运车辆实时信息交互、主动安全辅助、部分自动驾驶等功能为抓手，满足提高交通运行效率、避免拥堵、减少污染排放的需求，形成国内首条自动驾驶创新示范路，提升北京奥运交通运输服务科技高度，引领国内自动驾驶技术的发展。

（3）打造智慧化绿色服务区示范。

根据延崇智慧高速公路（北京段）的实际情况，建设集服务区与换乘枢纽站于一体的智慧化绿色服务区，提供奥运信息服务、高速公路与赛场/景区无人驾驶接驳服务、停车预订与充电服务、增值服务、服务区光伏发电服务等，形成集智慧与绿色于一体的先进服务区典型示范。

（4）打造信息服务示范路。

在延崇智慧高速公路全线建设交通信息协同发布系统，根据用户时空定位信息，实时定向发送精准信息；基于北斗定位技术实现车道级导航信息服务；基于车路协同的辅助驾驶服务等功能，为定制化、精细化的信息服务提供技术支撑。

2. 业务框架

围绕延崇智慧高速公路智能化管理与服务、奥运通道综合服务需求，开展基础设施数字化、自动驾驶及车路协同、智慧服务区、基于大数据的路网综合管理与服务等示范应用，建设公路设施全要素数字化感知体系、自动驾驶与车路协同支撑系统、公路综合管理平台、服务区智慧系统等。延崇智慧高速公路的业务框架如图 10-16 所示。

10.2.3　智慧高速系统

为最大限度地实现相关系统及组件的可重用性和可扩展性，科学地展现各信息系统的运行效果，以客观、实际地满足业务应用需求为主导，建立基于云计算的弹性资源整合、智能大数据分析平台等新一代信息服务系统，根据延崇智慧高速公路的总体发展目标，可采取面向服务结构（Service-Oriented Architecture，SOA）的思想，以企业服务总线方式建立统一的通信服务支撑平台，构造多层松耦合的体系架构，从而构建高度灵活的分布式体系设计平台。延崇智慧高速公路的技术框架如图 10-17 所示。整个系统自下而上由数据采集层、信息通信层、基础服务层、数据资源层、应用系统层 5 层结构，以及信息化运行、信息安全、标准规范 3 个保障体系共同构成。

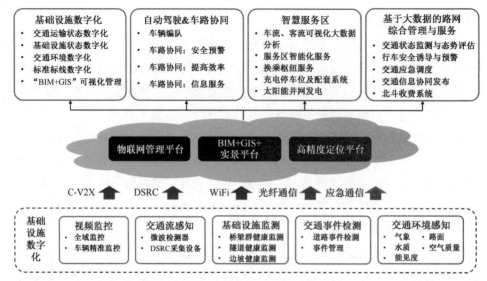

图 10-16　延崇智慧高速公路的业务框架

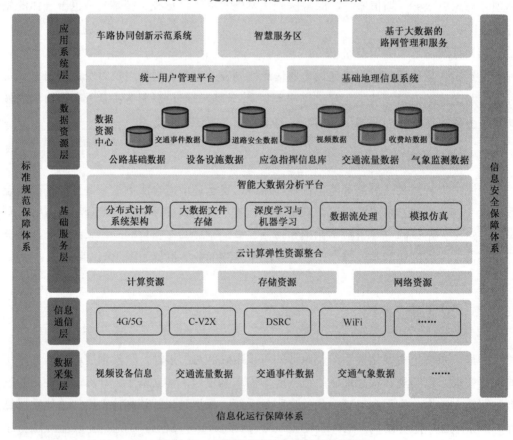

图 10-17　延崇智慧高速公路的技术框架

1. 数据采集层

数据采集层从数据源采集各类业务数据信息，包括视频设备信息、交通流量数据、交通事件数据、交通气象数据、收费数据、应急数据、高速公路地理信息，以及收费服务区通路桥隧信息等交通基础信息、沿线设施信息及其他外场设备信息。数据采集层为各类综合应用系统提供数据支撑。

2. 信息通信层

信息通信层在现有高速公路光纤通信网和通信基站的基础上，构建 DSRC 系统、C-V2X 通信系统、高速公路 WiFi 无线网络系统及试点 5G 网络基站系统，构建面向协同管理和智慧服务需求的"有线与无线结合、网络与语音互补、天地互联"的一体化通信体系。

3. 基础服务层

基础服务层采用云计算技术，并基于分布式计算和存储的智慧大数据分析平台，通过交通资源弹性整合，特别是对网络、服务器、数据存储等系统进行一体化虚拟管理，实现现有系统和未来投资建设系统的资源化动态部署，并借助虚拟化和云计算等新技术带来的优势，实现软/硬件资源的共享，降低整体 IT 系统的建设和运营成本，提高应用部署速度和设备资源利用率，支持未来大数据存储和智能分析。综合来说，基础服务层具有支持异构基础资源、支持资源动态扩展、支持异构多业务体系、支持海量信息处理、按需分配等优势。

4. 数据资源层

数据资源层负责各种动/静态信息资源的整合、统一管理，统一对外提供数据服务，整合现有行业运行管理与应急业务资源、视频资源、空间地理信息资源及 GPS 监控资源等，形成全行业共享的数据资源中心。

5. 应用系统层

应用系统层由实现管理部门功能需求的软硬件组成，主要包括车路协同创新示范系统、智慧服务区、基于大数据的路网管理和服务、统一用户管理平台、基础地理信息系统，通过对行业管理与服务需求的深入分析，设计开发整合高速公路业务应用的系统。

10.2.4　业务应用示范

2020 年 1 月，随着延崇高速主线建成通车，延庆赛区到张家口赛区的通行时间仅为 1 个小时，"绿色""智慧"成为延崇高速闪亮的建设名片。

在这条人与车、车与车、车与路之间高度协调的高速公路上，北斗卫星信号在延崇高速上实现了全覆盖和综合利用，为高速公路插上"数字化翅膀"。同时，延崇高速沿线布设大量摄像头、雷达等路测感知设备，在全国率先开展了高速公路场景 80 千米时速 L4

级别自动驾驶和基于蜂窝网技术车路协同测试，不仅为自动驾驶汽车提供了理想道路环境，而且依托"数字延崇"智慧管控平台，道路管理者能够实时掌握道路、桥梁、隧道、边坡的安全状态，做到防风险隐患于未然，为冬奥会的顺利召开提供了重要的交通保障。延崇高速北京段如图 10-18 所示。

图 10-18　延崇高速北京段

10.3　城市道路应用案例

"新一代国家交通控制网"作为我国未来交通的基础工程，2018 年由交通运输部正式在全国 9 个省份启动试点。江苏（常州）试点工程（以下简称"常州试点"）被列入交通强国江苏方案创新驱动发展样板亮点工程。2021 年，常州试点在全国率先通过验收，成为交通运输部"新一代国家交通控制网"在全国首个正式建成并通过验收，且效益良好的试点工程。

10.3.1　案例背景

"新一代国家交通控制网"项目结合地方优势和特点，建设面向城市公共交通及复杂交通环境的安全辅助驾驶、车路协同、交通综合控制系统等技术应用的开放测试区，形成包含三网（智能通信网、智能道路网和绿色能源网）、两中心（大数据中心和指挥中心）、两线路（自动驾驶测试线路和安全辅助驾驶线路）在内的"新一代国家交通控制网"实体原型系统应用示范基地。

目前中国联通已在常州天宁区开放测试道路区完成测试场部署规划，并开展了测试验证工作。常州天宁区开放道路测试区总面积为 18 平方千米，已完成一期建设，包括两横（北塘河路 2.4 千米，新堂北路 1.2 千米）和两纵（丁塘河路 1.1 千米，和平二路 1.2 千米）。一期占地面积 3 平方千米，道路长度 6 千米，包含 9 个路口。

10.3.2　业务需求分析

2019 年 10 月，"新一代国家交通控制网"项目在常州开放道路开展了面向安全高效行驶的业务测试验证，包括红绿灯高效通行、绿波通行、非视距条件下的车辆防碰撞等。从业务运营和环境搭建两个角度分析对测试道路建设的需求，业务场景需求分析如表 10-1 所示。

表 10-1　业务场景需求分析

业务场景	业务运营	环境搭建
1. 红绿灯高效通行	RSU 向测试车辆广播信号灯信息，车载终端通过当前测试车辆的速度、位置和信号相位等信息，判断测试车辆执行加速通过或者减速停车的操作	1. RSU 对接信号机，能够读取信号机信息； 2. 测试车辆部署 OBU，能够与 RSU 互通； 3. OBU 与测试车辆控制总线对接，执行相关车辆操作
2. 绿波通行	测试车辆驶近路口时，发起红绿灯调整控制请求，RSU 接收请求后，进行红绿灯相位调整，以便测试车辆顺利通过路口	1. RSU 对接信号机，能够读取/改写信号机信息； 2. 测试车辆部署 OBU，能够与 RSU 互通； 3. OBU 与测试车辆控制总线对接，执行相关车辆操作
3. 非视距条件下的车辆防碰撞	测试车辆驶向路口，与另一方向（非视距）驶来的远车存在碰撞危险时，RSU 获得远车的位置、行驶速度等信息，并将这些信息下发给测试车辆，提醒测试车辆避免碰撞	1. RSU 接收远车信息并将其下发给测试车辆； 2. 测试车辆部署 OBU，并与控制系统对接
4. 紧急车辆避让	将紧急车辆的信息上传给 RSU，RSU 将此信息广播给测试车辆，提醒测试车辆注意避让	1. 紧急车辆部署 OBU，并与 RSU 互通，RSU 接收紧急车辆上报的信息后，将其下发给测试车辆； 2. 测试车辆部署 OBU，并与控制系统对接
5. 基于路侧传感的道路拥堵/突发情况提醒	通过感知设备（雷达、摄像头等）监测发现前方道路有拥堵或突发情况，将信息传递给 RSU，RSU 将此信息广播给测试车辆，提醒其注意避让	1. RSU 与路侧感知设备对接，将感知到的路况信息下发给测试车辆； 2. 测试车辆部署 OBU，接收道路信息
6. 云端信息下发	路侧交通动态信息对接云平台，云平台将信息（如在恶劣天气下要注意行车安全）下发给 RSU，RSU 再将信息发送给测试车辆	1. 平台收集道路环境动态信息并下发 RSU； 2. 测试车辆部署 OBU，接收道路信息

10.3.3　城市道路系统

在该示范案例中，开放道路区域部署了 10 套基于 DSRC 通信的 RSU 设备、20 套 LTE-V2X RSU 设备，2019 年 10 月已完成基本测试场景的搭建，开放道路区域还规划了 8 个 5G 基站，可以实现在城市道路场景下开展高可靠的车路协同和自动驾驶示范，实现红绿灯高效通行、安全防碰撞、路况提醒等辅助驾驶场景，以及基于自动驾驶技术的接驳摆渡等业务，提升交通出行体验。开放道路网络部署如图 10-19 所示。

图 10-19　开放道路网络部署

开放道路测试区域内还包含一处封闭园区场景——苏南智城测试场，由国家 ITS 中心智能驾驶及智能交通产业研究院于 2019 年 4 月建成运营，主要开展自动驾驶先进技术的测试验证。测试场内的主要道路基本为近年新建道路或改建道路，道路基础条件较好，基础设施相对完善。园区长 250 米、宽接近 100 米。园区内已经部署 RSU、智能红绿灯、雷达、摄像头、气象天气环境监测、5G 基站等设施，如图 10-20 所示。

图 10-20　苏南智城测试场部署情况

10.3.4　业务应用示范

"新一代国家交通控制网"项目旨在实现城市道路安全、高效地出行,打造基于 5G、C-V2X、融合感知的车路协同网络,项目组采用自动驾驶无人小巴、ADAS 辅助驾驶公交车等测试车辆,开展了一系列业务测试验证,如图 10-21 所示。

(a) 自动驾驶无人小巴　　　　(b) 无人驾驶车内　　　　(c) 基于红绿灯的高效通行

图 10-21　业务测试验证

依托 5G 终端、OBU、雷达、摄像头等终端设备,自动驾驶无人小巴可以实现乘客接驳业务,同时验证了行人防碰撞、路口高效通行等场景,并将行车过程中的视频回传到业务平台并实时呈现。此外,在苏南智城测试场内也验证了交通标志识别、障碍物避让、行人/非机动车避让等业务的实现。

本项目在常州城市开放道路部署了基于 5G、C-V2X、融合感知的智慧交通系统,并在城市道路场景下开展了高可靠的车路协同和自动驾驶示范验证。通过打造新一代智能城市道路系统,能够大幅度提高行驶效率和管理效率,为未来智慧道路建设打下坚实的基础。

10.4　本章小结

本章针对智慧交通领域不同道路场景下的业务实践进行了归纳总结,包括案例背景、业务需求分析、业务系统建设、业务应用示范等。首钢冬奥园区智能车联网项目依托智能车联网业务平台及基于"5G+C-V2X+北斗"的智能车联网系统,实现了多种车型的自动驾驶,并将其服务于冬奥赛事。在北京冬奥会的重要赛场联络线——延崇高速公路上建设智慧高速公路系统,基于基础设施信息化、车路协同、自动驾驶、智慧服务区等手段,打造"安全、高效、绿色"的智慧高速公路的示范。在常州市开放道路开展面向城市公共交通及复杂交通环境的业务验证,通过安全辅助驾驶、车路协同、交通综合控制等技术有效提升了道路通行效率和管理能力。

10.5　参考文献

[1]　许幸荣，刘琪，王题，等. 基于 5G 的智慧园区自动驾驶业务分析及解决方案[J].
信息通信技术，2020, 14(5): 8.

[2]　许幸荣，刘琪，宋蒙. 基于 5G+C-V2X 的园区出行解决方案[J]. 邮电设计技术，
2020(2): 6.

[3]　Liu Q, Song M, Xv X, et al. High Accuracy Positioning for C-V2X[C]//IOP Conference
Series: Earth and Environmental Science. IOP Publishing, 2021, 693(1): 12100.

缩略语中英文对照表

3GPP	The Third Generation Partnership Project	第三代合作伙伴计划
5GAA	5G Automotive Association	5G 汽车协会
5GC	5G Core	5G 核心网
AAU	Active Antenna Unit	有源天线单元
ADAS	Advanced Driving Assistance System	驾驶辅助系统
AMF	Access and Mobility Management Function	接入和移动性管理功能
AI	Artificial Intelligence	人工智能
AoA	Angle of Arrival	到达角
AoD	Angle of Departure	离开角度
AP	Access Point	无线接入点
API	Application Program Interface	应用程序编程接口
AR	Augmented Reality	增强现实
ARIB	Association of Radio Industries and Business	日本无线工业及商贸联合会
AS	Access Stratum	接入层
ASTM	American Society of Testing Materials	美国材料实验协会
A-GPS	Assisted GPS	辅助 GPS
BBU	Building Baseband Unit	基带单元
BDS	BeiDou Navigation Satellite System	北斗定位系统
BM-SC	Broadcast-Multicast Service Center	广播多播服务中心
BSC	Binary Symmetric Channel	二元对称信道
CA	Certificate Authority	证书颁发机构
CAN	Controller Area Network	控制器局域网络
CAICV	China Industry Innovation Alliance for the Intelligent and Connected Vehicles	中国智能网联汽车产业创新联盟
CBR	Channel Busy Ratio	信道繁忙率
CCSA	China Communications Standards Association	中国通信标准化协会
CDMA	Code Division Multiple Access	码分多址
CDN	Content Delivery Network	内容分发网络
CEN	European Committee for Standardization	欧洲标准化委员会

CP	Cyclic Prefix	循环前缀
CQI	Channel Quality Indicator	信道质量信息
CR	Channel Occupancy Ratio	信道占用率
CSAE	China Society of Automotive Engineers	中国汽车工程学会
CSMA/CA	Carrier Sense Multiple Access with Collision Avoidance	载波监听多路访问/碰撞避免
CU	Centralized Unit	集中单元
C-ITS	China ITS Industry Alliance	中国智能交通产业联盟
C-V2X	Cellular V2X	蜂窝车联网
D2D	Device to Device	设备到设备
DCI	Downlink Control Information	下行控制信息
DCM	Device Configuration Manager	设备配置管理
DDPG	Deep Deterministic Policy Gradient	深度确定性策略梯度
DMV	the Department of Motor Vehicles	机动车管理部
DNS	Domain Name System	域名系统
DSRC	Dedicated Short Range Communication	专用短程通信技术
Ecall	Emergency Call	车辆紧急系统
ELP	Electronic License Plate	电子牌照
eMBB	Enhance Mobile Broadband	增强移动宽带
eMBMS	Evolved Multimedia Broadcast Multicast Services	基于演进多媒体广播组播业务
eNB	Evolved Node B	演进型基站
EPS-AKA	Evolved Packet System Authentication and Key Agreement	演进的分组系统的认证和密钥协商
eSBA	Enhanced Service-based Architecture	服务化架构增强
ETC	Electronic Toll Collection	电子收费
ETSI	European Telecommunications Standards Institute	欧洲电信标准化协会
ETSUN	Enhancing Topology of SMF and UPF in 5G Networks	增强拓扑功能
E-SMLC	Evolved Serving Mobile Location Center	演进的服务移动位置中心
E-UTRAN	Evolved Universal Terrestrial Radio Access Network	演进通用地面无线接入网
FCC	Federal Communications Commission	美国联邦通信委员会
FDMA	Frequency Division Multiple Access	频分多址
FSM	Finite State Machine	有限状态机
F-OFDM	Filtered-Orthogonal Frequency Division Multiplexing	基于滤波的正交频分复用
GCS AS	Group Communication Service Application Server	组通信应用服务器
gNB	the next Generation Node B	下一代基站

GALILEO	Galileo Global Positioning System	伽利略定位系统
GAT	Graph Attention Network	图注意力网络
GBA	General Bootstrapping Architecture	通用认证机制
GIS	Geographic Information System	地理信息系统
GLONASS	Global Navigation Satellite System	格洛纳斯定位系统
GMM	Gaussian Mix Model	高斯混合模型
GNN	Graph Neural Network	图神经网络
GNSS	Global Navigation Satellite System	全球导航卫星系统
GRU	Gated Recurrent Unit	门控循环单元
GPS	Global Positioning System	全球导航卫星定位系统
HARQ	Hybrid Automatic Repeat Request	自动重传请求
HD	High Definition	高清
HSM	Hardware Security Module	硬件安全模块
HSS	Home Subscriber Server	归属用户服务器
HTTP	Hyper Text Transfer Protocol over Secure Socket Layer	超文本传输安全协议
IAB	Integrated Access Backhaul	集成接入和回传
IDPS	Intrusion Detection and Prevention Systems	入侵检测和防御
IEEE	Institute of Electrical and Electronics Engineers	电气与电子工程师协会
IKE	Internet Key Exchange	网络密钥交换协议
IMU	Inertial Measurement Unit	惯性测量单元
IoT	Internet of Things	物联网
IPSec	Internet Protocol Security	互联网安全协议
ISO	International Organization for Standardization	国际标准化组织
ITS	Intelligent Transportation System	智能交通系统
ITU-R	International Telecommunication Union Radiocommunication	国际电信联盟无线电通信部门
IVICS	Intelligent Vehicle Infrastructure Cooperative Systems	智能车路协同系统
LAN	Local Area Network	局部区域网
LBS	Location Based Service	基于位置的服务
LF	Location Fingerprint	位置指纹
LMU	Location Measurement Unit	定位测量单元
LPP	LTE Positioning Protocol	LTE 定位协议
LPPa	LTE Positioning Protocol A	LTE 定位协议附加协议
LSTM	Long Short-Term Memory	长短期记忆网络

LTE	Long Term Evolution	长期演进
MAC	Medium Access Control	介质访问控制
MCR	Minimum Communication Range	最小通信范围
MDT	Minimization Drive Test	最小化路测
MEC	Mobile Edge Computing	移动边缘计算
MME	Mobility Management Entity	移动管理节点
mMTC	Massive Machine Type Communication	大规模物联网
MIMO	Multiple Input Multiple Output	多输入多输出
MPA	Message Passing Algorithm	消息传递算法
MUSA	Multi-User Shared Access	多用户共享接入
NAS	Non-Access Stratum	非接入层
NB-IoT	Narrow Band Internet of Things	窄带物联网
NDI	New Data Indication	新数据指示信令
NDS/AF	Network Domain Security Authentication Framework	网络域安全认证框架
NEF	Network Exposure Function	网络开放功能
NF	Network Function	网络功能实体
NG-RAN	Next Generation Radio Access Network	下一代无线接入网
NGSIM	Next Generation Simulation	下一代仿真
NHTSA	National Highway Traffic Safety Administration	美国国家公路交通安全管理局
NLOS	Non Line of Sight	非视距
NOMA	Non-orthogonal Multiple Access	非正交多址接入
NR	New Radio	新空口
NRF	Network Repository Function	网络存储功能
NSA	Non-Standalone	非独立组网
NSSF	Network Slice Selection Function	网络切片选择功能
NTRIP	Networked Transport of RTCM via Internet Protocol	基于通过互联网进行 RTCM 网络传输的协议
NWDAF	Network Data Analytics Function	网络数据分析功能
OBU	On Board Unit	车载单元
OEM & SI	Original Equipment Manufacturer & System Integration	原始设备生产商和系统集成商
OFDM	Orthogonal Frequency Division Multiplexing	正交频分复用
OMA	Orthogonal Multiple Access	正交多址接入
PAPR	Peak to Average Power Ratio	峰值平均功率比

PCF	Policy Control Function	策略控制功能
PID	Proportional-Integral-Derivative	比例积分微分
PKI	Public Key Infrastructure	公钥证书
PLMN	Public Land Mobile Network	公共陆地移动网络
POMDP	Partially Observable Markov Decision Process	部分可观察的马尔可夫决策过程
POI	Point of Interest	兴趣点
PP	Pseudonym Provider	假名提供者
PPPP	ProSe Per-Packet Priority	基于 ProSe 每包的优先级
PPPR	ProSe Per-Packet Reliability	针对 prose 每包的可靠性
PRB	Physical Resource Block	物理资源块
PRE	Physical Resource Element	物理资源元素
PRM	Probabilistic Roadmaps	概率路线图
PSCCH	Pysical Sidelink Control Channel	物理侧向链路控制信道
PSFCH	Physical Sidelink Feedback Channel	物理侧行链路反馈通道
PSSCH	Pysical Sidelink Share Channel	物理侧向链路共享信道
QoE	Quality of Experience	用户体验质量
QoS	Quality of Service	服务质量
RAN	Radio Access Network	无线接入网
RAT	Radio Access Technology	无线接入技术
RB	Resource Block	资源块
RL	Reinforcement Learning	强化学习
RNN	Recurrent Neural Network	循环神经网络
RRC	Radio Resource Control	无线资源控制
RRM	Radio Resource Management	无线资源管理
RRT	Rapidly-exploring Random Tree	快速搜索随机树
RSSI	Received Signal Strength Indication	接受信号强度指示
RSTD	Reference Signal Time Difference	参考信号时差
RSU	Road Side Unit	路侧单元
RTCM	Radio Technical Commission for Maritime	国际海运事业无线电技术委员会
RTK	Real-time Kinematic	载波相位差分技术
Rx	Receive	接收
SA	Scheduling Assignment	调度分配
SA	Standalone	独立组网

SAE	Society of Automotive Engineers	美国汽车工程师学会
SC-FDMA	Single-carrier Frequency-Division Multiple Access	单载波频分多址
SCI	Sidelink Control Information	侧向链路控制信息
SCMA	Sparse Code Multiple Access	稀疏码分多址接入
SE	Secure Element	安全单元
SIB	System Information Block	系统信息块
SIC	Successive Interference Cancelation	串行干扰消除
SLP	SUPL Location Platform	SUPL 定位平台
SMF	Session Management Function	会话管理功能
SOA	Service-Oriented Architecture	面向服务结构
Social-STGCNN	Social Spatio-Temporal Graph Convolutional Neural Network	社群时空图卷积神经网络
SPS	Semi-Persistent Scheduling	半静态调度
SPU	Secure Processing Unit	安全处理器
SSID	Service Set Identifier	服务集标识
SSL	Secure Sockets Layer	安全套接字协议
SUPL	Secure User Plane	安全用户层面
S-PRS	Sidelink Positioning Reference Signal	定位参考信号
TA	Trusted Authority	受信任的颁发机构
TB	Transport Block	传输块
TCP	Transmission Control Protocol	传输控制协议
TDD	Time Division Duplexing	时分双工
TDMA	Time Division Multiple Access	时分多址
TDOA	Time Difference of Arrival	到达时间差
TEE	Trusted Execution Environment	可信执行环境
TIAA	Telematics Industry Application Alliance	车载信息服务产业应用联盟
TLS	Transport Layer Security	安全传输层协议
ToA	Time of Arrival	到达时间
TPD	Tamper Proof Devices	防篡改设备
TSN	Time Sensitive Networks	时间敏感网络
TSP	Telematics Service Provider	远程服务提供商
Tx	Transmit	发送
TXP-CNN	Time Extrapolator Network Convolutional Neural Network	时间外推卷积神经网络

UDM	Unified Data Management	统一数据管理功能
UE	User Equipment	用户设备
UNI	User Network Interface	用户网络接口
UPF	User Plane Function	用户面功能
URLLC	Ultra Reliable and Low Latency Communication	低时延高可靠通信
USIM	Universal Subscriber Identity Module	全球用户识别卡
UWB	Ultra Wide Band	超宽带
V2I	Vehicle to Infrastructure	车路交互
V2N	Vehicle to Network	车网交互
V2P	Vehicle to Pedestrian	车人交互
V2V	Vehicle to Vehicle	车车交互
V2X	Vehicle to Everything	车联网
VICS	Vehicle Information and Communication System	道路交通信息通信系统
VIN	Vehicle Identification Number	车辆识别号
VR	Virtual Reality	虚拟现实
VRF	Virtual Routing Forwarding	虚拟路由转发
VRU	Vulnerable Road User	弱势道路使用者

反侵权盗版声明

　　电子工业出版社依法对本作品享有专有出版权。任何未经权利人书面许可，复制、销售或通过信息网络传播本作品的行为；歪曲、篡改、剽窃本作品的行为，均违反《中华人民共和国著作权法》，其行为人应承担相应的民事责任和行政责任，构成犯罪的，将被依法追究刑事责任。

　　为了维护市场秩序，保护权利人的合法权益，我社将依法查处和打击侵权盗版的单位和个人。欢迎社会各界人士积极举报侵权盗版行为，本社将奖励举报有功人员，并保证举报人的信息不被泄露。

举报电话：（010）88254396；（010）88258888

传　　真：（010）88254397

E-mail:　　dbqq@phei.com.cn

通信地址：北京市万寿路 173 信箱

　　　　　电子工业出版社总编办公室

邮　　编：100036

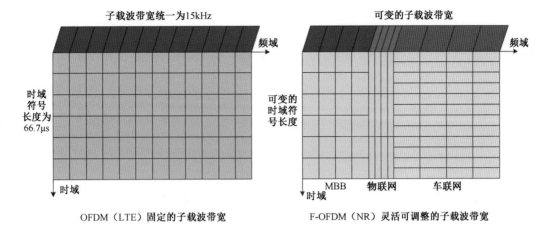

图 2-6　OFDM 与 F-OFDM 子载波对比

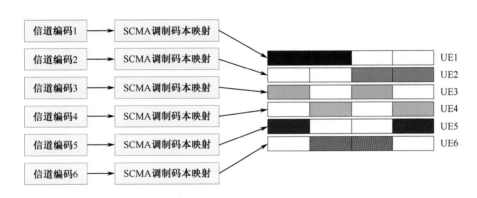

图 2-8　SCMA 发送端数据处理的主要原理

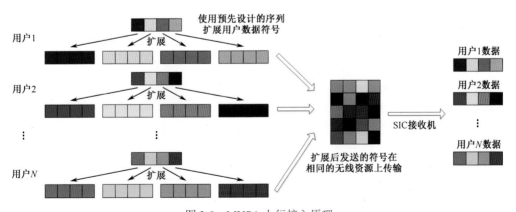

图 2-9　MUSA 上行接入原理

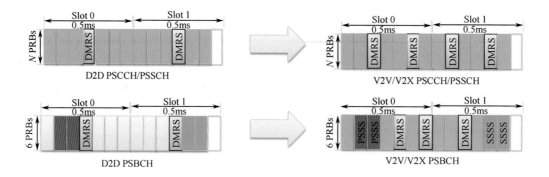

图 3-8 LTE-V2X 帧结构示意

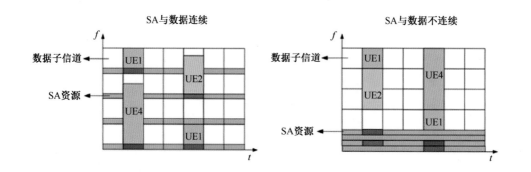

（a）在频域上两种信道交替分布 （b）在频域上两种信道各自集中排布

图 3-9 LTE-V2X 中 SA 与数据在时/频域上的分布

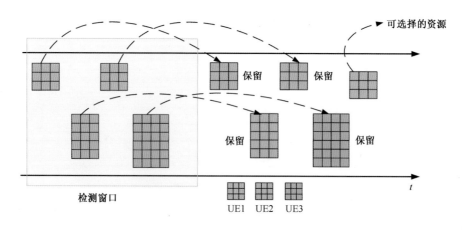

图 3-10 Mode 4 中的资源选择方式

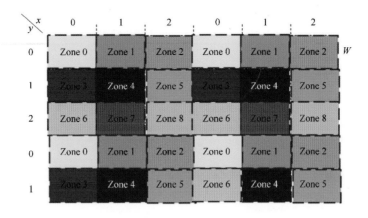

图 3-11　Mode 4 下资源池的划分

图 4-12　融合模块输出效果

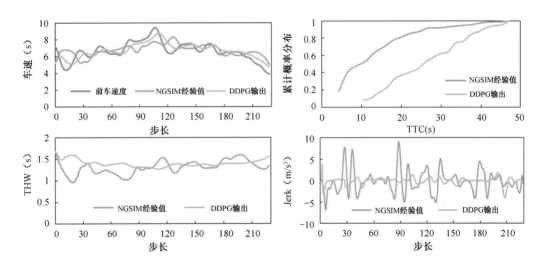

图 4-27　DDPG 跟车模型输出结果

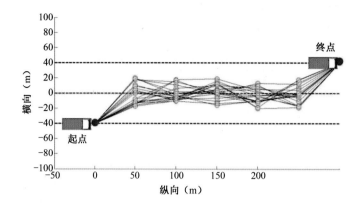

图 4-30　候选轨迹示意图

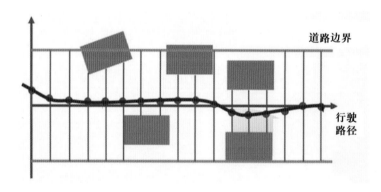

图 4-32　网格地图路线规划图

图 4-37　密集障碍物场景下的路径规划